CARTAS A LOS DELINCUENTES

Concepción Arenal

CARTAS A LOS DELINCUENTES

ORIOL

Cartas a los delincuentes
Concepción Arenal

Primera edición en Oriol
Abril de 2025

ISBN: 978-84-128064-5-8

Depósito legal: VA 151-2025

ORIOL
ojbooks.com

ÍNDICE

AL ILMO. SR. D. ANTONIO MENA Y ZORRILLA

Siendo usted Director general de Establecimientos penales, sin conocerme, sin tener relaciones ni con mi familia ni con mis amigos, me mandó usted al rincón de una provincia, donde estaba, el nombramiento de *Visitadora de prisiones de mujeres*, y una carta rogándome que lo aceptase. Aquella carta y aquel nombramiento me han impuesto muchos deberes; hoy cumplo con uno muy fácil y muy grato para mi corazón, dedicándole a usted este libro, en señal de agradecimiento.

CONCEPCIÓN ARENAL

PRÓLOGO[1]

Se llama promulgar las leyes a imprimirlas en un papel o en un libro, donde las estudian los que han de aplicarlas, donde no las leen ni las oyen leer aquellos a quienes han de ser aplicadas.

Debería formar parte de la educación el conocimiento del Código penal, principalmente para aquellas clases que están más expuestas a infringirle. El sacerdote y el maestro, al mismo tiempo que el precepto divino, debían de enseñar la ley humana, su necesidad, su moralidad y los males a que se exponen los contraventores. Hay conciencias, por decirlo así, bosquejadas, que necesitan, para determinarse bien, recibir el reflejo de la conciencia general, mirar el deber en artículos escritos, escuchar uno y otro día su explicación, y fortificar el sentimiento con la autoridad: hay propensiones al mal que no se detienen ante la idea de un castigo después de la muerte, que tal vez se burlan de él, y a quienes es preciso hablar en nombre del interés y del egoísmo, dirigiéndose a la razón al mismo tiempo que a la conciencia, mostrándoles el poder de la ley a la par que su necesidad y su justicia, y las tristes consecuencias de no respetarla.

Es grande la influencia que tienen en la conducta de toda la vida las verdades que se aprenden bien al principio de ella. Antes que las pasiones turben el alma, es fácil imprimirle los grandes principios morales, el respeto a la ley, el saludable temor a las penas con que amenaza. Como en la virtud entra por mucho el hábito,

[1] Este libro se publicó por primera vez en 1865.

¡cuánto no debe importar adquirir desde la infancia el de reprobar las cosas ilícitas, el de tenerlas por culpables y peligrosas! ¡Cuánta fuerza necesita el hombre para atropellar lo que desde niño se acostumbró a mirar como sagrado! Si esta convicción, si este hábito no le aparta de la culpa todas las veces, siempre le facilita el arrepentimiento, siempre le allana el camino para volver a la virtud.

Los que no han tenido ocasión de estudiar a los criminales, no pueden imaginar la especie de caos moral que en muchos hace veces de conciencia; la idea extraña que tienen de sus derechos, de sus deberes, de la justicia; los errores que por verdades reciben, y cómo solo ven en la ley y en la pena un poder enemigo más fuerte que ellos y que, por lo tanto, los sujeta y los oprime. Instruyendo a los niños debería evitarse que los hombres llegasen a este estado; pero en los males del alma, como en los del cuerpo, se tiene en más la terapéutica que la higiene, se da más importancia a la receta que pretende curar una enfermedad que al precepto que la hubiera evitado, y menos difícil nos parece que se lea la explicación del Código penal en las cárceles y en los presidios que en las escuelas: por eso no hemos escrito estas cartas para los niños.

¿Y en las prisiones podrán ser de alguna utilidad? ¿Los hombres y las mujeres que en ellas se encierran quieren escuchar, pueden comprender lo que les decimos, y caso de que nos escuchen y nos comprendan, podrán o querrán corregirse y enmendarse? Sobre esto hay diferentes opiniones. La nuestra es que los criminales son personas y no son cosas. Que los criminales escuchan al que les habla inspirado por el deseo de su bien. Que los criminales comprenden al que con caridad les explica. Que los criminales, salvo algunas excepciones, no son monstruos fuera de todas las leyes morales, a quienes es imposible aplicar ninguna regla, sino dolientes del alma, en los que, como los del cuerpo, salvo el órgano u órganos enfermos, los demás funcionan con regularidad y conforme a las leyes establecidas por Dios para todos los seres. El que no es capaz de verter sangre, comprende toda la criminalidad del homicida; el que ha matado, si no es dado a robar, rechaza indignado el título de ladrón, aprecia perfectamente la fealdad de este delito; y así los demás. Las reglas de la moral son aplicables en una prisión, como las de higiene en un hospital; y por las mismas razones, el criminal, salvo algunos casos raros, no está fuera de la humanidad: creemos, por lo tanto, que se le puede hablar como a un hombre. Creemos que hay algunos criminales que pueden corregirse, y muchos que pueden modificarse, llegando, si no a ser buenos, a no hacer mal. Creemos que los criminales, en general, sufren la pena impuesta por una ley, cuya letra, cuyo espíritu y cuya moralidad desconocen. Creemos que la primera condición para que el castigo moralice es el convencimiento, por parte del que le sufre, de que es justo; y porque creemos todo esto, hemos escrito estas cartas. Sabemos el desdén con que serán recibidas por muchos *prácticos*, y prevemos la indiferencia del público, que desgraciadamente no se ocupa en España en estas cuestiones; pero al entrar en el mundo los hijos de nuestro entendimiento, como los de nuestras entrañas, debemos decirles: «Adiós, hijo mío; procura hacer bien, y mas que no hagas fortuna».

Carta I

NO SUELE PENSAR EL PRESO QUE LE COMPADECE EL QUE LE VISITA. DIFICULTAD, PERO NO IMPOSIBILIDAD, DE HACERLE CREER QUE HAY QUIEN SE MUEVE POR AMOR SUYO. HAY PERVERSOS, PERO NO LO SON TODOS. TAMBIÉN EN LA PRISIÓN SE COMPRENDE EL DEBER Y LA JUSTICIA. PARECE QUE EL PENADO QUIERE PARECER PEOR DE LO QUE ES. ASUNTO DE LA OBRA.

Hermanos míos:

Sin duda os sorprenderá que os dé este nombre una persona que no pertenece a vuestra familia y a quien no conocéis siquiera, o porque no la habéis visto nunca, o porque la mirasteis pasar sin notarla, como tantas otras que a vuestro parecer llegan a la prisión por curiosidad para entretenerse un rato, o por fórmula y para poder decir oficialmente que han estado. Entre otros desdichados hábitos, tenéis el de juzgar mal y no pensar bien. ¡Cuántas veces os equivocaréis, y cuántas personas que acompañáis con sarcasmos o burlas salen conmovidas de tanto infortunio, y más impresionadas de vuestros dolores que de vuestros delitos; os compadecen desde el fondo de su alma, y buscan y quieren hallar algún medio de haceros mejores y menos desdichados! Personas hay que en sus regocijos recuerdan el ruido de vuestras cadenas; que en su libertad ven las paredes que os encierran; que en la santa complacencia de hacer una buena obra piensan en vuestros remordimientos; que en sus oraciones creen escuchar vuestras blasfemias, y lloran la miseria de vuestro cuerpo y de vuestra alma, y piden por vosotros a la sociedad que ofendisteis, al Dios que habéis olvidado.

Tal vez no creáis que existen criaturas que en la prosperidad se acuerdan del infortunio, y amparadas por la ley y honradas por la opinión, quieran tender una mano amiga a los que la ley condena y la opinión rechaza. Vosotros negáis a veces el bien, creyendo hallar así la mejor excusa de no haberle practicado; vociferáis blasfemias y obscenidades, como los que, disputando sin razón, quieren suplir con el estrépito la justicia que les falta. Pretendéis sofocar la voz de vuestra conciencia abrumándola con nuevas faltas, a la manera del que trata de ahogar sus penas en el vino, sin ver que de la embriaguez del crimen se despierta en la miseria, en la vergüenza, en el oprobio, en la prisión, en el cadalso, en la tumba, en la eternidad, a cuyas puertas se estremecen los valientes, porque oyen una voz de trueno, una voz terrible, una voz que no pueden sofocar como sofocaron la de su conciencia, y que les grita: «¡Cadáver! ¡Ven a dar cuenta de tu vida, y tiembla ante la justicia del Dios que has ofendido!».

Pero la muerte está muy lejos de vuestro pensamiento, y si la llamáis alguna vez desesperados, es como el término de vuestros infortunios y no como el principio de una vida que no terminará: vosotros queréis gozar de esta, y aceptando el presente, compuesto de placeres groseros y de grandes sufrimientos, del olvido de los deberes y del recuerdo de las maldades de la desesperación y de la esperanza, formáis proyectos para el porvenir, pensáis en evadiros de vuestra prisión, o en salir legalmente de ella, y en vuestros varios propósitos no entra muchas veces el firme de enmendaros.

La primera dificultad que se ofrece para que volváis al buen camino, es el haceros creer que alguno se mueve por vuestro bien; que sin que os tema o espere algo de vosotros, quiere dispensaros algún beneficio; y acostumbrados a inspirar temor, aversión o desprecio, no comprendéis que haya nadie que os compadezca y os ame. ¿Pero sois todos igualmente hostiles y enemigos del que se acerca a vosotros para consolaros? El deseo de haceros bien, ¿no hallará entre vosotros más que incrédulos o ingratos? ¿Todos estaréis tan endurecidos? ¿No habrá quien diga en su corazón: «Puede que exista alguna alma caritativa que quiera venir a darme consejo»? ¿Habéis perdido todos la aptitud de comprender las buenas acciones, la posibilidad de agradecer el bien que se os hace, y confundiréis en el mismo odio al que os quiere perder y al que os quiere salvar?

Yo sé que hay entre vosotros criaturas sordas al deber, a la compasión, a la gratitud, al arrepentimiento; que respiran con placer las emanaciones del vicio y del crimen; que recrean su corazón con recuerdos sangrientos y con esperanzas impías; que escarnecen el bien; que adoran el mal; que no comprenden nada que no sea cruel o infame; que desprecian todo lo que es respetable; que están en la prisión como una fiera en su jaula; que maldicen las leyes de Dios y de los hombres; que oyen el lenguaje de la justicia y de la razón como el ruido de un idioma que no comprenden; que, corrompidos en todo su ser, no tienen ni un punto ni un pequeño espacio que no destile hediondez y podredumbre, y donde halle cabida un pensamiento honrado; que se alimentan de perversidades y de crímenes, y cuya alma es como el estómago de esos animales inmundos que comen excrementos. Yo sé que entre vosotros hay de esas desdichadas criaturas que no merecen llamarse hombres; sé que son incorregibles y que serán sordos a mi voz; sé que solo Dios puede salvarlos por un milagro de su omnipotencia, y que los hombres deben apartar la vista de ellos como de un cadáver cubierto de gusanos a quien no es permitido dar sepultura.

¿Pero sois todos así? ¡Oh! No; mil veces no. El número de los monstruos es muy raro, y hay pocos de entre vosotros que no tengan allá en su alma algún buen sentimiento, ignorado tal vez, porque se halla sofocado por las malas inclinaciones, por los malos hábitos, por los malos ejemplos, como una buena semilla que no puede brotar porque la tierra en que había de crecer se halla cubierta de plantas venenosas. Yo no soy de los que creen que un hombre condenado a presidio no es un hombre ya; que no merece en nada la consideración que debemos a nuestros semejantes, ni puede ser tratado como un ser racional. Yo no soy de los que creen que en una prisión no se comprende ninguna idea de justicia, ni halla eco ningún sentimiento honrado, ni gratitud ningún beneficio: no. Yo os considero como hombres, como criaturas susceptibles de pensar y de sentir, como hermanos míos, hijos de Dios, formados a su imagen y semejanza, y en quienes la huella de la culpa no ha podido borrar enteramente su noble origen. Yo sé que en una prisión, aun la más corrompida, hay almas que no se cierran a la luz de la razón y de la justicia, corazones que se conmueven a la voz que les habla de los afectos, de los deberes, y les recuerdan las cosas santas que alguna vez respetaron, y los objetos queridos a cuyo lado estuvieron. Yo sé que un gran número de vosotros comprenderá lo que digo, sentirá lo que siento, porque sé que todos podíais haber dejado de caer donde estáis, y que todos podéis levantaros.

Yo considero una prisión como un hospital, solamente que en vez del cuerpo tenéis enferma el alma, y que las dolencias son el resultado de los excesos del paciente. Las enfermedades de vuestra alma, que exigen el terrible remedio de la prisión, son la desdichada obra de vuestros extravíos. Aunque haya entre vosotros algunos casos desesperados, la mayor parte pueden curarse, los más podéis volver a la salud, es decir, al deber, si sois dóciles a los buenos consejos y abrís los ojos a la voz de la verdad y de la justicia.

Yo lo pienso así, hermanos míos; pero no debéis acusar ni mirar con ceño a los que piensen de otro modo, porque vosotros con vuestras palabras y con vuestra conducta no parece sino que a veces os proponéis dar a todos la idea de que son imposibles vuestra corrección y enmienda. Yo sé que sois mejores de lo que aparentáis ser; pero si os empeñáis en desacreditaros; si ocultáis como una debilidad todo buen sentimiento, exagerando los malos como si hicierais punto de honra el deshonraros; si os calumniáis a vosotros mismos, ¿cómo pretender que los demás os hagan justicia?

El primer sentimiento que se experimenta al penetrar entre vosotros, es de repulsión; es, voy a decíroslo aunque sea duro, es de horror. Parece como que se ven alzarse en torno vuestro todos los desgraciados que habéis hecho, privándolos de la hacienda, de la vida o de la honra; parece que se ven correr lágrimas y sangre que os salpica y os acusa, y que vosotros con cantos y palabras obscenas insultáis a vuestras víctimas. Vuestros delitos y vuestros crímenes parece que toman cuerpo, y vienen a la prisión, y pueblan el aire, y os acusan y llenan de horror al que por primera vez os mira. ¡Cosa triste inspirar ese sentimiento vosotros que un tiempo fuisteis inocentes y buenos! Yo os veo con la pureza de la primera edad, con el candor y la sonrisa angelical de los niños. Yo veo a vuestras madres que os acarician, y os bendicen, y os dan mil nombres afectuosos, y apartan de vosotros todo lo que puede afligiros, y a costa de mil trabajos os alimentan y os visten. ¿Quién había de decirles que vosotros, para quienes deseaban tanto bien, habíais de hacer tanto mal; que aquellos labios sonrosados y puros blasfemarían contra Dios, y que aquellas manos débiles e inocentes habían de volverse contra las leyes, y despojar a los hombres pacíficos de su hacienda o de su vida? ¡Qué desdicha pensar que los que fueron buenos y queridos han llegado a ser malos y objeto de aversión! ¿No recordáis con pena el tiempo en que erais libres, inocentes y amados? Todavía podéis volver a serlo. Amad a vuestros semejantes, y os amarán; conducíos bien, y alcanzaréis más pronto la libertad; arrepentíos, y casi podrá decirse que sois inocentes, porque el arrepentimiento verdadero se parece mucho a una segunda inocencia, y es más meritoria, porque se conquista con los esfuerzos de la voluntad, mientras que la otra se recibe.

Yo deploro vuestros extravíos, compadezco vuestro infortunio, y quisiera contribuir en algo a vuestro bien.

Hoy no me ha parecido que podía hacer por vosotros cosa mejor que escribiros estas cartas, explicándoos las leyes en virtud de las cuales habéis sido condenados y que tal vez no habríais infringido si las hubierais comprendido bien; explicaros la necesidad de que estas leyes existan, y su moralidad y su justicia. Y este libro que arrojo en vuestra prisión, ¿habrá una mano que le recoja, una voz que le lea, una inteligencia que le comprenda, un corazón que le sienta? Yo espero que sí; yo espero que hoy, mañana o algún día, habrá corazones donde halle eco la voz de mi corazón. Si uno solo se siente inspirado de mejores sentimientos; si uno se levanta del abismo en que cayó, bendeciré la hora en que tomé la pluma para escribiros: un hombre que se corrige compensa bien el trabajo que cuesta escribir un libro.

Carta II

TIRANÍA QUE LOS PERVERSOS EJERCEN EN LA PRISIÓN. ES PRECISO SUSTRAERSE A ELLA. ¿QUÉ ES LA PRISIÓN MORALMENTE CONSIDERADA? EL CRIMEN ES DEBILIDAD. POR ELLA SON FUERTES LOS QUE TIRANIZAN LA PRISIÓN. HAY QUE AISLARSE DE ELLOS CON LA VOLUNTAD.

Hermanos míos:

Ya os dije en mi carta anterior, y quiero repetiros en esta para no volver a ocuparnos en tan desdichado asunto, que por desgracia hay entre vosotros criaturas tan pervertidas que rechazan toda amonestación saludable, todo amistoso consejo, como esos enfermos delirantes que se obstinan en no tomar la medicina que podría salvarlos. No puedo dirigirme a todos vosotros, como sería mi deseo; tengo que apartar la vista y el corazón de los que cierran el suyo. Pero vosotros vivís con ellos, quiere la desgracia que estéis confundidos, y no podéis decirles como yo: «Os olvido, aparto de vosotros mis ojos». Además, os creéis en la necesidad de ver sus malos ejemplos, de escuchar sus malas palabras, de uniros a sus juicios, de aparecer dóciles a sus impías lecciones, de conformaros con sus pareceres, de callar la verdad o hablar la mentira según su conveniencia o su capricho, de ocultar vuestros remordimientos y vuestras penas porque no exciten su risa, de fingir maldad hasta el grado en que ellos la manifiestan, de sufrir, en fin, la tiranía de su perversidad, que exige a toda costa que el criminal ostente su crimen y sea feliz en él. ¡Gran desdicha la vuestra vivir a su lado y sujetos a su yugo; castigo terrible, pero merecido, de los que, cuando teníais libertad para elegir compañía, habéis escogido la peor! ¿Cuántos entre vosotros hay que no atribuyan, y con verdad, a las *malas compañías* una parte del delito o del crimen que a la prisión los trajo? Yo sé que son los menos. Cuando gozabais de libertad, la teníais para elegir compañeros; aquí tenéis que recibir los que se os dan, y yo os hago la justicia de creer que la mayor parte no estáis contentos con ellos. ¿Pero no contribuís vosotros mismos a que sean peores y más perjudiciales y molestos? ¿Vuestra debilidad no es la principal fuerza de los que disponen, para aniquilarlos, de los buenos sentimientos que os han quedado? ¿Vuestra debilidad no es la fuerza de los que os obligan a reíros de vuestro crimen y de vuestra desgracia, de los que establecen dentro de la prisión otra mucho más dura, porque la ley no encierra sino vuestro cuerpo, y vuestros perversos compañeros encadenan vuestra alma? Y si no ponéis enmienda, no podréis romper sus ligaduras el día en que os den libertad: discípulos fieles de vuestros odiosos maestros, adquiriréis la costumbre de no pensar ni hacer más que mal; no tendréis voluntad ni fuerza para luchar contra él; llegaréis a ser sus ciegos esclavos; sufriréis las enfermedades consecuencia de vuestros vicios, la miseria resultado de vuestra ociosidad, el odio, el desprecio, las persecuciones; y cuando la ley os diga: «Estáis libres», oprimida por los malos hábitos, tiranizada por las perversas inclinaciones, vuestra alma arrastrará una terrible cadena perpetua. ¿Y creéis que puede estar libre por mucho tiempo el cuerpo del que tiene encadenada el alma? Grande error. El que no hace propósito de enmendarse ni se enmienda, vuelve a la prisión una y otra vez, y muere en ella, si no muere en el cadalso.

¿Qué remedio hallaréis para tan grave mal? ¿Cómo os sustraeréis a la tiranía de esos hombres que quieren que todos sean tan perversos como ellos, porque habiendo perdido la esperanza del bien, tienen una infernal complacencia en arrastrar a los otros hacia el mal que los arrastra? ¿Cómo empezaréis a no creeros obligados a aprobar todo lo que es malo y a censurar todo lo que es bueno? ¿Cómo os atreveréis a compadeceros de un infortunio, a no reíros de un buen propósito, a no ocultar los honrados sentimientos, a no hacer ostentación de los malos, a no avergonzaros, en fin, de tener entrañas de hombres y sentir y pensar como tales? La tarea no es fácil, pero no es tampoco imposible.

Necesitáis empezar por conoceros a vosotros mismos, por formar idea de lo que sois y por comprender lo que es una prisión. «Una prisión», diréis, «es un lugar de donde no se puede salir, donde la comida no es buena, donde la cama es mala, donde se canta y se blasfema, donde burlando la vigilancia se bebe y se juega, donde hay cadenas y palos y calabozo». Esa es la prisión del cuerpo; pero si os pregunto lo que es la prisión para el alma, si os pregunto qué sufre, qué siente, qué piensa, cómo vive el alma del preso, qué es el presidio moralmente considerado, ¿cuántos podrán responderme?

Tan olvidados estáis de las cosas que no son materiales, tan habituados a ver en los placeres y en los dolores del cuerpo la única fuente del bien que deseáis, del mal que teméis, que a veces parece como que pretendéis olvidaros de que tenéis alma. No os hacéis cargo que el cuerpo no es más que un miserable instrumento, un ciego esclavo, y que el alma es la que os trajo aquí, la que impide que salgáis más pronto, la que evitará que volváis u os arrastrará de nuevo, según que os lleve por el camino del bien o por el camino del mal.

La prisión, moralmente considerada, es una reunión forzosa de hombres ignorantes, culpables, débiles y desdichados. Si no fuerais ignorantes, no estaríais aquí, porque hubierais aprendido la justicia de las leyes, su fuerza, la imposibilidad de sustraerse mucho tiempo a su acción, y, en fin, que el camino que habéis elegido por más fácil es el más dificultoso, porque el oficio de criminal es, de todos, el que da más riesgo y menos provecho.

En cuanto a vuestra culpabilidad, no quiero hablaros de ella; mi objeto no es acusaros, sino poneros en situación de que os acuséis a vosotros mismos, después que, conociendo la justicia de las leyes y su necesidad, tengáis ideas claras del deber y del derecho, y podáis medir toda la extensión de vuestro delito o de vuestro crimen.

La desdicha vuestra, ¿quién la pone en duda? Vuestras risas, vuestros cantos son una forma de dolor, y el más terrible de todos: el dolor que se resigna, llora, y solo ríe el dolor desesperado.

Que sois ignorantes, que sois culpables, que sois infelices, lo comprendéis fácilmente, lo sabíais antes que yo lo dijera; pero lo que tal vez os parecerá extraño es oír que sois débiles, y a pesar de vuestra extrañeza, nada es más cierto: vuestra debilidad os ha llevado donde estáis. Ninguno de vosotros, ni el más perverso, cedió sin resistencia a la primera tentación que tuvo de hacer mal. Si en la confusión de vuestras ideas, si en la tempestad de vuestros dolores y de vuestras iras, podéis traer a la memoria el paso de la inocencia al crimen, pensadlo bien, y recordaréis que al veniros el pensamiento de hacer mal, luchasteis contra él, mucho o poco, pero luchasteis, y si sois criminales es porque fuisteis vencidos, es decir, débiles.

El vago, el holgazán, no tiene fuerza para vencer su aversión al trabajo, se deja arrastrar del deseo de estar ocioso, no resiste a la tentación de ir a divertirse en vez de ir a trabajar, o de aguardar inmóvil esperando a que la necesidad y el mal ejemplo le arrastren al crimen. Es débil.

El adúltero se detiene, si no ante la voz de su conciencia, ante el escándalo de sus culpables relaciones, ante la necesidad de ocultarse y el peligro de ser descubierto; pero su apetito le arrastra, cede. Es débil.

El ladrón, bajo cualquiera de sus formas, que toma la pluma para falsificar un documento, el metal para hacer moneda falsa, que alarga la mano para introducirla en la bolsa ajena, que fuerza la puerta o escala la casa, se detiene muchas veces antes de resolverse: bien quisiera hacerse rico por otro camino; pero este le parece el más fácil, el más cómodo, y no puede resistir a la tentación, y cede. Es débil.

El que en un rapto de cólera hiere o mata, él mismo confiesa su falta de fuerza; *no pude contenerme*, dice. Es débil.

El infanticida, el hombre o la mujer, que por librarse de un peso o por miedo a la opinión quiere ocultar una debilidad detrás de un crimen, es débil.

El que después de robar mata por *miedo* de ser descubierto, es débil.

El que proyecta un crimen, y busca cómplices, y los halla, y los seduce, y los adiestra, y los lanza donde él no tiene valor para ir, es débil.

Todos, en fin, los que no son monstruos o insensatos, y que más bien parece que debían estar en una casa de locos o en una casa de fieras que en una prisión, todos están en ella por debilidad. Y no ostentéis vuestros fornidos miembros para protestar contra lo que os digo. ¿Qué importa la fuerza de vuestro brazo? ¿Por ventura ha podido salvaros de ir adonde estáis? ¿Creéis que la fuerza del hombre se mide por el peso que arrastra o que levanta? Así se mide la de los animales; la del hombre se mide por su virtud y por su inteligencia. La fuerza de los miembros, la fuerza material, ponen al buey, al caballo, al camello, al elefante, hasta al león, bajo el yugo del hombre, que parece tan débil comparado con ellos. Vuelvo a preguntaros: ¿de qué os ha servido vuestra fuerza material? Vuelvo a deciros: la fuerza del hombre se mide por su virtud y por su inteligencia. Aplicad esta medida única, exacta, y os convenceréis de vuestra debilidad. Adquirid este convencimiento, porque os importa mucho. Él os hará tener en poco la fuerza bruta y en mucho la del entendimiento, que todavía podéis cultivar para que os guíe, para que os contenga, para que os ayude a levantaros y a no volver a caer.

¿Lo veis? Fuisteis culpables por ser débiles, y en la prisión por debilidad os hacéis peores. ¿Cómo entráis en ella? Pocos, muy pocos ha que la primera vez que pasan el rastrillo conserven algún honrado sentimiento, algún buen impulso, alguna idea de equidad y justicia, algún lugar sano en el corazón. Entráis: la primera impresión que recibís es terrible; sentís un dolor profundo, pero comprendéis al momento que se reirían de él si le viesen, y como el hombre pasa por todo antes que por ridículo, ocultáis cuidadosamente vuestra pena para que no la escarnezcan. Luego, observando lo que los otros hacen, viendo que ríen y cantan y blasfeman, procuráis sofocar la voz de vuestro dolor y de vuestra conciencia con palabras impías, obscenidades inmundas y risas infernales: así lo hacen los demás, y parece que les va bien. Aquella jactancia de lo que es vergonzoso; aquel desprecio de lo que es honrado; aquella complacencia en lo que es perverso; aquella predilección por lo que es horrible; aquel odio a lo que es santo; aquella dureza para lo que dulce y tierno; aquel trastorno completo de todas las ideas y de todos los afectos, forman alrededor de vuestra alma como una nube espesa que os envuelve, como un huracán que os arrastra y, haciéndoos girar precipitadamente, os produce un efecto parecido al que resulta de dar muchas vueltas en un corto espacio, cuando decimos que la cabeza *se va*, que la habitación *anda*. En efecto, la conciencia *se os va*, las ideas de lo justo y de lo injusto, de lo honrado y de lo vergonzoso *andan*; nada para vosotros tiene fijeza, todo es dudoso, todo confuso, nada veis claro, ni afirmáis ni negáis con energía y con fe. En este estado de trastorno y debilidad moral, el temor de parecer débiles, el mal ejemplo, se apoderan de vosotros, y vais a confundiros con los demás y hacéis lo mismo que hacen. Añádase a esto que el hombre lleva a todas partes su vanidad, su amor propio. Le cifra el abogado en ser elocuente, el soldado en ser valeroso, el presidiario en ser malo. La perversidad tiene también su hipocresía. Los hipócritas del mundo fingen virtudes, los del presidio crímenes, y se cuentan muchos que no se han cometido, y con circunstancias inventadas que los hacen más odiosos y más interesantes. El que más lágrimas ha hecho derramar, el que más cosas santas ha ultrajado, el que más sangre vertió e hizo más víctimas, es el primero, el héroe, el jefe de la prisión, moralmente hablando; el que da con su ejemplo la regla y con su perversidad la medida de lo que debéis ser. Esta medida y esta regla las halláis establecidas, os conformáis a ellas, y para no ser despreciados os hacéis despreciables.

Pero en las obras de la iniquidad no pueden ser más que aparentes la solidez y la perfección infernales. Por mucho que hagan los demás y vosotros mismos, pocos conseguís haceros monstruos, y a pesar de las apariencias, todavía tenéis entrañas de hombres; todavía hay en vuestro corazón un lugar, tal vez ignorado por vosotros mismos, en que puede hallar eco un sentimiento honrado y echar raíces un propósito firme de corrección y enmienda.

Me acuerdo de haber oído que en un pueblo se hacían unas grandes alcantarillas, que, como es sabido, se construyen debajo de tierra, y para las cuales se empleaba piedra labrada ya, que no se sabe cómo estaba en un pantano, del que se extraía llena de inmundicia y lodo, y sin quitárselo era llevada a la obra. Un trabajador que se sentó a comer puso sobre una piedra un jarro de agua que, vertiéndose, la lavó en parte, dejando a descubierto una labor primorosa. Se lo hizo notar al arquitecto, que desde entonces mandó lavar todas las piedras, para que no fueran empleadas las que podían servir para cosa mejor en formar el conducto de aguas inmundas.

He recordado este hecho al penetrar en vuestra prisión, que es el pantano inmundo donde habéis caído, y donde adquiriendo todos un barniz igual, una cubierta bajo la cual nada bueno se distingue a primera vista, nadie ve en vosotros un elemento para el bien, sino la materia propia y dispuesta para toda obra de iniquidad. Mas si la compasión cae sobre vuestra alma, muchas veces lava y purifica el lugar que toca, dejando al descubierto nobles instintos que nadie hubiera adivinado, rectas ideas, pensamientos honrados con que puede llevarse a cabo la santa obra de vuestra regeneración.

No, vosotros no sois todos igualmente malvados y despreciables y viles; en vano la iniquidad ha querido pasar su terrible nivel sobra vuestras cabezas; muchas se levantan aún del polvo de la ignominia y pueden recibir en el arrepentimiento un segundo bautismo que os restituya al seno de la sociedad y a la comunión de los hombres honrados. Volved en vosotros, hermanos míos; en la prisión, como en el mundo, los perversos son los menos; no os dejéis arrastrar por unos pocos que encadenan vuestra alma, no dejándola caminar sino hacia el mal. ¡Si os pudierais contar los que sois mejores! Si pudierais mirar vuestra verdadera fisonomía al través de la horrible máscara con que en la prisión se disfraza todo lo bueno, ¡cuál sería vuestro asombro al hallar nobles y honrados sentimientos en hombres que hacen ostentación de no tener ninguno!

Muchos de entre vosotros han delinquido por dejarse arrebatar de una pasión, por un momento de ceguedad, por haber cedido a una tentación mala, por haber dado oídos a un mal consejo, por no haber sabido resistir al mal ejemplo, por aturdimiento, por no haber considerado la gravedad del delito ni lo fatal de sus consecuencias, y a veces por ir unidas a cualquiera de estas cosas la ignorancia, la miseria, la mala educación. Muchos de entre vosotros, la mayor parte, llegasteis por primera vez a la prisión culpados pero no execrables; extraviados, pero no perdidos. Al veros había mucho que temer, pero también había mucho que esperar.

¿Os habréis dado tanta prisa a sofocar en vuestro corazón todo cuanto existía en él bueno y honrado, que nada quede ya? ¡Oh! No. Todavía allá en lo más recóndito del alma hay vestigios de vuestra perdida inocencia, restos de vuestra virtud; todavía puede reflejarse en ella la luz de la verdad, y hallar eco la voz que os llama al arrepentimiento, al deber, a la esperanza. No seáis sordos a esta voz, hermanos míos; escuchad a todo el que os instruye y os consuela, en vez de oír a los que os pervierten. ¿Por qué vosotros que aun podéis enmendaros, que aun podéis salir de la prisión en estado de no volver a ella, que tenéis pocos años de pena o alcanzaréis con vuestra buena conducta que se os rebaje, vosotros a quienes aun es dado vivir en libertad tranquilos y dichosos, habéis de confundiros con esos hombres cargados de crímenes, agobiados por una condena perpetua o muy larga que no pudiendo salir de la prisión quieren reteneros en ella o poneros en estado de volver pronto si salís; que habiendo perdido la idea del bien, buscan cómplices y compañeros para el mal, y que, como otros tantos demonios, trabajan para llevaros a su infierno? ¿Por qué habéis de confundir vuestro porvenir que aun puede ser risueño con el suyo sombrío, y vuestra esperanza con su desesperación? ¿No veis que es unir, *encollerar* a un vivo con un muerto, y condenarle a que participe de su hediondez y podredumbre? Porque el alma de esos hombres que no creen en el bien, ni practican más que el mal, ni esperan en la misericordia de Dios, ni temen su justicia, creedlo, hermanos míos, está muerta. Apartaos de ella como de un cadáver corrompido, al que nadie puede acercarse sin contraer alguna enfermedad grave.

Pero estando confundidos con esas criaturas, ¿cómo habréis de apartaros de ellas? Con la voluntad: la voluntad separa las almas de dos cuerpos que están muy cerca, y pone entre ellas la distancia que separa el bien del mal. Desde el momento en que no penséis como piensan los perversos, ni habléis como hablan, estáis a mil leguas de su iniquidad. Jesucristo, ¿por morir entre dos ladrones dejó de ser el santo de los santos, el hijo de Dios? Si el hombre lo es todo por su alma, si el cuerpo no es más que un instrumento ciego, ¿qué importa que esté a dos pasos o a dos mil? Unid vuestra alma a la de aquellos que os hablan de virtud y de esperanza; levantad el espíritu sobre esa nube de vicios y de crímenes que quiere envolveros, escuchad atentos la voz que os enseña por qué habéis caído, cómo podéis volveros a levantar, y veréis a qué distancia os ponéis de los que están cerca de vosotros, y recobraréis la perdida fuerza, y vuestra dignidad de hombres, y el deseo y la facultad de tener en poco a los mismos cuyas burlas os amedrentan. Desde el día en que podáis contaros los que tenéis aún aptitud para el bien, posibilidad de corrección y enmienda, veréis con asombro que sois los más, veréis que sois la inmensa mayoría. ¿Y qué sucederá al cabo de algún tiempo? Que esa ley de iniquidad que manda callar el bien y ostentar el mal, esa ley mil veces impía que parece la obra de todos porque ninguno protesta contra ella, se verá que es la tiranía de unos pocos, y pronto dejará de existir. Esto no sucederá desde el primer día, pero sucederá infaliblemente al cabo de algún tiempo, si no os empeñáis en aparecer peores de lo que sois.

Yo no exijo de vosotros que reprendáis al que obra o habla mal, ni que le enseñéis lo que procuro enseñaros, ni que opongáis a su locura las razones que vayáis aprendiendo, ni a su dureza los buenos sentimientos que broten de nuevo en vuestro corazón. Basta que calléis, basta que no forméis coro con las voces impías, basta que no apruebe vuestra boca lo que condena vuestra conciencia. Con no formar corro alrededor de los que refieren sus sangrientas hazañas, de los que dan lecciones de iniquidad; con guardar silencio cuando no podáis apartaros, la prisión cambia de aspecto, y entráis francamente por el buen camino.

Para una sola cosa quisiera que tuvieseis valor: para aparecer tristes cuando lo estéis. ¿Por qué empeñaros en fingir alegría cuando sois desdichados? No le está bien a un infeliz ni la desesperación ni el contento; el dolor es la dignidad de la desgracia, el dolor es el paso necesario del delito al arrepentimiento y a la rehabilitación. No finjáis, pues; no sintáis infames alegrías; afligíos al entrar en la prisión todos los que no sois viles, todos los que no queréis envileceros; que el alma vista luto por vuestra libertad, por vuestra virtud y por vuestra honra.

Carta III

NECESIDAD DE LAS LEYES. AMPARAN PRINCIPALMENTE AL QUE LAS INFRINGE.

Hermanos míos:

Suponiendo que mis cartas anteriores no habrán sido enteramente inútiles; suponiendo que alguno de entre vosotros quiere prestarme atención, voy a poneros de manifiesto la justicia de las leyes que os han condenado a la pena que sufrís. Una de las causas de que el castigo no moralice es el no estar bien convencidos de que es justo. Muchos de entre vosotros, la mayor parte acaso, ¿qué idea tienen del por qué y del cómo se hallan en la prisión? Primero un delito o un crimen cuya gravedad no habéis meditado ni comprendéis, y que el interés, la pasión y la ignorancia disculpan. Teníais necesidad, habéis robado; teníais cólera, habéis herido; os convenía que la mentira apareciese como verdad, habéis perjurado. ¿Hasta qué punto sois culpables? Las disposiciones que nos impulsan al mal nos inducen a disculparle, y es raro que nadie se pida a sí propio cuenta muy estrecha de sus acciones. La que os trajo aquí, ¿qué es para vosotros? Un hecho que se castiga cuando se prueba. La Guardia Civil os persigue, se apodera de vosotros; ¿qué veis en ella? La fuerza. El juez os condena conforme con lo que dispone un libro que se llama *Código*. ¿Qué son para vosotros el Código y el juez? Un enemigo que os aplica una ley hecha en contra vuestra. Venís a presidio. ¿Y qué razón veis para estar en él? La vara del cabo, los fusiles de la guardia, las cadenas que arrastráis o que os pondrán si intentáis escaparos. El delito, el juicio, la sentencia, el castigo, es una lucha en que habéis llevado lo peor. ¿Cuál es para vosotros la moralidad de todo esto? Que habéis sido vencidos y que el vencedor os oprime porque es más fuerte. En consecuencia, odio al vencedor, odio a la Guardia Civil, al juez, a los jefes de la prisión, a los capataces, y hasta al sacerdote que os amonesta y al médico que os cura.

Si me prestáis atención; si vuestra conciencia aletargada despierta; si logro que penetre en vuestra alma la luz de la verdad, no más que uno solo de sus divinos rayos, comprenderéis el absurdo de vuestro modo de ver, os asombraréis de vuestra ceguedad, y tributaréis a la justicia el más solemne, el más meritorio de todos los homenajes: el del que, habiéndola desconocido, al fin la comprende y la venera. Pero antes de tratar de la justicia de las leyes, veamos su necesidad. Las leyes penales, únicas de que debemos ocuparnos, las que castigan los crímenes, los delitos y las faltas, ¿creéis, por ventura, que son alguna cosa intrincada, extraña, caprichosa, inventada por los hombres, reducida a reglas a fuerza de ingenio y cavilosidades? No, hermanos míos; las leyes penales son una cosa clara, sencilla y natural, como lo es comer cuando se tiene hambre, beber cuando se tiene sed y abrir los ojos a la luz: yo espero que si me prestáis atención, llegaréis a comprenderlo así.

El hombre ha nacido para vivir en sociedad. Ya veis cuán débil nace el niño, ya veis cuán débil es el hombre comparado con los animales; ponedle solo en medio de los bosques luchando con las fieras, con los insectos, con los elementos, y veréis qué pronto perece. Para resistir a tantos peligros como le cercan, a tantos elementos de destrucción, necesita unirse a sus semejantes: solo combinando con ellos su fuerza, deja de ser débil y puede existir. Pero no creáis que se trata solo ni principalmente de la fuerza física; ya hemos visto que en el hombre es una cosa muy secundaria; la asociación que hace al hombre fuerte es la de la inteligencia, la de las ideas. No se concibe un hombre que reducido a sus solas fuerzas pueda vivir mucho tiempo; pero si viviese, aunque hubiera nacido con las mejores disposiciones, no sabría discurrir, su inteligencia quedaría sofocada, como se ahoga el que tenga el pulmón más dilatado si no encuentra aire que respirar. ¿Cómo podrá resistir, o vivir, que es lo mismo, el hombre en la soledad que aísla su fuerza física y aniquila su fuerza moral?

Pero aun cuando supongamos por un momento que el hombre materialmente pudiese vivir solo, que pudiera resistir a las causas físicas que tienden a destruirle, sucumbiría de dolor o de tedio. Si alguna vez os han encerrado solos, lo comprenderéis fácilmente, y aunque así no sea, por la necesidad que sentís de comunicar con vuestros semejantes, comprenderéis que la soledad absoluta es opuesta a la naturaleza del hombre y la destruye. Si os pusieran en libertad y os dieran todos los regalos que pudierais desear y concebir; si vivierais en un país con clima templado, y habitarais un magnífico palacio con mesas cubiertas de sabrosos manjares y vinos exquisitos, pero con la condición de no ver ni oír nunca persona humana, renunciaríais a todos aquellos aparentes bienes, y preferiríais el rancho y las paredes de vuestra prisión, y voluntariamente os volveríais a ella.

No es necesario insistir más sobre este punto: el hombre siente por instinto que no puede vivir solo. Y si los hombres necesitan vivir en sociedad, ¿qué regla habrán de tener para estar en paz? Una muy sencilla; la que sirve de fundamento a todas las leyes penales desde que el mundo ha empezado hasta que deje de ser, la que sabéis vosotros, la que saben los niños antes de tener uso de razón: *No hagas a otro lo que no quisieras que te hiciesen a ti.* Ahí tenéis el principio fundamental de toda justicia, tan sencillo que todos lo comprenden, tan evidente que nadie le niega, y que no está escrito en todos los códigos sino porque está grabado en todas las conciencias.

Imaginemos la sociedad más sencilla, compuesta de dos hombres; supongamos que no hay asociación siquiera, sino reunión; dos de entre vosotros han cometido una falta y sido encerrados en el calabozo: ya tenéis deberes y derechos el uno para con el otro. Os entrarán el pan, el rancho y el agua. Cada cual tiene el *derecho* de que el otro no se coma su ración, y el *deber* de no comerse la de su compañero; tiene el *derecho* de que le deje dormir, y el *deber* de no despertarle; tiene el *derecho* de que durante el sueño no le mate, y el *deber* de no matarle mientras duerma; tiene el *derecho* de que no le calumnie diciendo que ha querido forzar la puerta o prorrumpido en palabras ofensivas contra sus jefes, y el *deber* de no calumniar tampoco. Ya veis que en la reunión de solos dos hombres que no puede llamarse aún sociedad, reducidos a un estrecho calabozo donde sus relaciones son tan limitadas, hay ya *deberes* y *derechos*. El que no los respeta merece *una pena* para que le castigue porque faltó, para que le contenga y no vuelva a faltar, para que sirva de ejemplo a los otros que todavía no han faltado. A fin de que esta pena sea proporcionada al delito, es decir, justa, para que no sea obra del capricho del que la impone, se necesita *una ley*. Mas para imponer esta ley es preciso averiguar si hubo realmente falta, juzgar su gravedad; esto no puede hacerlo más que el *juez*. Pero el que falta no se presta gustoso ni a ser juzgado ni a sufrir la pena que mereció, quiere eludirla, hay que obligarle materialmente: de aquí la necesidad de emplear la fuerza, y los fusiles, y las paredes, y las rejas y las cadenas.

Si a vosotros os dijeran ahora: los 800 o 1000 hombres que hay en este presidio van a embarcarse para América; hay allí una isla fértil y desierta que es preciso poblar; tomad provisiones para un año, y herramientas para labrar la tierra y construiros habitaciones; quedáis solos, en libertad de hacer lo que os parezca; pero no contéis más que con vosotros mismos; nadie vendrá en vuestro auxilio, ni os es permitido salir. ¿Qué haríais entonces? ¿Permitiríais que las provisiones se repartiesen con desigualdad, de modo que unos tuvieran más de lo necesario y otros se murieran de hambre? ¿Permitiríais que mientras los unos labraban la tierra, los otros les robasen el fruto de su trabajo? ¿Que los holgazanes fuesen a habitar la casa hecha por los laboriosos y los arrojasen de ella? ¿Que, convirtiendo en armas homicidas los instrumentos del trabajo, los más perversos matasen o hiriesen, para saciar sus instintos feroces y alcanzar por el terror lo que no querían obtener por su laboriosidad? ¡Ay de vosotros si tal hicieseis! Nadie querría sembrar para que otro recogiese, nadie edificar para que otro se albergase. El hambre llegaría implacable, y exasperados por ella, os disputaríais con encarnizamiento los restos de vuestras provisiones, que solo podrían alimentar algunos días a los que triunfasen en la lucha, y vencedores y vencidos perecerían sin quedar de ellos más que el recuerdo de sus crímenes y sus huesos insepultos descarnados por las fieras.

Pero no, vosotros que maldecís las leyes, las estableceríais en vuestra colonia, por necesidad, por instinto de conservación. ¿Y qué leyes serían estas? Las mismas, con muy corta diferencia, que aquellas por que habéis sido juzgados. Las leyes no son más que expresión de la necesidad social y de la conciencia humana; y como vuestra sociedad tendría las mismas necesidades que todas, y vosotros, aunque extraviada y sofocada a veces, tenéis conciencia, vuestras leyes serían justas. Como el ladrón no quiere ser robado, ni el asesino que alevosamente le hieran, castigaríais el robo y el asesinato, y los crímenes y los delitos todos, sin otra diferencia que vuestro código sería más severo, infinitamente más duro en las penas que impusiera, como hecho para una sociedad ignorante y débil. La dureza de las sociedades, como la de los individuos, está en proporción de su debilidad y de su ignorancia.

Las leyes penales varían en los castigos que imponen, pero no en las cosas que prohíben, y la base de todos los códigos pasados, presentes y futuros es, como ya os he dicho: *No hagas a otro lo que no quieras que te hagan a ti.* Cuando faltáis a este precepto, cuando atacáis la vida, la hacienda, la honra, o hacéis daño de cualquier modo que sea, no es solamente un juez que interpretando un código os condena; se alzan contra vosotros todas las leyes de todos los países, de todos los tiempos: habéis faltado a la ley humana, a la ley de Dios, os dicen los hombres que han sido, y los que son y los que serán, arrojando sobre vuestro crimen el peso de los siglos.

Ya lo veis, la sociedad no puede vivir sin leyes; puede decirse, sin exagerar nada, que como el hombre necesita respirar aire, toda reunión de hombres, toda sociedad necesita respirar justicia, y que si le falta, perece ahogada en la iniquidad y en la sangre. Los ladrones en cuadrilla, si han de organizarse de modo que puedan existir algún tiempo, establecen entre sí los mismos principios de justicia que atacan en la sociedad.

Pero si os fuera dado destruir el orden establecido; si por un acto de vuestra voluntad pudierais anular ese Código penal contra el que tanto protestáis; si cada uno de vosotros tuviese libertad para atacar las haciendas, la vida y la honra, sin que la Guardia Civil le persiguiese ni el juez le condenase, ¿qué pensáis que sucedería? ¿Pensáis que viviríais dichosos con el fruto de vuestras rapiñas y el precio de la sangre que habíais derramado? ¡Insensatos! ¡Ay de vosotros el día en que no hubiese leyes ni jueces! Si fuera posible que sonase esa hora, la última estaba muy cerca para vosotros, y debíais daros prisa a reconciliaros con Dios los que todavía creéis en él. Al suprimir el Código, ¿podríais suprimir las necesidades de la sociedad, la conciencia humana, y la ley divina que ha dispuesto que los malvados sean un corto número?

¿Qué dice la necesidad social? Que es preciso que se respete la hacienda, la vida y la honra.

¿Qué dice la conciencia? Que hay derecho para castigar a los que atacan aquellas cosas.

¿Qué dice el mayor número que las respeta? Que hay fuerza para destruir a los agresores, que son los menos.

Así, anulada la ley, queda la necesidad, el derecho y la fuerza de destruiros, y seríais destruidos, indefectiblemente aniquilados.

En las sociedades primitivas, en los pueblos ignorantes, y por consiguiente débiles, la ley es dura; acaba de salir de la mano del ofendido, y participa de su temor y de su cólera. Cuando la acción de la sociedad que tanto maldecís es débil, la del individuo la suple, y como el individuo no perdona tan fácilmente como la sociedad, como no puede perdonar porque le falta fuerza, el malhechor no halla misericordia. A veces es entregado al ofendido o a sus parientes para que sacien en él los furores de su cólera. En todas las legislaciones criminales antiguas se ven las huellas de esos tiempos parecidos a los que imagináis tan bellos, en que la fuerza pública siendo casi nula, la del individuo tenía que suplirla; en que el malhechor, en vez de ser perseguido por la Guardia Civil, lo era por las personas a quienes había hecho daño y por sus parientes y amigos; en que sin exageración puede decirse que era *cazado*; en que no había piedad para él; en que la ley, con su pena de muerte prodigada sin compasión, con sus cárceles donde se trataba a los presos como no tratamos hoy a ningún animal, con sus torturas y sus horribles suplicios, reflejaba por todas partes la cólera del ofendido. De esos tiempos en que las leyes eran débiles como vosotros quisierais que fuesen, viene el dar a la justicia el horrible nombre de *venganza pública*.

Y por horrible que sea, donde no hay justicia es preciso que haya venganza, y si no os presentáis ante el juez imparcial, es preciso que os sometáis al fallo del hombre a quien habéis robado, o de los vengadores de vuestras víctimas. Donde no hay fuerza pública, todos se arman contra el bandido que roba y mata, como contra un animal dañino que tala los campos, y el bandido sucumbe, *es cazado*. Antiguamente, cuando la ley era débil y cruel como os he dicho, no había presidios, y pocas cárceles se necesitaban. Como la regla de la pena es ahora la prisión, entonces lo era la muerte; los malhechores eran inmolados sin misericordia, y si no había razón, había propiedad en llamar venganza a la justicia.

Vosotros, que os creéis fuertes imaginando, insensatos, que si no hubiera jueces y leyes podríais poner por obra vuestra voluntad y vivir dichosos de rapiñas y matanzas, salid de la prisión. Retírese la guardia, ábranse las puertas, armaos de hierro y de cólera reprimida, y de odio añejo; ya no hay ley, ni paredes, ni rejas, ni soldados, atacad las haciendas y las vidas. No os detengáis, solo hallaréis un obstáculo. Los hombres honrados, puesto que no tienen quien los defienda, han resuelto defenderse, y vais a pelear uno contra mil. ¿Os aterra la proporción? ¡Pues no podéis destruirla, porque esta proporción es la obra de Dios!

Fuerza es desistir de la empresa; al salir de aquí, si no queréis ser hombres honrados a la luz del día, tenéis que hacer mal en las tinieblas y ocultaros donde al fin os hallarán; y cuando os hallen, ya podréis comprender que es una fortuna para vosotros que en vez de sufrir la cólera del que habéis ofendido, os lleve la Guardia Civil conduciéndoos, impasible como el deber, al juez que examina imparcial vuestro delito y le aplica la pena señalada por la ley. A él no le habéis ofendido, no os conoce, no puede aborreceros, y para ser justo no ha menester heroísmo ni aun virtud, como el ofendido que os hubiera de castigar, y que para haceros justicia necesitaba perdonaros antes.

Ya lo veis, las leyes son absolutamente necesarias; cuanto mayor es su fuerza, tanto menos dura es la suerte de los que condenan, y su protección, conveniente para todos, es más necesaria para los que las han infringido. Antes de entrar en el examen de la justicia de las leyes, convenceos de su necesidad, y salid del error en que estáis, imaginando que si no las hubiese, seríais fuertes y dichosos. La *fuerza pública* que miráis como enemiga, lejos de serlo, os ampara, os defiende de la *venganza pública*. Sabedlo, los delincuentes son débiles, y las leyes, que hacen los hombres de bien, a los criminales principalmente aprovechan, porque sin ellas serían inmolados.

Carta IV

A LAS CORRIGENDAS

Mis cartas anteriores se dirigen indistintamente a los penados de ambos sexos. Las corrigendas, como los presidiarios, ignoran en su mayor parte las leyes que las condenan; desconocen su justicia; tienen ideas confusas de la virtud, del deber, de lo que es la sociedad para ellas, de lo que ellas son para la sociedad; sufren el castigo como quien cede a la fuerza; se aturden o se desesperan en lugar de resignarse, y la desgracia, que es gran maestra de los que quieren aprender, nada les enseña. Todas estáis igualmente necesitadas de que una voz amiga, pero severa, os explique en qué faltasteis, por qué sois castigadas, y cómo podéis borrar las huellas de vuestra falta recibiendo la pena como una penitencia merecida.

Pero si el legislador os asimila a los ancianos, mujeres reclusas, y teniendo compasión de vuestra debilidad os trata con más blandura, ¿no deberé yo hacer entre vosotras y los hombres alguna distinción como la que hace la ley? La hago con mi corazón, y si en mis cartas anteriores, si en las siguientes, halláis algunas frases que os parezcan duras, que no pueden aplicarse a vuestra prisión, ni hallan eco en vuestra alma, en vez de pensar: *Nos creen peores de lo que somos*, decid: *Eso se ha escrito para los hombres.*

Yo no creo, como vulgarmente se cree, que la mujer que llega a ser mala es peor que ningún hombre, porque sé que hay hombres que llegan con su perversidad hasta un punto en que se puede decir: *No hay más allá.* Si alguna de entre vosotras puede competir en maldad con los hombres malvados, es bastante para que sea un monstruo y el oprobio de su sexo. En la mujer choca más el mal porque se espera menos. Ha recibido de Dios más ternura, más compasión, más afectos benévolos, más disposición a sufrir resignada, a olvidarse de sí propia, a sacrificarse por los demás, y su mano débil, y su corazón amante, y su horror a la sangre parecen decirle: *Has nacido para verter lágrimas sobre los dolores que consueles*. Así, el mal en la mujer choca, sorprende, asombra; los mismos vicios o crímenes son en ella más repugnantes y odiosos que en el hombre, y por eso cuando llega a ser tan mala como él, parece infinitamente peor. De tal modo está organizada para amar, para compadecer, para consolar, para huir de los medios violentos, que si el hombre criminal infringe una ley santa, la mujer parece infringir dos, la de Dios y la de su organización. Así, la mujer que es tan mala como el hombre, es más repugnante; no lo olvidéis, hermanas mías, tenéis en vuestra naturaleza menos medios de ser malas, más elementos para ser buenas, y por consiguiente, mayor obligación de serlo. Los hombres, que cuando sois perversas os miran con desprecio y con horror, no hacen sino anticipar el juicio de Dios, que será con vosotras muy severo. «¿Qué has hecho —dirá el Señor en el día de la justicia—, qué has hecho, mujer criminal, de los altos dones con que había enriquecido tu alma? ¿Cómo has convertido en dureza la ternura de tu corazón? ¿Cómo se han vuelto maldiciones y blasfemias las dulces palabras que había puesto en tus labios? ¿Cómo has suplido la debilidad con la astucia, y no pudiendo vencer el santo horror que te di de la sangre, has suplido con el veneno el hierro homicida? ¿Cómo has secado en tus ojos las lágrimas de la compasión, haciendo verter tantas, cuando te había mandado al mundo para enjugarlas? Caiga sobre ti mi justicia, mujer perversa, y maldita seas por los siglos de los siglos».

No permita Dios que entre vosotras haya ninguna sobre quien deba recaer tan terrible juicio, y si alguna hubiere, ojalá que se apresure a borrar con el arrepentimiento la huella de la culpa, aplacando la justicia divina e implorando misericordia.

Al dirigirme a los criminales creo que habrá muchos que no me escuchen, entre vosotras habrá menos. Es raro que una mujer rechace al que se acerca a ella con dulzura; que quiera aparecer vil y perversa ante las personas buenas; que no conserve allá en el fondo de su corazón algún sentimiento dulce, alguna lágrima pura para alguna cosa santa, alguna aspiración hacia el Dios que ofende y parece haber olvidado. La mujer que no ama y que no cree, la que no tiene algún afecto en este mundo y alguna idea del otro, es un ser tan extraño y tan monstruoso, que casi siempre me parece ver allí algún trastorno físico, algún estado nervioso semejante a una enfermedad, y tengo impulsos de decir: *Hay que llamar al médico para esta mujer que no cree en Dios.*

Si entre vosotras hubiera alguna enferma de este modo, pedid al Señor por su salud; que la oración del desdichado que pide por otro que lo es más todavía, debe ser muy acepta a los ojos de Dios. Vosotras le habéis ofendido, pero no le habéis olvidado; no le deja la mujer sino para volver a él, solamente que en esta ausencia culpable suele perder la felicidad y la honra. Todavía, si os arrepentís y os enmendáis, podéis recobrarlo todo, hasta el honor, porque aunque el mundo vuelve difícilmente su aprecio cuando una vez le ha retirado, nadie es bueno ni malo mucho tiempo sin que Dios y los hombres le hagan justicia.

Necesito toda vuestra atención, porque voy a dirigirme principalmente a vuestro entendimiento. Voy a explicaros la justicia de las leyes que os han condenado, a daros a conocer las que podéis infringir. El camino que habéis emprendido está lleno de precipicios que no distinguen vuestros ofuscados ojos, y que puede mostraros quien los ve con claridad. Haced uso del entendimiento que habéis recibido de Dios; es ofenderle despreciar uno de sus más altos dones, dejando ociosa la facultad de pensar y de comprender lo que os conviene, y dónde está el peligro y dónde la salvación.

Impresionables y vehementes, pasáis de la exaltación de las pasiones a la de las creencias, del olvido de Dios a la superstición, del pecado al arrepentimiento, y muchas veces no perseveráis en él porque vuestra razón no acude como debía en auxilio de vuestra fe. Es preciso ser razonables y creyentes, que la sabiduría suprema no nos ha dado distintas facultades y disposiciones para que se combatan, sino para que se sostengan, ni ha hecho tres cosas distintas del precepto religioso, de la utilidad y de la justicia.

Si me prestáis atención, os convenceréis de que las leyes son necesarias, son justas, son fuertes, y que es locura culpable ponerse en lucha desigual con quien tiene razón y tiene fuerza. Os convenceréis de que las leyes de los hombres están en armonía con la de Dios, y que si no por amor a él, por amor de vosotras mismas, por cálculo, debéis respetar esas leyes o siquiera obedecerlas, porque lo que es justo es útil, y la utilidad fuera de la justicia es engañosa, es mentida, es la que os ha llevado donde estáis con los cálculos siempre errados del que olvida sus deberes. Vosotras sentís los vuestros; es preciso razonarlos, porque solo así seréis fuertes contra la mala tentación. Si por no haber podido resistirla están los hombres en presidio; si el delito es en ellos hijo de la debilidad, ¿qué será en vosotras, donde no tiene ni aun la apariencia de fuerza y energía? Muchas, las más tal vez, ¿no habéis sido arrastradas a él por las tristes circunstancias en que os colocó una debilidad? ¿Mirasteis cara a cara el mal que habéis hecho, y dijisteis en vuestro corazón: voy a lanzarme a él; o el mal vino después de los halagos de un seductor que escuchasteis en hora menguada? El delito o el crimen a que os arrastró con su ejemplo o con su abandono el hombre que os sedujo, estaba bien lejos de vuestro pensamiento el día en que por debilidad cometisteis la primera falta. Si hubierais sabido cómo se encadenan; si hubierais sabido cómo envuelven en una especie de red; si hubierais sabido que el escudo de la mujer es su honor, porque desde el momento que le pierde todas sus virtudes se hallan como sin amparo y sin defensa; si hubierais sabido que la debilidad en una mujer, si no es un crimen ni un delito, es como una brecha por donde pueden entrar los delitos y los crímenes todos; si hubierais sabido que el desprecio del mundo había de empujaros a ser despreciables, y que no teniendo amparo en el aprecio propio, y desesperando de vosotras mismas, no habíais de hallar otro refugio que en la embriaguez del mal y en la desesperación; si todo esto hubierais sabido, mujeres desdichadas, habríais rechazado con horror al hombre pérfido, detrás de cuyos halagos estaba el robo y el infanticidio.

Ahora sabéis ya todas estas cosas; la desgracia y la culpa os han enseñado sus tristes misterios. ¿Serán perdidas lecciones compradas a tan alto precio? Vosotras deberíais tener experiencia de los hombres y de las cosas, y en general no la tenéis. ¿Por qué? Porque la experiencia no es el recuerdo de las cosas que nos han pasado, sino el conocimiento que de ellas se adquiere reflexionando, comparándolas y juzgándolas. Procurad adquirir esa experiencia de que tanto necesitáis, y yo procuraré ayudaros. Fortificad vuestro corazón con la fe, y vuestro entendimiento con el raciocinio; escuchadme, y comprenderéis la moralidad de las leyes y las leyes del mundo moral; el enlace de los derechos y de los deberes, que pareciéndoos justos, os parecerán más fáciles, porque nada facilita tanto una cosa como la voluntad de hacerla, y nada influye más constantemente en la voluntad que la idea de la justicia. La justicia, cuando se forma de ella una idea clara como la que yo intento daros, sobrenada como un cuerpo ligero en el Océano, cuyas olas embravecidas le sumergen un momento. En el alma humana, como en el mar, la tempestad no es la regla, sino la excepción: las pasiones pasan, la conciencia queda, y si logro ilustrar la vuestra, no quedará en vano. Yo sé que muchas escucháis, que muchas comprendéis. Procurad aprender; cuanto más cerca estéis de la verdad, más lejos estáis de la desgracia y del crimen; la mujer aun menos que el hombre debe ser mala por cálculo.

Carta V

GRANDEZA DEL ARREPENTIMIENTO. DE LOS DELITOS Y FALTAS. ARTÍCULOS DEL CÓDIGO 1º, 2º, 3º, 4º, 5º.[1]

Hermanos míos:

Al recordar mis cartas anteriores, siente mi corazón una secreta pena: hay en ellas algunas frases severas que, dirigiéndose a desgraciados, podrían parecer dureza, si no fueran necesidad. La blandura, bien lo sabéis, suele tomarse entre vosotros por debilidad que excita desdén, y yo sería objeto del vuestro si con mis palabras os diera a entender la creencia de que todos estabais dispuestos a escucharlas y seguir mis consejos y a penetraros de mis razones. La propensión que tiene el hombre a despreciar al que engaña, es mayor todavía en el presidio que en el mundo, y yo sería objeto de burla para los perversos, si ellos no lo hubieran sido de mis severos juicios. La perversidad, su prestigio, al menos hasta cierto punto, se desarma en cuanto se adivina, y el malvado dispuesto a burlarse del que le compadece, del que le exhorta, del que le hace bien, siente una cosa parecida al respeto por el que le conoce. Esta es la razón de las duras palabras con que he pintado las cosas horrendas; este el motivo de bajar con el pensamiento a los abismos de la iniquidad y decir: *Sé lo que en ellos pasa.*

Por mí, ni para mí, no he menester consideración ni respeto; por vosotros y para vosotros necesito que mis palabras tengan el prestigio que da a las suyas el que sabe lo que dice y a quién lo dice.

[1]Del código de 1850, que era el vigente en 1865.

Si alguna vez os parecieren duras, no se las aplique ninguno que no las merezca; más dispuesta estoy a haceros gracia que agravio, y mi corazón os defiende más veces que os acusa. Escuchad mi voz como la de un amigo, que es a veces severa porque no puede engañar; y creed que si las lágrimas de la compasión borrasen las huellas de la culpa, vuestras almas aparecerían puras y sin mancha como han salido de la mente de Dios. Pero solo el arrepentimiento purifica, solo él regenera y ennoblece lo que la culpa ha degradado. Ojalá que el vuestro os levante y os rehabilite; ojalá que lleguéis por él a una segunda inocencia; ojalá que la compasión que me inspiráis pueda trocarse algún día en admiración y respeto.

¡Respeto y admiración! Extrañeza o risa os causarán tal vez estas palabras aplicadas a los que arrastran en la prisión sus cadenas y su ignominia. Sí, admiración y respeto; que no hay ningún hombre caído tan abajo que no pueda levantarse, ninguno tan humillado que no pueda ennoblecerse, ninguno tan culpable a quien si de veras se arrepiente y se enmienda no digan Dios y los hombres: «Yo te perdono».

La inocencia es pura, el arrepentimiento es sublime; la inocencia complace, el arrepentimiento admira; la inocencia es serena como la paz, el arrepentimiento grande como el triunfo; la inocencia da una luz suave, el arrepentimiento deslumbra con el fuego en que se ha purificado; la inocencia pasa como una paloma que no aventuró su vuelo lejos de la tierra, el arrepentimiento estuvo en lo más alto y en lo más bajo, sabe lo que pasa en las nubes y en los abismos; la inocencia vive en la ignorancia dichosa de las tempestades de la culpa, el arrepentimiento sabe todos los secretos del bien y del mal; la inocencia lleva una frente pura que se ve con satisfacción, el arrepentimiento tiene la suya llena de cicatrices que conmueven, porque se adivina en ellas, primero una mancha, y después una herida; pasamos a veces al lado de la inocencia sin notarla, el arrepentimiento dice siempre a nuestra atención: «¡detente!», porque aquella criatura que vivió en la oscuridad del error, que se dejó arrebatar por el torbellino de sus pasiones, que se embriagó con el vicio o con el crimen como con una de esas bebidas dulces que hacen perder el juicio, que se degradó encenagándose en el desprecio de los demás y en el suyo propio, que vivió en el abismo de la desesperación, y que después de todo esto, abre sus ojos a la luz, su corazón a la esperanza, y se levanta y vuelve a caer, y se alza de nuevo, y gime, y vacila, y persevera, y se estremece, y se avergüenza, y se purifica, y lucha, y tiene horas de desaliento y de fe, y triunfa; este hombre, quienquiera que haya sido, es grande, y al darle nuestro aprecio le daríamos poco, porque es digno de nuestra admiración. El hombre arrepentido nos interesa y nos admira porque pensamos los dolores que debió sufrir donde estuvo, la fuerza que ha necesitado para llegar a donde está: el hombre que se levanta no es menos grande que el que no ha caído. Así, cuando os digo que aun podéis inspirar admiración y respeto, es como si dijera que aun podéis arrepentiros.

Muchos de entre vosotros, al creeros incapaces de arrepentimiento y enmienda, padecéis un error, os calumniáis, y espero que alguno ha de decir un día: «Yo soy mejor que pensaba».

Ahora abramos el Código, estudiemos esas leyes en virtud de las cuales habéis sido penados. Ojalá las hubierais podido estudiar antes, y tal vez el conocimiento de su moralidad y su justicia, elevando vuestra alma a la altura del derecho y del deber, la hubiera fortificado contra la mala tentación. El artículo primero del Código dice así:

> Artículo 1°. Es delito o falta toda acción u omisión voluntaria penada por la ley.
>
> Las acciones u omisiones penadas por la ley se reputan siempre voluntarias, a no ser que conste lo contrario.
>
> El que ejecutare voluntariamente el hecho, será responsable de él e incurrirá en la pena que la ley señale, aunque

el mal recaiga sobre persona distinta de aquella a quien se proponía ofender.

La ley castiga los delitos y las faltas, y al suponer que son voluntarios, obra en razón y en justicia. Como la ley no es más que la conciencia humana, nadie delinque ni falta sin saber que hace mal y que merece castigo; toda acción penada por la ley es condenada por la conciencia. La ley hace, pues, bien en reputar como voluntarios la falta o el delito.

Esto es tan cierto, que el reo para defenderse niega haber ejecutado la mala acción, pero no niega que la acción sea mala. Si pudierais leer en los anales del crimen, si pudierais seguir los debates en los tribunales, veríais que el acusado y el acusador están de acuerdo en que la falta es falta, el delito, delito y el crimen, crimen: su autor no suele confesar que lo ha sido, y en esto solo no está conforme con el juez. Reflexionad sobre este hecho constante. ¿Qué os dice? Que la ley está dictada por la conciencia humana; que lo que llama malo es lo mismo que tenéis por tal, lo que condena es lo mismo que condenáis, y que si el culpable quiere sustraerse a su acción no es por desconocer su justicia, sino por huir del castigo.

Pero la ley, notadlo bien, la ley pone su mayor atención, tiene el más exquisito cuidado en que el inocente no sufra la pena de los culpados, y vosotros no tomaríais tantas precauciones para vuestra seguridad como ella toma para que no sea atropellada vuestra justicia. Así, al decir que *reputa las faltas voluntarias*, añade: *a no ser que conste lo contrario*. En efecto, si la falta ha sido cometida por un loco, no se reputa voluntaria, porque la voluntad de un loco, que no tiene razón ni conciencia que la dirija, no es libre, es una fuerza ciega que cede a un impulso que no le es dado resistir, y no puede ser responsable.

Además de los casos de demencia, puede haber alguno, aunque raro, en que el hombre delinque sin saber que hace mal; pongamos un ejemplo. Algunos de entre vosotros habéis estado muchos años en Filipinas, no ha llegado, no ha podido llegar a vuestra noticia que en Europa se hacen caminos de hierro por donde marchan máquinas arrastrando enormes pesos. Desembarcáis en Inglaterra, que es donde se hizo el primero de esos caminos; deseosos de correr tierra después de una navegación tan larga, os vais por los campos, notáis unas barras de hierro que se extienden a larga distancia por uno y otro lado; «¿Qué será esto?», os decís. Alguno, fatigado de andar y más curioso, exclama: «Sentémonos aquí hasta que pase quien nos lo diga», y os sentáis. Otro nota que la tierra está húmeda, y viendo unas vigas cortas cerca, ayudado de algunos compañeros, las pone encima de las barras de hierro por ser parte menos húmeda, y todos os sentáis. Como hacía mucho tiempo que no andabais, os habéis cansado, os agrada el asiento, aunque duro, y distraídos con la conversación, sin que lo notéis llega la noche. Una nube muy oscura os priva de repente de la escasa luz del crepúsculo, oís un ruido extraño como si temblase la tierra, miráis a la parte hacia donde se oye, y veis un horno ardiendo que se adelanta hacia vosotros; parece la boca del infierno, y encima como el ojo de algún demonio que os mira fijamente antes de arrojaros al fuego. Vuestro terror es grande; los menos devotos se acuerdan de Dios, y todos huyen; los que miran hacia atrás ven fuego hacia el lugar en que estaban sentados, y todos oyen voces dolientes y quejidos lastimeros.

Llegáis uno después de otro a recogeros al barco, donde ya se notaba vuestra ausencia. Al día siguiente la policía sospecha que las traviesas que sobre la vía han producido el descarrilamiento, fueron puestas por vosotros; os prenden y os prueban que habéis sido los autores del daño. La pena que van a imponeros es terrible, porque son grandes los males causados; muchas personas han muerto y hay un gran número de heridos. ¿Cómo os defenderéis de acusación tan terrible? Vuestro defensor dice la verdad, y la prueba; vuestra inocencia aparece, y sois absueltos.

Ya veis que, aunque difícil, es posible, aun fuera de los casos de demencia, que haya faltas y delitos involuntarios, y por remota que sea, la ley, siempre justa, se apresura a admitir esa posibilidad, porque la ley quiere ante todo amparar la inocencia.

Que quien ejecuta voluntariamente el hecho debe ser responsable de él, cosa es que no necesita explicación, mas que el daño no recaiga sobre la persona que se proponía ofender. Porque si yo, amparada de las sombras de la noche, acecho detrás de un árbol a que pase Juan para matarle, y acierta a pasar Pedro y por equivocación le doy muerte, ya comprendéis que mi equivocación no puede servirme de defensa.

> Artículo 2º. No serán castigados otros actos u omisiones que los que la ley, con anterioridad, haya calificado de delitos o faltas.

La ley, siempre solícita por la justicia, no solo quiere salvar al inocente, sino que no permite que el culpado sea calificado de tal sino por ella. Cuando se trata de castigar a un hombre, no le parece bastante garantía de acierto el juicio de otro, aunque ese otro sea un juez probo, ilustrado, y dice a los tribunales: si hay una falta o un delito que no están previstos en el Código, guardaos de castigarlos; dad cuenta del delito o la falta, para que yo, la ley, justa e impasible, diga si merece castigo y cuál ha de ser, a fin de que se imponga el mismo siempre, y no que cada juez aplique el que le parezca: la justicia de los hombres ha de acercarse cuanto pueda a la de Dios, que es la misma para todos.

> Artículo 3º. Son punibles, no solo el delito consumado, sino el frustrado y la tentativa.
>
> Hay delito frustrado cuando el culpable, a pesar de haber hecho cuanto estaba de su parte para consumarlo, no logra su mal propósito por causas independientes de su voluntad.
>
> Hay tentativa, cuando el culpable da principio a la ejecución del delito directamente, por hechos exteriores, y no

> prosigue en ella por cualquiera causa o accidente que no sea su propio y voluntario desistimiento.

Por ejemplo: un asesino me acecha, al pasar me dispara un tiro y me mata: delito consumado. Al disparar se le revienta el cañón de la escopeta, o no hace bien la puntería, o yo le veo y por un movimiento rápido me aparto, y sale el tiro, pero no me hiere: delito frustrado. La Guardia Civil sabe que aquel hombre me aguarda para matarme, corre al lugar en que se ha apostado y se apodera de él y de su arma homicida antes que haya podido hacer uso de ella: tentativa.

¿No os parece que es digno de severo y ejemplar castigo este hombre, no solo cuando mató, sino cuando la casualidad hizo que no matase, o la fuerza le impidió intentarlo? El hombre no merece pena ni recompensa sino por su voluntad; el bien o el mal que sin ella hace o deja de hacer es como el que haría una máquina movida por ajeno impulso, y que no puede merecer elogio ni vituperio. Para Dios, siempre que hay voluntad de hacer mal hay pecado, y habrá castigo si no hay arrepentimiento y penitencia; para la ley, que no puede leer como Dios en el corazón, no basta la voluntad para que haya culpa. Pero desde el momento en que el culpable empieza a poner por obra su mal deseo de un modo cualquiera, habría injusticia en absolverle como al hombre honrado que no quiere ni intenta hacer mal a nadie. Así, la ley es equitativa cuando añade en el:

> Artículo 4º. Son también punibles la conspiración y la proposición para cometer un delito.
>
> La conspiración existe cuando dos o más personas se conciertan para la ejecución del delito.
>
> La proposición se verifica cuando el que ha resuelto cometer un delito, propone su ejecución a otra u otras personas.

No es entre vosotros donde creo que sea necesario esforzarse mucho para hacer comprender la justicia de los párrafos anteriores; entre vosotros, donde habrá tantos que no gemirían entre cadenas si no hubiera habido malvados que los indujesen a abandonar el camino de la virtud y del honor; pérfidos que pintasen el crimen con ventajas que no tiene, trocando con falacia sus peligros en seguridades; cobardes que no atreviéndose a luchar solos contra la ley, buscan cómplices y víctimas entre los incautos que escuchan sus infames proposiciones. ¿Cuántos de entre vosotros no han sido seducidos por el mal consejo, o arrastrados por el mal ejemplo? ¿Cuántos no viviríais honrados y dichosos sin la seducción de los perversos que os pusieron en el camino que conduce a la prisión? ¿Habrá muchos que no atribuyan con verdad gran parte de su desgracia *a las malas compañías*? Ahora que ya sabéis por medio de una dolorosa experiencia a dónde conducen, huid de ellas. En el trato con los malos hay una cosa para el alma semejante a lo que sucede con el aire que se respira, si está viciado: destruye la salud sin que se note.

Hubo un tiempo en que eráis honrados; empezasteis a tratar con los que no lo eran, y sin saber cómo, os hallasteis dispuestos al delito y poco después culpables. Una y otra y mil veces os ruego en nombre de vuestro bienestar futuro: cuando salgáis de la prisión, elegid amigos que no os vuelvan a ella. La ley añade:

> Exime de toda pena el desistimiento de la conspiración o proposición para cometer un delito dando parte y revelando a la autoridad pública el plan y sus circunstancias antes de haber comenzado el procedimiento.
>
> Artículo 5°. Las faltas solo se castigan cuando han sido consumadas.

En la falta frustrada, en la tentativa, en la proposición de cometerla, hay culpa, y puede con justicia haber castigo; pero como la culpa no es grave, como el daño intentado no es grande, la ley cree que no hay peligro en perdonar cuando no se consuma, y perdona; porque la ley, contra lo que equivocadamente habéis imaginado, más que al rigor, propende a la misericordia.

> Artículo 6º. Se reputan delitos graves los que la ley castiga con penas aflictivas.
>
> Se reputan delitos menos graves los que la ley reprime con penas correccionales.
>
> Son faltas las infracciones a que la ley señala penas leves.

Ya veremos más adelante cuáles son estas penas; hoy, al terminar el examen del capítulo primero del Código penal, espero que algunos de entre vosotros se habrán convencido de que nada hay en él que no sea justo, que no esté meditado, y no revele el firme propósito de evitar que la inocencia sea desconocida y atropellada. Este convencimiento se fortificará más y más a medida que profundicemos en el estudio de la ley, y aparecerá a vuestros ojos grande, justa, fuerte, y este conocimiento podrá contribuir mucho a que no la infrinjáis.

Un rey tenía en su corte algunas personas que en su juventud, dejándose arrastrar de sus pasiones, habían cometido faltas graves y sido condenados a prisión. «¿Qué habéis aprendido en presidio?», les preguntaba un día. «Yo», respondía uno, «he aprendido a tocar la guitarra». «Yo», decía otro, «he aprendido a tejer paja con grande primor». «Yo», añadía un tercero, «he aprendido a hacer figuras de madera y de hueso». «¿Y tú?», preguntó otra vez el rey al cuarto que escuchaba en silencio lo que decían sus compañeros, «¿tú que aprendiste en la prisión?». «Yo, señor, he aprendido a no volver a ella». «Tú solo has aprovechado el tiempo», exclamó el monarca dándole la mano.

¡Ojalá que vosotros aprendáis lo mismo! ¡Ojalá que la desgracia os instruya de tal modo que no volváis a merecerla! ¡Ojalá que vuestra razón se fortifique y vea claro lo que os conviene, y las reglas que debéis seguir, y los peligros que debéis evitar! ¡Ojalá que aprendáis a no volver a donde estáis ahora, para que los hombres honrados puedan deciros lo que a su servidor dijo el rey, y daros la mano!

Carta VI

CIRCUNSTANCIAS QUE EXIMEN DE RESPONSABILIDAD CRIMINAL. ARTÍCULO 8°.

Hermanos míos:

En esta carta debemos tratar *de las circunstancias que eximen de responsabilidad criminal*; es decir, de aquellos casos en que el hombre hace daño a otro sin culpa suya, y por consiguiente sin merecer pena ni estar sujeto a castigo. La ley dice:

> Artículo 8°. Están exentos de responsabilidad criminal:
>
> 1°. El loco o demente, a no ser que haya obrado en un intervalo de razón.
>
> 2°. El menor de nueve años.
>
> 3°. El mayor de nueve años y menor de quince, a no ser que haya obrado con discernimiento.
>
> El Tribunal hará declaración expresa sobre este punto, para imponerle pena, o declararlo irresponsable.

No es necesario entrar en explicaciones de por qué no debe ser castigado el loco que hace daño; comprenderéis claramente la razón, y todo lo que digan los más grandes sabios sobre la irresponsabilidad de los dementes, no vendrá a ser ni más ni menos de lo que dice cualquiera: *Porque no saben lo que hacen.*

Nada más habría que decir sobre esto, si desgraciadamente el hombre no cayera a veces en una especie de demencia voluntaria, que no le hace irresponsable como al loco, pero que le hace poco menos insensato que él. Cuando el hombre se deja arrebatar de sus pasiones y de sus instintos; cuando sofoca la voz de su conciencia; cuando escucha los consejos que le encaminan al crimen; cuando no abre sus ojos sino a los malos ejemplos; cuando olvida a Dios o le niega, porque su ley santa es un freno que necesita romper; cuando aparta la razón como un obstáculo enojoso, y esto lo repite un día y otro día, y un año y otro año, los buenos sentimientos se van apagando como una lámpara a que no se echa aceite, la conciencia apenas deja oír su voz cada vez más débil, a la idea de Dios se la impone silencio con una blasfemia, la razón queda arrinconada como un precioso instrumento de que no se quiere hacer uso, y las pasiones y los instintos perversos prevalecen y se apoderan del alma como una planta venenosa que se extiende y crece ahogando toda buena semilla. Cuando se llega a este estado, se adquiere la costumbre, *el hábito del mal*; entonces el mal se hace con tanta facilidad, que parece que se hace por sí mismo. El hombre es responsable, sabe que hace daño cuando lo hace no está loco, pero voluntariamente casi ha venido a perder el uso de su razón en fuerza de no usarla. Aquellos de entre vosotros que se hallen en este estado, preparaos a hacer grandes esfuerzos si queréis salir de él, y los que habéis empezado a marchar por ese camino, deteneos en nombre de Dios, mirad que ese camino conduce a la cadena perpetua y al cadalso.

Ya comprendéis también por qué la ley no castiga al niño menor de nueve años; como del loco, dice: *no sabe lo que hace*. De nueve a quince años, la ley se inclina a creer que el que hace mal, ignora el que causa; pero piensa que es posible que obre con discernimiento, y deja al juez que, apreciando todas las circunstancias, resuelva en justicia. Desgraciadamente hay criaturas precoces para el crimen, y que parecen envejecidos en él cuando apenas han abierto los ojos a la luz. Todos hemos conocido niños de los cuales decimos: *parece un viejo*. Cuando estos niños emplean en hacer mal la razón que tan tempranamente han recibido, son los criminales a quien la ley no exime de responsabilidad aun cuando no hayan cumplido quince años. ¿Y cómo se conocerá si han obrado o no con discernimiento? De una manera muy sencilla.

Si un niño se propone robar a un hombre; si comprendiendo que no puede robarle mientras viva, se propone matarle; si viendo que no le puede matar por medio de la fuerza, recurre a la astucia; si se resuelve a emplear el veneno, y tanto para procurárselo como para administrarle, toma todas las precauciones que usaría el hombre más sagaz para no ser descubierto, ¿podemos dudar de que hay discernimiento, de que hay culpa y que por consiguiente debe haber castigo?

Pero aunque el juez vea en el joven toda la culpa, no puede aplicar toda la pena. Como una madre dice: *es culpable, pero es mi hijo*, y le ama, la ley parece decir: *es criminal, ¡pero es tan joven!*, y se apiada de él y le castiga con blandura. Le duele cargar de hierro aquellos miembros tan débiles todavía; imprimir un sello de reprobación en aquella frente que aún parece pura; decir en la aurora de la vida: *te privaré de la libertad para siempre*; aprisionar por mucho tiempo entre muros y rejas a un ser que para completarse necesita aire puro, sol esplendente, libertad; le duele creer que no ha de ser posible la enmienda en quien no puede haber formado hábito la culpa, y entregar al verdugo una cabeza que hace tan poco reposaba inocente en el seno maternal.

¡Jóvenes delincuentes! ¡Comprended y mostraos agradecidos a la blandura con que la ley os trata, honradla como buenos hijos, ya que ella os mira con el amor de madre! No quiere creer en vuestra culpa, y cuando no le es posible dudar de ella, os impone una pena mucho menor de la que habéis merecido. Volved al buen camino de que hace tan poco tiempo que os separasteis; tenéis delante una larga vida que os es dado hacer honrada y feliz; vuestro delito puede desaparecer en ella como mancha que lava una corriente de agua pura. Todavía conserváis recuerdos de la inocencia; todavía os mueven a compasión los que padecen; todavía os complacéis en vuestros juegos sencillos; todavía os causan horror y miedo la violencia y la sangre; todavía no tenéis el hábito del crimen, ni habéis olvidado enteramente las oraciones que enseñó vuestra afligida madre. Volved al buen camino, jóvenes delincuentes; los obstáculos que se os presentan son fáciles de vencer, porque la sociedad, como la ley, tiene compasión de vosotros, y está dispuesta a perdonaros más pronto porque sois jóvenes. Pero si persistís en el mal, ¡cuán desdichados seréis y cuán culpables! Hay un ser más odioso que un hombre criminal: una mujer malvada; hay un ser más odioso que una mujer malvada: un joven perverso.

La ley, tratando de los que están exentos de responsabilidad criminal, prosigue:

> 4º. El que obra en defensa de su persona o derechos, siempre que concurran las circunstancias siguientes:
>
> Primera. Agresión ilegítima.
>
> Segunda. Necesidad racional del medio empleado para impedirla o repelerla.
>
> Tercera. Falta de provocación suficiente por parte del que se defiende.

Reflexionemos sobre estas circunstancias que eximen de responsabilidad criminal, ya para penetrarnos de su justicia, ya para que se fijen bien en vuestra mente: por no haberlas comprendido o haberlas olvidado, algunos de entre vosotros se ven reducidos a sufrir en la prisión.

Como veis, el que obra en defensa de su persona o derechos puede herir, puede matar, sin que por ello sea castigado; pero es preciso que concurran las circunstancias que la ley señala. Agresión ilegítima, es decir, que el que acomete lo haga sin razón ni derecho, por que si yo le robo a Pedro su hija, me la llevo, y él me busca y me alcanza, y me acomete para rescatarla, la agresión será legítima; él estará en su derecho en obligarme por fuerza, si no cedo por razón, y yo no lo estaré si le hiero, aunque sea para defenderme, porque defiendo una iniquidad, y como no es lícita la defensa del crimen, no puede serlo la del criminal que intenta llevarle a cabo.

La necesidad racional del medio que emplea para defenderse el acometido no es de justicia menos evidente; porque si uno me amenaza con la mano, y yo para evitar que me dé un bofetón saco una navaja y le hiero, claro está que obro contra justicia, porque mi derecho de defensa se limita a evitar el daño que se me intenta hacer, empleando los mismos o parecidos medios que emplea el que me acomete, y dar una navajada al que me amenaza con la mano no es verdaderamente defenderme, sino acometer, y acometer con alevosía, porque la hay siempre que el agresor tiene ventaja segura. Así, pues, para eximiros de responsabilidad criminal, no solo es preciso que el que os acomete lo haga sin razón, sino que los medios de defensa que empleéis sean los que basten para defenderos y nada más, porque solo en el caso de que os amenacen de muerte, tenéis derecho a no respetar la vida del agresor.

Pero aún se necesita otra circunstancia: la de falta de provocación suficiente de parte del que se defiende; porque si una mujer honrada va por la calle con su marido, y un insolente empieza a requebrarla; si el marido le amonesta a que siga por su camino sin insultar a nadie, él prosigue diciendo desvergüenzas y obscenidades; si el esposo ofendido le amenaza, y él tiene el atrevimiento de poner la mano en su mujer y el marido le acomete, al verse acometido es responsable del mal que haga aun en defensa propia, porque no es legítima habiendo él provocado la agresión. Tenedlo muy presente: solo hay derecho para defenderse cuando el que acomete lo hace sin razón, y cuando el que se defiende no emplea otros medios que los necesarios a su defensa en los demás casos; no basta decir: he sido acometido, para eximirse de responsabilidad criminal. Tratando de los que no la tienen, la ley prosigue:

> 5°. El que obra en defensa de la persona o derechos de sus ascendientes o descendientes, cónyuge o hermanos, de los afines en los mismos grados, y de sus consanguíneos hasta el cuarto civil, siempre que concurran la primera y la segunda circunstancias prescritas en el número anterior, y la de que en el caso de haber precedido provocación de parte del acometido, no tuviese participación en ella el defensor.

La ley, respetando los sentimientos naturales y los lazos de familia, pone en el mismo caso de la defensa propia la de los padres, hijos, esposos, suegros, yernos, hermanos y parientes inmediatos, pero exige iguales condiciones, como es justo, para eximir de responsabilidad criminal, porque sería absurdo que nadie tuviera para defender a otro derechos que no tiene para defenderse a sí mismo. La ley va más allá, y en su solicitud verdaderamente maternal, y en su respeto a los lazos de la sangre, no castiga el daño que puede hacerse en defensa de su padre, de su hijo o pariente, aunque ellos no tengan razón, y siempre que quienes los defiende no hubiese sido su cómplice provocando al agresor. ¿No veis cuán noble, cuán hermoso es el sentimiento que ha inspirado la ley? Ella dice: «Si ves a tu padre acometido, defiéndele; para defenderle, si es preciso, acomete, y aunque no tenga razón, yo, la ley, te absuelvo porque es tu padre».

¡Cuánta bondad y cuánta justicia en este lenguaje, hermanos míos! ¿Y todavía llamaréis a estas leyes injustas y opresoras? ¡Ah! Yo creo que muchos de entre vosotros no las infringisteis primero, no las calumniáis después, sino por no haberlas comprendido.

Queda también exento de responsabilidad criminal:

> 6°. El que obra en defensa de la persona o derechos de un extraño, siempre que concurran la primera y segunda circunstancias prescritas en el número 4°. y la

de que el defensor no sea impulsado por venganza, resentimiento u otro motivo ilegítimo.

La ley, respetando el noble sentimiento que impulsa a defender al que se ve acometido, absuelve de responsabilidad criminal al defensor, siempre que la agresión sea ilegítima y que los medios de defensa sean proporcionados a los de ataque, exigiendo además que el ofensor no obre por resentimiento, ni otro motivo ilegítimo, porque podría suceder muy bien que con el pretexto de defender a un extraño, algún malvado inmolase a un enemigo, o al que servía de estorbo a sus cálculos y miras interesadas.

Tampoco tiene responsabilidad criminal:

7°. El que para evitar un mal ejecuta un hecho que produzca daño en la propiedad ajena, siempre que concurran las circunstancias siguientes:

Primera. Realidad del mal que se trata de evitar.

Segunda. Que sea mayor que el causado para evitarlo.

Tercera. Que no haya otro medio practicable y menos perjudicial para impedirlo.

Pongamos un ejemplo, y nos convenceremos de que son justas las condiciones que exige la ley para no exigir responsabilidad criminal al que hace daño.

Supongamos que de una casa cerrada, y cuyos dueños están fuera, sale humo, y yo, sin más averiguación grito: «¡fuego!», y echo la puerta abajo, y los muebles por el balcón, haciéndoles pedazos. Después resulta que el humo era de la cocina, donde no había más fuego que el del hogar alimentado con leña en bastante cantidad y verde. ¿En este caso no se me puede suponer mala intención o insensatez digna de castigo?

Supongamos que hay realmente fuego en la casa, que ha tomado tal incremento que no se puede entrar sin mucho riesgo, y yo, por salvar ropas y alhajas, hago entrar en ella algunos hombres que perecen bajo el techo desplomado. ¿No soy culpable y digno de castigo por haber sido la causa de un daño mayor que el que trataba de evitar?

Supongamos que cerca del lugar del fuego haya agua en abundancia, y gente que la lleve, y una bomba para elevarla. Si en vez de extinguir el fuego por este medio racional y seguro, pretendo aislarle y para que no se propague, tiro una hermosa casa inmediata, ¿no debo responder del mal que causo, culpable o insensato?

Tampoco es culpable:

> 8°. El que en ocasión de ejecutar un acto lícito con la debida diligencia, causa un mal por mero accidente, sin la menor culpa ni intención de causarlo.

Por ejemplo, un tren va marchando por un camino de hierro, un hombre ha resuelto suicidarse arrojándose en la vía para que le coja la máquina. El maquinista le ve, acorta la marcha y silba; el hombre se aparta, el maquinista vuelve a caminar con velocidad, y el suicida, en el momento de pasar el tren, se lanza de nuevo sobre los carriles y queda muerto. El maquinista ninguna culpa tuvo, y es absuelto.

Tampoco es responsable:

> 9°. El que obra violentado por una fuerza irresistible.

Una banda de asesinos acaba de cometer un asesinato en la playa; no tienen más medio de salvación que embarcarse, ni más barco que el mío amarrado a la orilla. Se lanzan a él; yo bien sé que no debo protección a aquellos malvados, que la ley me prohíbe dársela; pero amenazándome de muerte me obligan a izar la vela, a coger el timón y gobernar hacia un buque que acaba de levantar el ancla y los lleva a los Estados Unidos. Yo los auxilié, pero violentado, y ni tuve culpa, ni se me impone castigo.

No se exige tampoco responsabilidad:

> 10. Al que obra impulsado por miedo insuperable de un mal mayor.

Un hombre va fumando por el campo, y oye la conversación de otros dos que quieren poner fuego a una mies, y se lamentan de no tener con qué encender lumbre, y de repente le acometen, diciendo: «Has encendido tu cigarro; tendrás fósforos; venga la caja». Él se niega; pero ellos, furiosos, dicen que el dueño de la mies los ha ofendido, que han jurado vengarse de él y que se vengarán en su persona si no pueden en su hacienda; que van a buscarle, y si le encuentran le matan. Los hombres son desalmados, no es el primer crimen que cometen, están coléricos, y el que tiene los fósforos se los da temiendo que cometan un delito aún mayor que poner fuego a la mies: se prueba que la caja de fósforos era suya, pero se le absuelve.

No es responsable:

> 11. El que obra en cumplimiento de un deber, o en el ejercicio legítimo de un derecho, autoridad, oficio o cargo.
> 12. El que obra en virtud de obediencia debida.

Como el artillero que derriba a cañonazos una casa porque le mandan hacer sobre ella fuego, el que hace daño en su legítima defensa, el que ata al preso que quiere escaparse, o el soldado que fusila, aunque sea a un inocente, porque no puede menos de obedecer las órdenes de su jefe.

Por último, está exento de responsabilidad:

> 13. El que incurre en alguna omisión, hallándose impedido por causa legítima o insuperable.

El médico, por ejemplo, tiene obligación de ir a visitar diariamente a los enfermos de la prisión; pero sucede una gran desgracia, un hundimiento, del cual resultan algunos muertos y muchos heridos; no se halla otro médico, y la autoridad requiere al del presidio, que, ocupado en hacer las curas de más urgencia, no puede asistir a vuestra enfermería. Si entre el presidio y la casa del médico hubiese un río que creciendo se hubiera llevado su único puente, este obstáculo insuperable le impediría acudir a su obligación, y en cualquiera de los dos casos estaba exento de responsabilidad.

¿No veis cuánta solicitud de parte de la ley? ¿No veis cuánto os engañáis al pensar que os trata como a un enemigo vencido? Recordad que a los enemigos por lo común se los condena sin juzgarlos; pero si acaso se los juzga, ¡cómo se prescinde de todo lo que puede favorecerlos! ¡Cómo se abulta todo lo que puede perjudicarlos! ¡Qué de razones para no hallar disculpa al hecho que se les imputa! La ley, por el contrario, protectora y amiga de todos los ciudadanos, lo mismo de los acusados que de los acusadores, cuando se le dice: «Ese hombre ha hecho daño, castígale», responde: «No castigo sin justicia; ese hombre puede haber hecho daño sin culpa, en cuyo caso no merece pena, y no se la impondré». La ley investiga con imparcialidad las menores circunstancias del hecho, y, como acabáis de ver, prevé todas las que pueden favorecer al acusado. La ley, como la caridad, *no piensa mal ni se mueve a ira;* al contrario, cree que todo acusado es inocente hasta que se le prueba que es culpable, y cuando se prueba, señala el castigo con la triste calma del que cumple un deber penoso. Imitadla vosotros, que sin razón la acusáis tantas veces. Como ella, no penséis mal ni os mováis a ira. Así hubierais podido evitar la suerte que os aflige; así la haréis más llevadera, y convertiréis vuestra desgracia en una escuela donde habréis aprendido que el hombre para ser dichoso necesita ser honrado.

Carta VII

CIRCUNSTANCIAS QUE ATENÚAN LA RESPONSABILIDAD CRIMINAL. ARTÍCULO 9º.

Hermanos míos:

Hemos visto en la carta anterior cómo la ley antes de castigar investiga cuidadosamente si el que ha hecho daño puede estar exento de culpa y por consiguiente de responsabilidad. Pero la justicia de la ley, digo mal, su solicitud benévola va más allá: cuando no puede dudar ya de que hay delito, de que hay culpa, examina cuidadosamente si existe alguna circunstancia que pueda hacerse valer en favor del culpable, y se apresura a tenerla en cuenta, como si estuviera deseosa de disculparle.

Escuchad lo que dice, tratando de las circunstancias que atenúan la responsabilidad criminal:

> Artículo 9º. Son circunstancias atenuantes:
>
> 1ª. Las expresadas en el capítulo anterior, cuando no concurren todos los requisitos necesarios para eximir de responsabilidad en sus respectivos casos.

Ya recordaréis que en la carta anterior tratamos de los casos en que puede una persona hacer daño, y hasta causar la muerte, sin ser responsable ni incurrir en pena alguna. Mas puede suceder que aquellos casos no sean absolutamente como la ley exige para absolver, pero que merezcan tenerse en cuenta para disminuir la pena. Por ejemplo: yo hiero a un hombre defendiendo a mi padre; si mi padre no le provocó, o aunque le hubiere provocado, yo no tuve parte en la provocación, la ley me absuelve. Si de parte de mi padre hubo provocación, si yo me uní a él y con mis palabras o acciones excité la cólera del agresor, no se me absolverá si le hiero, pero en atención a que lo hago defendiendo a mi padre, esta circunstancia se considerará como atenuante, y se me impondrá una pena menor.

Si un hombre me acomete sin armas y yo saco una navaja y le hiero, no se me absolverá, porque no había necesidad racional de emplear una arma peligrosa para rechazar al que me acomete sin ninguna; pero la circunstancia de haberme provocado el herido acometiéndome, será atenuante, y menos duro el castigo.

> 2ª. La de ser el culpable menor de diez y ocho años.

Este caso no necesita explicación: aunque haya discernimiento, aunque el culpable obre con conocimiento del mal que hace, la ley cree siempre que en la primera edad hay irreflexión y ligereza que debe tomarse en cuenta como causa atenuante.

> 3ª. La de no haber tenido el delincuente intención de causar todo el mal que produjo.

Hay, por ejemplo, una *pedrea*, cosa por desgracia harto frecuente, sobre todo en algunas provincias. Adelántase en ala cada bando y llueven piedras. ¿Hay entre los que las disparan algún asesino u homicida que se haya propuesto matar a los del opuesto bando? Nada de eso; son muchachos y jóvenes honrados en cuya cabeza no ha entrado nunca la idea de matar a uno de sus semejantes; pero por ligereza, por seguir el mal ejemplo que otro les da, por no parecer cobardes, porque no se rían los del barrio H... de los el barrio J..., por esa desdichada propensión que tiene el hombre a la lucha y a colocar su amor propio y su vanidad en un triunfo cualquiera; por una de estas causas, o por todas juntas, se lanzan las piedras y resulta un muerto. ¿Debe absolverse al matador? No, porque tuvo culpa. Aunque no tanto como hizo, él quería hacer daño y debía haber previsto la posibilidad de lo que sucedió. ¿Debe aplicársele todo el rigor de la ley? Tampoco, porque conocidamente su intención no fue matar: debe, pues, hacerse lo que la ley dispone, castigarle, admitiendo como circunstancia atenuante la de que no quería hacer todo el daño que hizo.

> 4ª. La de haber precedido inmediatamente provocación o amenaza de parte del ofendido.

Si un hombre me amenaza, si me dirige palabras injuriosas, no es una razón para que le hiera; yo debiera alejarme de él como de un insensato peligroso; mas si no tengo tanta virtud, la ley no puede absolverme, pero toma en cuenta, para castigarme menos, la indignación que debió excitar en mí su atrevimiento culpable.

> 5ª. La de haberse ejecutado el hecho en vindicación próxima de una ofensa grave causada al autor, sus ascendientes, descendientes, cónyuge, hermanos o afines en los mismos grados.

Uno de vosotros llega a su casa, y encuentra llorando a su hermana, o a su madre o a su mujer, porque un vecino la ha maltratado. Lo mejor sería dar parte a la autoridad para que castigase aquel atrevimiento; pero la cólera os ciega, vais a casa del vecino y le herís. Preciso es castigaros; la ley, no puede consentir que nadie se tome la justicia por su mano, porque la justicia del ofendido es siempre venganza, no teniendo la cólera calma para pesar la culpa y el castigo; pero la ley, que no puede absolveros, os impondrá una pena menor, teniendo en cuenta que las lágrimas de vuestra madre o de vuestra esposa debieron excitar un justo enojo.

> 6ª. La de ejecutar el hecho en estado de embriaguez, cuando esta no fuere habitual o posterior al proyecto de cometer el delito.

> 7ª. La de obrar por estímulos tan poderosos, que naturalmente hayan producido arrebato y obcecación.

Escuchad como ejemplo un hecho. Estaban en Castilla la Nueva un día abrasador de julio, y a las tres de la tarde, segando trigo unos segadores. La sed los devoraba; no tenían agua y mandaron a un muchacho a buscarla; tardaba mucho en venir, ya porque la fuente estaba lejos, ya porque después de haber apagado su sed se olvidó de la de sus compañeros, que lo aguardaban con una impaciencia desesperada, mirando hacia el lugar por donde debía asomar, y maldiciendo su tardanza con la voz ronca del que tiene secos los labios y el paladar, y siente que el aire le quema al pasar por la garganta. Aparece el muchacho al fin, uno de los segadores se adelanta hacia él conjurándole para que ande a prisa; el chico, con esa malignidad frívola que no es raro ver en los niños mal educados, se ríe de la angustia de su interlocutor, y empieza a dar saltos y hacer piruetas. En una de ellas cae el cántaro y se rompe. El hombre sediento no es hombre ya; la sed le ha convertido en una furia, y con la hoz que tiene en la mano hiere y deja muerto al imprudente muchacho.

¿Puede absolverse a este hombre? No. Puede imponérsele la última pena? Tampoco. Está en el caso previsto por la ley como circunstancia atenuante; la sed le afligía, le exasperaba, le ponía fuera de sí, era un *estímulo* que naturalmente debía producir arrebato y obcecación.

> 8ª. Y últimamente, cualquiera otra circunstancia de igual entidad y análoga a las anteriores.

Notad bien estas últimas palabras; notad que la ley, después de haber dicho todos los casos en que el culpable puede hacer valer en su favor alguna circunstancia, dice: *y cualquiera otra de igual entidad o análoga*, dejando al juez una gran latitud para favorecer al culpable, y como temerosa de que por su falta de previsión pueda ser perjudicado.

La apreciación de las circunstancias atenuantes, a que tal vez muchos de vosotros debéis la vida o una disminución de pena, manifiestan, no ya la justicia de la legislación, sino que la caridad ha entrado en la ley: sí, la caridad, hermanos míos, aunque os choque la frase, como suele suceder con las que se oyen por la primera vez y no están de acuerdo con nuestros errores; la ley es caritativa, y, ¡ay de muchos de vosotros si no lo fuese, y os hubiera aplicado todo el rigor de la justicia!

La ley es la conciencia de la humanidad; es el ofendido menos sus errores, su cólera, su espíritu de venganza, y a la vista de un cadáver dice a su matador: «Has derramado la sangre de tu semejante, has puesto la mano impía en la obra de Dios, has dado la muerte a un hombre. Mereces morir, bien lo sabes; tu conciencia te lo dice antes que te lo haya dicho el juez. Pero como eres muy joven; como estabas con razón irritado contra el que inmolaste; como te había ofendido a ti o a los tuyos; como fuiste provocado; como obraste a impulso de una de esas pasiones que fácilmente arrebatan o ciegan; como no fue tu intención hacer todo el daño que hiciste, yo, la ley, tengo compasión de ti; te creo culpado pero no perverso, y te perdono la vida. Vive, pero vive de tal modo, que arrepentido sirvas de ejemplo y no de escándalo; vive de tal modo, que la sociedad no me acuse por haberte disculpado, ni una nueva víctima me maldiga por haberte dejado en el mundo».

Esto significan las circunstancias atenuantes, que tanto influyen en los juicios y que los jueces recogen con avidez piadosa. Sí, es preciso decirlo en honor de la humanidad y para confusión de aquellos que, habiéndose salido de ella por su perversidad, la calumnian; es preciso decirlo: el más perverso malhechor, el hombre más desalmado y cruel, tiene un abogado que sin interés alguno le defiende, esforzándose a que aparezca menos culpable de lo que es, y halla un tribunal que aprecia todas las circunstancias que pueden favorecerle, y que en la duda, arroja el corazón en la balanza, para que se incline de lado de la misericordia. ¡Con tanta mesura, con tanta bondad son juzgados, los que juzgan con ligereza y sin misericordia!

Al tratar de las circunstancias atenuantes, debemos hacernos cargo muy particularmente de una sobre la cual nada hemos dicho: el estado de embriaguez, *cuando no es habitual*. ¿Por qué añade la ley: *cuando no es habitual*? Porque el que sabe que pierde su razón bebiendo con exceso, y bebe y vuelve a beber, renuncia voluntariamente al uso de su razón, tiene voluntad de perderla, y es responsable del daño que hace después que la perdió, porque era dueño de no haberla perdido. Si yo tengo un león en una jaula y lo suelto, cuando vengan a pedirme cuenta de las víctimas que causó, ¿podré disculparme diciendo que yo no puedo impedir que una fiera suelta haga daño? Ciertamente me contestaría el juez: «Pero por la misma razón que usted no puede impedir que una fiera suelta haga daño, está en el deber de no soltarla». Lo mismo puede decirse al que alega la embriaguez para disculpar su delito. Los malos instintos, las malas pasiones son una fiera; la razón es la jaula que las detiene: el que la pierde voluntariamente abre, y debe responder de los males que hagan cuando estén sueltas. La embriaguez es una culpable locura que hace dementes responsables ante la ley.

Pero cuando he dicho que la embriaguez abre la puerta a los instintos feroces, he dicho poco; hace más que dejarlos en libertad, los crea. Sí, hay hombres pacíficos y buenos que la embriaguez transforma completamente, convirtiéndolos en seres crueles o intratables. ¿Cómo un vaso de vino hace insolente al hombre humilde, pendenciero al pacífico y al compasivo cruel? ¿Por qué combinación infernal, al mismo tiempo que le priva de su razón le da malas palabras e intenciones perversas que no tenía? Nadie lo sabe, pero todos los vemos; todos hemos conocido hombres buenos que son malos *cuando beben*.

¡Cuántos de vosotros estaríais en libertad, en vez de gemir en la prisión, *si no hubierais bebido*, si no hubierais renunciado voluntariamente a la dignidad de hombres, para poneros, no a nivel, sino por debajo de los animales! Porque el hombre no es superior a ellos si no por la razón, y cuando voluntariamente la pierde, se hace inferior a los más inmundos. Qué culpable y qué degradado el hombre que dice: «Yo doy por un vaso de aguardiente mi razón y mi conciencia; no sabré lo que digo ni lo que hago; seré cruel y repugnante; tendré un aspecto que dé asco y que dé risa; seré feroz como una fiera, insensato como un loco, débil como un niño; y cuando después de haber hecho mal caiga, en vez de alargarme la mano, me darán con el pie, porque en aquel estado ningún hombre puede reconocerme por semejante». ¿Es posible que un ser racional se rebaje hasta hacer con vicio tan abominable pacto? ¿Es posible que se exponga a todos los peligros, a todas las degradaciones, a que su vómito dé asco, a que su padecimiento dé risa, a que la gente se entretenga en ver cómo vacila, y se divierta en ver cómo cae, y le silben los muchachos y le desprecien las mujeres? Mirad con horror un exceso que conduce a tantos otros; llamad toda vuestra razón, toda vuestra energía, toda vuestra dignidad de hombres para ser fuertes contra la tentación de ese vicio. Rechazad ese licor que trastorna el cuerpo y envenena el alma; apartad ese vaso en que vais a beber las enfermedades, los vicios, la ignominia, el crimen y el castigo.

Carta VIII

CIRCUNSTANCIAS QUE AGRAVAN LA RESPONSABILIDAD CRIMINAL. ARTÍCULO 10.

Hermanos míos:

Ha habido crímenes antes que hubiese leyes para castigarlos. El legislador, es decir, la conciencia pública que los castiga, no los hubiera previsto, porque nadie sin verla es capaz de adivinar hasta dónde puede llegar la perversidad humana. Aun aquellos de entre vosotros que por desgracia suya son los más culpados, si no hubieran visto malos ejemplos, y escuchado malos consejos; si poco a poco no hubiesen ido acallando la voz de su conciencia y dando oídos al grito de la tentación mala, no habrían llegado nunca al crimen, que, como la virtud, tiene sus grados, y nadie alcanza el primero sin preparación y sin lucha.

Los criminales más endurecidos, los más perversos, han sido llevados de uno en otro delito, llegando para mal suyo a donde nunca pensaban llegar. Si en su primera juventud, si cuando eran todavía inocentes se hubiesen visto en sueños tales como habían de ser, se habrían despertado horrorizados, exclamando: *yo no seré nunca así*. El criminal no se adivina, no prevé la vida que le espera, que a verla anticipadamente, se detendría aterrado y buscaría otra más fácil y menos triste. El delito no es un buen cálculo; es una flaqueza, un error, un impulso ciego al principio, y luego un hábito, un torbellino, que si no arrastra aturde, y a que el delincuente en su obcecación da el nombre de necesidad.

En la vida azarosa del criminal, mientras está en el mundo en lucha con la ley y empleando para sustraerse a la justicia más fuerza y más trabajo del que necesitaba para ganar su vida honradamente, su existencia se compone de proyectos culpables, aventuras en que hay más o menos riesgo, temores, cavilaciones, y para gozar, excesos de todas clases, porque la templanza se aviene mal con el olvido del deber, y los placeres razonables, tranquilos y moderados, no pueden tener atractivo para los ánimos inquietos y las conciencias turbadas, que necesitan olvidarse del mal que han hecho y del castigo que merecen, aturdiéndose en los azares del juego o en la embriaguez del vino y de las mujeres malas.

Mientras el culpable está en libertad, comprendo que es muy difícil que reflexione; pero en la prisión ya tiene tiempo de pensar y entrar en sí mismo. Ya puede ver la mentira de todos los cálculos que hacía, y la verdad de los buenos consejos que no escuchó. Por no resignarse a trabajar en un taller o en el campo tiene que comer el amargo pan de la prisión; por no estar algunas horas sujeto, tiene que estar preso noche y día; por no levantar el peso de los instrumentos de su oficio, tiene que arrastrar el de la cadena; por no haber seguido los consejos de sus padres, tiene que obedecer al capataz y al cabo de vara. En la prisión, el delincuente ya ve que sus pasiones ciegas le han perdido, que sus cálculos fueron errados todos; no entraba en ellos el presidio, desdichado y forzoso término del que se pone en lucha con la ley.

Los días son largos, las noches eternas para el triste prisionero; tiene tiempo de reflexionar y asunto de reflexión. Todos os habéis equivocado, ninguno pensaba estar donde está, y aunque vuestra conciencia no os acusase de haber hecho mal a los otros, vuestra razón debe culparos por el que os habéis hecho a vosotros mismos. Por más que pretendáis aturdiros, pobres prisioneros, sois bien desdichados y bien dignos de compasión. Tenedla de vosotros mismos, y en vez de procurar aturdiros, pensad en vuestros males y en sus causas y en sus remedios. Todos sabéis por qué camino habéis ido adonde estáis; buscad otro, porque, está visto, aquel no es bueno. ¿Qué necesitáis hacer para no volver a la prisión? Lo contrario de lo que habéis hecho para venir a ella, porque, siguiendo el mismo camino, empleando los mismos medios, llegareis al mismo fin. Si lo meditáis bien, os convenceréis que, si no por amor de Dios y del prójimo, por interés debéis variar de conducta, y el hombre que está convencido, en camino se pone de estar enmendado.

De la prisión ninguno sale como entra: el que no se mejora, se hace peor. El que al pasar el rastrillo no lleva el propósito firme de enmendarse, se propone hacer más daño que antes hiciera, aprovechando las lecciones de iniquidad que ha recibido. Los que le prestáis oídos, cerrando el corazón a las mías, saldréis de la prisión peores que entrasteis, iréis insensiblemente avanzando por el camino del mal, llegaréis a tal grado que os desconoceréis a vosotros mismos, que no podréis hallar en nadie disculpa ni perdón, y vuestros delitos llegarán a ser de los que tienen *circunstancias agravantes*, refinamiento de maldad que estremece y debe hacer temblar a los que a él llegan, porque es difícil que haya para ellos misericordia ni perdón. La ley ha tenido que consignar tristemente en el Código lo que ha visto en el mundo, donde hay seres tan perversos, que tienen como una fiebre de crimen, y le cometen con circunstancias que, aumentando el mal que hacen y el horror que inspiran, agravan necesariamente la responsabilidad criminal. Escuchad el texto de la ley:

> Artículo 10. Son circunstancias agravantes:
>
> 1ª. Ser el agraviado ascendiente, descendiente, cónyuge, hermano o afín en los mismos grados del ofensor.

Sería haceros agravio entrar en explicaciones sobre esto; vuestra razón y vuestra conciencia os dicen, sin que yo lo afirme, que el que hiere a su hermana, a su esposa, a su hija o a su padre es mil veces más perverso que el que hiere a un extraño.

> 2ª. Ejecutar el hecho con alevosía, entendiéndose que la hay cuando se obra a traición o sobre seguro.

Quien añade al crimen de matar a un hombre la abominación de matarle traidoramente, hiriéndole por detrás, habiéndole atraído con engaños al lugar en que va a recibir la muerte, o esperando para dársela a que esté dormido, ¿no es más culpable y más vil? ¿No merece mayor castigo?

> 3ª. Cometer el delito mediando precio, recompensa o promesa.

El malvado que se vende es mil veces malvado. No le ofusca ninguna pasión, ni se deja arrastrar por ningún impulso ciego. Un hombre tan vil como él, y más rico o más poderoso, arroja a su conciencia, para que calle, un poco de oro, como se arroja a una fiera un pedazo de carne podrida: le ata primero y luego le suelta, señalándole la víctima que ha de despedazar. A él no le estorba, no la aborrece, no le ha hecho ningún daño; tal vez no la conoce siquiera. ¿Qué importa? La matará, porque se ha vendido para matarla, porque ha hecho un pacto infernal en que ha ofrecido una vida por un bolsillo, y después que la haya quitado, irá a embriagarse con el precio de la sangre.

Yo creo que no hay entre vosotros ningún monstruo de esta especie, que a todos os causa horror tanta perversidad, tanta bajeza, y solo os hablo de esta circunstancia para haceros notar con cuánta justicia la ley la tiene por agravante.

> 4ª. Ejecutarlo (el delito) por medio de inundación, incendio o veneno.

Estas circunstancias llevan consigo necesariamente la premeditación, el cálculo frío, la alevosía, porque quien para matar a su dueño inunda una posesión o quema una casa, ya se comprende que ha de pensarlo antes y estar a cubierto de los estragos del fuego y de las aguas. Además, por llevar a cabo su criminal intento, mira indiferente los infinitos daños que causa. ¿Quién puede calcular dónde se detendrán las aguas y las llamas, ni cuántas víctimas harán además de la señalada por la perversidad del culpable?

El veneno... parece que en esta palabra se encierra y compendia todo cuanto puede haber de infame, bajo y criminal; hasta el homicida debe rechazar la calificación de envenenador, y decir: «Yo soy culpable, pero no tan bajo, tan repugnante, ni tan perverso». El cobarde asesino que envenena, calcula sin riesgo y fríamente cómo inmolará a su descuidada víctima. Este crimen lleva siempre el siniestro acompañamiento de la alevosía y de la premeditación, y supone un refinamiento de crueldad y de bajeza tal, que hasta las criaturas degradadas parece que tienen derecho a escupir al rostro del envenenador, y que el verdugo se rebaja con tocarle. Matar, no de un golpe, sino lentamente; acostarse tranquilo y dormir, cuando su víctima vela en medio de dolores acerbos; al beber, no acordarse de la horrible sed que la devora; al tomar alimento, no pensar que ella siente abrasadas y corroídas sus entrañas, y decir: «Ahora lleva a sus labios el vaso, bebe la muerte; ahora siente acerbos dolores; ahora lucha, se desespera, desfallece, agoniza... ¡ahora muere!». Y no tener remordimiento ni compasión, y consentir que si el crimen se descubre, recaigan las sospechas sobre los que de él están inocentes, y dar tal vez por su mano la sustancia que ha de causar la muerte, y darla acaso como un remedio, y espiar sus estragos, y alegrarse de los dolores que prueban su eficacia, y seguir con feroz complacencia los progresos de la destrucción y los horrores de la agonía, y fingir piedad y verter sobre el cadáver de su víctima una lágrima destilada por el infierno... ¡este es el envenenador!

5ª. Aumentar deliberadamente el mal del delito, causando otros males innecesarios para su ejecución.

El que añade al mal, consecuencia de su delito, otro que en nada conduce a su ejecución, como si, por ejemplo, el que roba vino y deja destapada la cuba para que se salga el que no puede llevar, ¿no manifiesta un lujo de perversidad digno de mayor castigo?

6ª. Obrar con premeditación conocida.

El que calcula fríamente el mal que va a hacer; el que no escucha la voz de su conciencia y medita cómo hará daño, sin que le aparte de su mala idea la desolación de la familia que deshonra o despoja, ni el dolor o la muerte del hombre que hiere o mata; el que lleva al delito esa calma que le hace tan culpable y tan odioso, ya comprendéis que debe ser más castigado. Todo reo, si puede, alega en su defensa que estaba irritado o fuera de sí por este o por el otro motivo; que no había pensado hacer lo que hizo; que tuvo un mal momento, etc., prueba clara de que su conciencia le dice lo mismo que la ley, que la premeditación es una circunstancia agravante.

7ª. Emplear astucia, fraude o disfraz.

Estas circunstancias rara vez dejan de llevar consigo la de premeditación; porque si para defraudar a un hombre finjo que le daré un gran interés por el dinero que me preste, y él lo cree y me confía su capital, y yo lo guardo o malgasto, diciendo que tengo imposibilidad de devolvérselo porque nunca tuve tal intención; si para matarle y que me abra la puerta de su casa finjo que voy a verle de parte de su madre, o me visto de sacerdote, claro es que he de pensar todas estas cosas mucho antes de hacerlas, y que hay premeditación. Hay además bajeza y mayor peligro para los hombres pacíficos en que se empleen para hacerles daño medios que no pueden preverse con facilidad, motivos todos que con razón colocan estas circunstancias entre las agravantes.

8ª. Abusar de superioridad, o emplear medio que debilite la defensa.

El que dice: soy rico, soy poderoso, soy respetado o temido, soy fuerte, voy a abusar de mi posición para privar de su hacienda, de su vida o de su honra al que es pobre, débil, o está en desgracia; y el que descarga el arma de su enemigo para que cuando vaya a defenderse recurra a ella en vano, sobre ser cobardes y viles, ¿no ejecutan el delito con premeditación y alevosía, con circunstancias que le agravan?

9ª. Abusar de confianza.

Si depositáis vuestros cortos ahorros en manos de un amigo para que los conserve en su poder hasta que se los pidáis, teniendo tal confianza en su probidad que no queréis recibo ni más resguardo que la buena fe que le suponéis, y él abusa de ella y os despoja negando que le hayáis entregado nada; si le recibís en vuestra casa como a un hermano, y él, prevalido de la confianza que inspira, os roba; si teniendo que ausentaros, le confiáis a vuestra inocente hija para que la proteja, y él la seduce, ¿no será más culpable que si hubiera seducido a una mujer cualquiera o despojado a un desconocido?

10. Prevalerse del carácter público que tenga el culpable.

Si una autoridad me amenaza con abrumarme con su poder porque no doy un falso testimonio para favorecer sus miras; si un individuo del resguardo, bajo pretexto de que es contrabando, me despoja de un género de lícito comercio y se lo apropia, la seducción del primero y el robo del segundo, ¿no tienen circunstancias que deben agravar la pena?

11. Ejecutar el delito como medio de perpetrar otro.

El que con falsedad acusa a un hombre honrado de haber cometido un crimen cuyo autor se ignora, para que siendo llevado a la cárcel, deje en completo desamparo a su hija, de que es el único protector, y que se ha propuesto seducir, y la seduce; si incendia una casa con el objeto de robarla, ¿no será un calumniador y un incendiario con circunstancias que agravan su delito?

> 12. Emplear medios o concurrir circunstancias que añadan la ignominia a los efectos propios del hecho.

El que roba a un ministro del Señor, y luego le despoja de sus vestiduras, y le hace ponerse un traje grotesco para que sirva de irrisión, y le escupe al rostro y le escarnece; el que mata a una mujer y antes la deshonra, ¿no añade a su crimen circunstancias agravantes que le hacen mil veces más odioso?

> 13. Cometer el delito con ocasión de incendio, naufragio u otra calamidad o desgracia.

Las llamas devoran aquella casa; una desolada familia despierta con sobresalto a la voz de los vecinos que han venido a advertirla del peligro que la amenaza. Niños, ancianos, débiles mujeres, buscando inútilmente la desplomada escalera, piden auxilio con voces dolientes que desgarran el alma. Hombres generosos al escucharlas sienten una cosa más fuerte que el amor a la vida, y a riesgo de perderla, se lanzan a las llamas y les arrancan las desdichadas víctimas. En medio de aquella escena sublime de dolor y de abnegación, ante aquel espectáculo en que si un gran infortunio aflige, una gran virtud consuela; en que las lágrimas de piedad por los que sufren se mezclan a las lágrimas de entusiasmo que arranca el heroísmo de sus libertadores; cuando unos se ocupan en abrigar al pobre niño que llora de frío, otros en sostener al trémulo anciano o en tranquilizar a la aterrada madre haciéndola ver que allí están todos sus hijos, que ninguno ha sido presa de las llamas; un hombre se desliza como un reptil venenoso, y sin que el infortunio, ni el ejemplo le conmuevan, marcha cauteloso con el paso incierto del que va a cometer una maldad vil; siente una alegría infernal al ver que nadie repara en él; la codicia aparece en sus ojos con un brillo más siniestro que el de las llamas, y alargando la mano impía, arrebata a la desolada familia lo que el fuego ha perdonado.

El mar brama tempestuoso; un desventurado lucha con las olas embravecidas. Ya le hunden, ya le levantan; está cerca de la costa, pero va a perecer, parece muy fatigado. ¡Quién pudiera arrojarle un cable! ¡Quién pudiera tenderle una mano amiga! ¡Qué angustias padecerá el infeliz entre la vida y la muerte, mirando su última hora en cada ola que viene, vislumbrando la esperanza en cada ola que se va! Tal vez piensa en su anciana madre, que no podrá resistir a la desgracia de su muerte; en sus hijos que quedan sin amparo. Tal vez se despide de ellos y de su amante esposa... Un hombre le contempla desde la playa, sigue con interés todos sus movimientos, se alegra al verle aproximarse y se dirige al sitio en que va a poner el pie sobre la tierra deseada. ¿A qué irá? ¿A qué ha de ir? A darle auxilio; a consolarle de las pérdidas que ha sufrido; a ofrecerle la lumbre de su casa para que se caliente y sus vestidos para que se cubra. ¡Asombraos! No hace nada de esto. El malvado se acerca al náufrago, y aprovechándose de su debilidad extrema, le acomete, le despoja, y tal vez le hiere y le mata, para que no le descubra...

No quiera Dios que haya entre vosotros ningún monstruo tan vil; pero han existido, existen en el mundo; la ley necesita consignarlo.

> 14. Ejecutarlo (el delito) con auxilio de gente armada, o de personas que aseguren o proporcionen la impunidad.

El delito con estas circunstancias tiene siempre las de premeditación y alevosía, porque si Juan busca y arma compañeros para tener seguridad de que dará el golpe sin riesgo; si al querer envenenar a una persona, gana a su médico para que certifique que fue muerte natural la que ha sido resultado del veneno, tiene que premeditar su maldad y obra sobre seguro.

> 15. Ejecutarlo de noche o en despoblado.

El aislamiento del despoblado y la oscuridad de la noche, por la esperanza de auxilio que quitan al acometido y por el terror que dan, son dos poderosos auxiliares del agresor, como dos cómplices sin responsabilidad y de que él debe responder. El ataque nocturno o en despoblado rara vez deja de ser premeditado y alevoso, debilitando siempre los medios de defensa, y debe ser tenido en la mayor parte de los casos como circunstancia agravante.

> 16. Ejecutarlo en desprecio o con ofensa de la autoridad pública.

Si, por ejemplo, está prohibido arrojar agua por las ventanas que dan a la calle, y yo no solo la arrojo, sino que espero a hacerlo a que pase el alcalde, y no solo espero a que pase para que vea cómo desprecio sus mandatos, sino que le ofendo arrojándosela encima, ¿no merecerá un castigo mayor que si simplemente desobedeciese un bando de policía?

> 19. Cometer el delito en lugar sagrado, inmune o donde la autoridad pública se halle ejerciendo sus funciones.

El que para injuriar, despojar o herir a otro se va al lugar en que el juez administra justicia, ¿no añade a su delito la perturbación que causa, el desprecio a la ley y el desacato a la persona que la representa? El que entra en un templo y en vez de pedir a Dios perdón de sus culpas prosternándose ante el altar, pone en él su mano sacrílega y le despoja, ¿no es, además de ladrón, impío? Estas circunstancias, ¿no os parece que aumentan la gravedad del delito, y merecen por consiguiente un aumento de penas?

> 20. Ejecutar el hecho con ofensa o desprecio del respeto que por la dignidad, edad o sexo mereciese el ofendido, o en su morada cuando él no haya provocado el suceso.

Todo el mundo siente que el hogar doméstico, la casa, es una cosa respetable, casi sagrada. *Allanar la casa*, es decir, entrar en ella contra la voluntad expresa de su dueño, es un acto altamente punible y que todas las legislaciones castigan. Así, el que para ofender a un hombre va a ofenderle a su casa, le ofende más, porque en su casa están sus padres, su esposa y sus hijos; su casa es el lugar donde se cree seguro, donde no espera ataque de ninguna clase, ni está por consiguiente preparado para rechazarle. El que allí le ataca es más culpable.

La ley en su justicia exceptúa *el caso de que el ofendido haya provocado el suceso*. En efecto, si yo voy a ver a Antonio a su casa, y él me insulta o me provoca, el daño que yo le hiciere no merece castigo mayor por habérselo hecho en su casa, adonde yo no fui con ánimo de ofenderle.

En cuanto a la otra circunstancia, cualquiera de vosotros comprende que debe ser agravante, y que al despojar en un camino a un carretero, las mismas palabras o acciones que para él no serán ofensivas, pueden serlo y mucho tratándose de un ministro del Señor, de una mujer o un anciano. En España se ha visto muchas veces, aun entre bandoleros, conservar respeto a la debilidad y al sexo de los que despojaban, y el capitán amenazar al que ofendiese a una mujer afligida; prueba evidente de lo infame que es abusar de la fuerza contra el que no tiene ninguna, resto del noble carácter español de que tantas veces se hallan vestigios aun entre aquellos que han olvidado sus deberes. Yo espero que vosotros, que la mayor parte al menos, tendréis allá en el fondo de vuestra alma algo del noble carácter nacional, que detesta la hipocresía, la bajeza y el engaño, que tiene compasión de la debilidad, eco para las palabras generosas, y para los beneficios agradecimiento. Los que de la tempestad de vuestras pasiones y de vuestros extravíos habéis salvado algún sentimiento noble, prestad atención a lo que os digo. Custodiemos vosotros y yo ese resto de vuestra antigua virtud; aseguradme que ese resto existe, y yo os aseguro que podéis recobrarla toda entera. Un cable basta para salvar a un náufrago, si se agarra a él y hay quien le auxilie en la playa; un buen sentimiento basta para regenerar a un delincuente, si le acoge en su corazón y existe otro corazón que apiadado le dice: «¡Ánimo, hermano mío; hay quien desea enseñarte y te compadece y te ama; hay quien creo posible que seas mejor y más dichoso, y así lo quiere y lo espera, ánimo! La mar es brava, tus fuerzas no son muchas; pero la playa está cerca, de ella te prestan auxilio; puedes llegar a la playa».

> 21. Ejecutarlo por medio de fractura o escalamiento de lugar cerrado.

Ya comprendéis cuánto mayor terror inspira y más daño hace el malhechor que para ejecutar su mal propósito no se detiene ante el muro ni la puerta cerrada. Ya comprendéis cuánto más peligroso es, y qué zozobra lleva al ánimo del hombre pacífico, que nunca se cree seguro, y cuánto mayor grado de audacia para el mal, y por consiguiente de culpa, supone echar abajo una puerta para robar, que entrar hallándola abierta.

> 22. Ejecutarlo (el delito) haciendo uso de armas prohibidas por los reglamentos.

Esta circunstancia agrava el delito, no solo porque añade a él una contravención a un mandato de la autoridad, sino porque el arma prohibida da indicio de que quien la usa se propone hacer daño con ella, y revela audacia para el mal y hábitos culpables. Además es amenaza permanente al hombre pacífico y desarmado, y da a entender que el delito para que sirve de instrumento fue premeditado, porque el que se propone vivir honradamente de su trabajo no emplea el dinero en armas prohibidas.

> 23. Y últimamente, cualquiera otra circunstancia de igual entidad y análoga a las anteriores.

Aquí la ley deja al juez latitud para que aprecie otras circunstancias que no es posible prever; porque, ¿quién es capaz de adivinar todas las formas que puede tomar la maldad humana?

Hay otras dos circunstancias agravantes que, alterando el orden que tienen en el Código, he dejado para el fin de esta carta, con el objeto de llamaros muy particularmente la atención sobre ellas, y son las siguientes:

17. Haber sido castigado el culpable anteriormente por delito a que la ley señale igual o mayor pena.
18. Ser reincidente de delito de la misma especie.

El culpable que en la prisión conserva aprecio de sí mismo y no quiere parecer despreciable a los ojos de las personas honradas, y el hipócrita que procura inspirar compasión y excitar interés, no dejan de hacer valer, si es cierta, la circunstancia *de estar allí por la primera vez*, de *no haberse visto nunca en un lugar como aquel*. La razón de esto es que la conciencia, lo mismo que la ley, dice al reincidente: «El que persevera en el mal, el que no se detiene por el recuerdo de las humillaciones que sufrió su alma y de los sufrimientos que padeció su cuerpo, el que vuelve a emprender el camino de la maldad sabiendo por experiencia lo que se halla en él y a dónde conduce, es infinitamente peor y menos digno de excusa que el que cae por la vez primera».

La reincidencia supone esa propensión al mal que da el hábito de hacerle, esa debilidad para el bien propia del que no le practica, y si no la resolución de apartarse del deber, la falta de propósito firme de cumplirle, y la ley es justamente severa con el que la pisa tantas veces.

Pero los que aun respetándola no tenemos la obligación de imitar su severidad, bien podemos compadecer la suerte de esos desventurados culpables que entran en la prisión y vuelven a entrar, y dicen que se acostumbran al ruido de las cadenas, ¡a ese ruido siniestro que se oye con el corazón!, y a la falta de libertad y a la ignominia. ¡Cosa triste ver hombres que desesperan de sí mismos; que dicen adiós a su país, a los campos que labraban, al árbol a cuya sombra se han sentado a descansar, a la fuente donde bebían, a la iglesia donde se bautizaron, al cementerio donde descansan sus padres! ¡Que dicen adiós para siempre a la libertad, a la familia, a la vida del alma, que no existe para el desesperado! Ya no son padres, ni esposos, ni hijos, ni amigos, ni ciudadanos. Son un número en una escuadra, una máquina que se mueve a compás de la vara del cabo, y que, aunque se obstina en negarlo, siente y sufre sin que nadie la compadezca. Viene la enfermedad, y en lugar de ver a su lado a la madre, a la hija, a la esposa que le aman y le consuelan, tiene por enfermero a un criminal tal vez endurecido que se ríe de sus ayes, y recibe la medicina de unas manos acaso tintas en sangre. Cuando llega la muerte, ni una oración, ni una lágrima. En el mundo, donde hay tantas cosas tristes, puede recordarse como una de las más dolorosas el entierro de una corrigenda o de un presidiario, y la tristeza que da viene precisamente de que nadie se aflige. Se abre el rastrillo, y el adiós de la indiferencia será el menos deshonroso para su memoria, porque no es raro que sean su oración fúnebre risas, burlas o execraciones en memoria de sus debilidades, de sus vicios o de sus crímenes. En los que conducen el cadáver, ni dolor ni recogimiento; en los que lo ven pasar, una mirada que quiere decir: *poco se pierde*, o *un malvado menos*; en los que le sepultan, un sentimiento de lástima. ¿Por él? ¡Oh, no! ¡Porque no se aproveche la camisa que le sirve de mortaja; si acaso no se la roban!

¡Cosa triste vivir y morir así! ¡Oh! La muerte en la galera o en el presidio es una horrible muerte, y es la que espera al que reincide y vuelve a reincidir. Miradla con el horror que merece; no la aceptéis, por Dios; decid al salir de la prisión: *no volveré*; decidlo con firmeza, y no volveréis, yo os lo prometo.

Ya comprendo que tenéis muchas dificultades que vencer; ya me hago cargo de que tenéis malos hábitos y malos amigos, y os hallaréis en situaciones malas: os compadezco, sí, os compadezco de lo más íntimo de mi alma, pobres hermanos míos, que habiendo entrado tan adentro en el camino del mal, perdisteis de vista la salida. Pero la salida existe, está tal vez más cerca de lo que pensáis. Hay una cosa más fuerte que los malos hábitos, que los malos consejos, que las malas situaciones, y es la voluntad del hombre. Tened esa voluntad, y aún podréis alcanzar enmienda, perdón y olvido; aún vuestra vida puede ser dichosa, y llorada vuestra muerte.

Escuchad. Las fuerzas del alma, como las del cuerpo, se aumentan ejercitándolas, se disminuyen por falta de ejercicio. Vuestro brazo derecho, que es el más robusto, probad a tenerle un año sin movimiento, sin que haga fuerza alguna. Al cabo de este tiempo, ensayad a que levante un peso que antes le parecía ligero, y veréis que es imposible, que le deja caer como si estuviera muerto. Por el contrario, si le tenéis en continuo ejercicio, se hará cada vez más vigoroso. Lo mismo sucede con los brazos del alma. Su brazo derecho son las virtudes; si no las ejercitáis, se debilitan; su brazo izquierdo son los vicios y los crímenes; si trabajáis mucho con ellos, se robustecen. ¿No habéis oído decir que la memoria aumenta ejercitándola? Pues lo propio sucede con todas las facilidades del alma, con todas: la virtud aumenta con el ejercicio, y por desgracia la maldad también. Cuantas más veces se ha hecho una cosa buena o mala, más fácilmente se hace; traed a la memoria vuestra vida, y veréis que digo verdad.

¿Qué debéis hacer? Volver al bien del mismo modo que os habéis alejado de él, por grados y poco a poco. Tratar a vuestra alma como al brazo que estuvo mucho tiempo inmóvil, y al que es preciso en un principio dar pesos muy pequeños para que los levante, hasta que llega a recobrar su robustez anterior. Vuestra pobre alma está débil; no se puede exigir de ella que levante grandes pesos de arrepentimiento y de virtud. Proporcionadlos a sus fuerzas. Probad a hacer una cosa buena, aunque sea muy pequeña; probad, sobre todo, a dejar de hacer una cosa mala. Si blasfemáis, por ejemplo, no os digo que dejéis de blasfemar; pero si habíais de hacerlo veinte veces, que sean diez y nueve, luego podrán ser diez y ocho, después diez y siete, y quién sabe si llegaréis a perder esta mala costumbre. Con todos los malos hábitos podéis hacer lo mismo. Os lo repito, os lo ruego: ejercitaos en el bien, aunque sea en cosas muy pequeñas; que si hoy sois un poco menos malos que ayer, yo os lo aseguro, mañana seréis mucho mejores que hoy.

Carta IX

DE LAS PERSONAS RESPONSABLES DE LOS DELITOS Y FALTAS. ARTÍCULOS 11, 12, 13, 14, 15, 16, 17 Y 18.

Hoy debemos tratar, hermanos míos, de las personas responsables de los delitos y faltas. A muchas consideraciones da lugar este capítulo del Código, porque el que comete un delito lo hace siempre en la creencia de que no ha de responder de él. Toma todas sus medidas para no ser descubierto, para no ser cogido, y al fin es cogido y descubierto, porque el criminal deja siempre *suelto un cabo*, que llama casualidad, y los que no están ciegos como él, llaman providencia de Dios. No hay más que un medio seguro de no ser descubierto y castigado, y es no merecer castigo. Se burla la ley un día y otro, pero al cabo llega la hora de la justicia que en el combate del criminal contra la sociedad, en la lucha de uno contra mil, los mil han de quedar vencedores y la ley ha de triunfar. Vosotros estáis en la prisión por ignorancia, por debilidad, o por dejaros arrebatar de ciegos y culpables impulsos; pero si alguno estuviere por cálculo, ya debe haberse convencido que fue errado. El culpable no es solo un hombre malo, sino un mal calculador.

Aun para aquellos en quienes el delito no es un cálculo, la impunidad es siempre una esperanza, tan vana, como el propósito de vivir bien haciendo mal. Si pidierais leer la historia de todos los crímenes y de todos los castigos, os convenceríais de la verdad de aquel refrán que dice: *Dios consiente y no por siempre*, y no os quedaría duda alguna de que el criminal acaba siempre por ser víctima de su crimen. Y no os hablo de sus remordimientos, de su zozobra, de su sueño interrumpido, de sus vigilias, del temor siempre renaciente de ser descubierto y castigado, de no ver a un preso sin pensar que él lo estará algún día, de no llegar al lado de un agente de la autoridad sin apresurar el paso temeroso, de no encontrarse con un juez sin creer que va a tomarle declaración, de no reñir con un vecino sin temer que le eche en cara el delito que tan cuidadosamente oculta. No os hablo de esta vida tan desdichada, que solo puede desearse a un enemigo en un momento de vengativa cólera; os hablo solo del castigo material, del que está a la vista de todos y todos deben temer si a él se han hecho acreedores.

Si, como os decía, leyerais la historia de los crímenes, os asombraríais al ver cómo se descubren los que se cometieron con precauciones que debían dejarlos ocultos para siempre; os asombraríais al ver cómo se reconoce al criminal que cambia de traje, de condición, de nombre y se va a América o a los confines del Asia; pero no, no deberíais admiraros: si Dios hace llegar a donde quiera la luz del sol, ¿por qué no ha de alcanzar a todas partes el resplandor de su justicia?

Oíd algunos ejemplos. Un caballero viaja por un camino de hierro; va en un coche de primera clase. Un hombre con intención de robarle entra detrás de él; están solos; apenas el tren se pone en marcha, el ladrón mata a su compañero, le despoja y le tira por la ventana del coche; con la velocidad de la marcha nadie nota nada; en la primera estación el asesino se baja, y a poco se embarca para los Estados Unidos de América. Nadie le ha visto, nadie lo conoce, nadie sabe cómo se llama; ¿quién va a descubrirlo entre la confusión de tanto viajero, y cuando en Inglaterra, donde se cometió el crimen, no hay pasaportes? No es posible dar con él. Escuchad: el asesino, con la prisa de bajarse del carruaje donde había sangre, rastro del crimen, en lugar de tomar su sombrero, toma el de la víctima, deja el suyo, y en él indicios bastantes para que se le persiga, se le coja, se pruebe su crimen y se le mate.

Un honrado labrador ha vendido una pareja de bueyes; un pariente suyo lo sabe, y al ver que se retira a su casa distante de allí dos leguas, se agrega a él. Como a la mitad del camino y en paraje solitario le dice: «Si nos salieran ladrones le hacían a usted un flaco servicio». «No me robarían nada», contesta, «la chica que va delante lleva el dinero en la cabeza, escondido entre el pelo, y bien sujeto. Como este sitio no es bueno, ya la he dicho que si ve que me paran, eche a correr». Al oír esto, su pérfido compañero le derriba de un palo, se arroja sobre la niña y le corta la cabeza que mete en un saco, dejando el camino e internándose por un monte, para poder sacar en lo más espeso el dinero sin temor de ser visto.

Dos cazadores andaban por aquella parte en busca de una liebre que habían herido, y que metiéndose entre la espesura se ocultaba a su vista. Ven un rastro de sangre; era el que dejaba la cabeza de la niña asesinada; le siguen presurosos, y a poco ven un hombre con un saco ensangrentado en la mano; creen que lleva la liebre; le gritan que se pare, que es suya; él corre, le siguen, le alcanzan, hallan horrorizados, en vez de lo que buscan, la cabeza de la pobre víctima, y entregan a la justicia a su abominable asesino.

Un caballero rico vivía solo, una mañana aparece en su casa asesinado. Ni en la vecindad ni fuera de ella, ningún indicio de quién haya podido cometer el crimen. En la mano derecha del muerto se halla un botón dorado, con un pedazo de paño azul; fue arrancado del traje del matador en el momento en que la víctima luchaba por defenderse. El juez guarda cuidadosamente el botón, y discurre así: «Este botón dorado, con un pedazo de paño azul, es de un frac, porque en levita no se ponen de esta clase, y de chaqueta no sería el paño tan fino. Primera consecuencia; el asesino es un señor. Voyme por casa de los sastres a ver quién tiene botones de esta clase y ha hecho un frac en que los ha puesto, y para quién». Vase, en efecto, preguntando por los obradores; recorre varios inútilmente; al fin llega a uno, y el maestro le dice: «No me queda más que una docena de esos botones; han gustado mucho, y vinieron pocos; de modo que solo he tenido para tres fracs». «¿Nada más que tres?», replica el juez, «Vaya, en eso habrá algo de ponderación; algún otro haría usted». «A fe que no», replica el sastre, «no hice sino tres para D. Fulano, D. Fulano y D. Fulano».

El juez compra la docena de botones y sale pensando en cuál de los tres será el asesino. Medita sobre los antecedentes de los sujetos, aprecia todas las circunstancias, y de dos de ellos se dice: «No pueden haber sido». El otro le parece sospechoso. Su vida es desarreglada, y los gastos que hace no están en armonía con su sueldo. Llega a su casa a las altas horas de la noche; hace abrir a la justicia; lee el terror en el semblante del criminal; le manda conducir a donde está colgada su ropa; busca, y halla el frac azul, que tiene, en efecto, un botón de menos y un pedazo de paño arrancado igual al que se halló en la mano de la víctima. «De noche mataste», le dice el juez, «de noche empieza tu castigo. Creíste tomar todas las precauciones necesarias para que no se descubriese tu maldad. ¡Insensato! Tu víctima guardaba en su helada mano la prueba de tu crimen, y parecía decirme: tómala, y busca con ella al criminal; Dios te ayudará en la pesquisa. Y la tomé y busqué, y Dios me ayudó, y en su nombre te pido cuenta de la sangre de un inocente».

La sorpresa, la hora, el remordimiento, la voz solemne del juez; todo impresiona tan profundamente al culpable, que confiesa, y muere en un patíbulo al poco tiempo, diciendo: «No hay nada oculto para la justicia de Dios».

Podría escribiros un libro muy abultado con la centésima parte de los casos en que se descubren los crímenes al parecer imposibles de descubrir. No dudéis de esta verdad sencilla; no la olvidéis tampoco: *por más habilidad que tenga el criminal, por más precauciones que tome, al fin es descubierto y castigado.*

¡Desgraciados aquellos de entre vosotros que no vean claro lo absurdo de la lucha que contra la justicia emprenden! ¡Desgraciado del que al salir de la prisión, en lugar de decir: obraré bien, dice: tendré más cuidado! ¡Infeliz el que llame casualidad a la Providencia!

Ahora veamos quiénes son, según la ley, los responsables de los delitos y faltas.

> Artículo 11. Son responsables criminalmente de los delitos y faltas:
>
> 1º. Los autores.
>
> 2º. Los cómplices.
>
> 3º. Los encubridores.
>
> Artículo 12. Se consideran autores:
>
> 1º. Los que inmediatamente toman parte en la ejecución del hecho.
>
> 2º. Los que fuerzan o inducen directamente a otros a ejecutarlo.
>
> 3º. Los que cooperan a la ejecución del hecho por un acto sin el cual no se hubiera efectuado.

Por ejemplo, se hace un robo entre tres hombres, el primero de los cuales se apodera de los efectos robados, pero ha sido a consecuencia de lo que le dijo y le persuadió el segundo, afirmando el mucho provecho y el ningún peligro y amenazándole de muerte si no cometía el delito. Mas este no puede perpetrarse sin escalar la casa; imposible echar abajo la puerta, de extraordinaria solidez. El balcón está alto, es indispensable una escalera; el tercero vive cerca y la trae. Así, el que hizo el robo, el que le persuadió o le forzó a que le hiciera, y el que le proporcionó el medio sin el cual no se hubiese hecho, son, y con mucha justicia, considerados por la ley como autores.

> Artículo 13. Son cómplices los que, no hallándose comprendidos en el artículo anterior, cooperan a la ejecución del hecho por actos anteriores o simultáneos.

El delito puede cometerse sin la cooperación del cómplice, pero con ella se comete con mayores probabilidades de buen éxito y de impunidad. Si al que va a cometer un robo y no tiene armas se las doy; si mientras está robando me pongo de centinela para darle aviso si vierte la justicia o anda gente, no soy el autor del robo, bien pudiera haberse hecho sin el arma que yo di y sin mi vigilancia, pero he contribuido a facilitarle. La ley dice que ha de ser con actos *anteriores o simultáneos*. Es decir, que mi ayuda, para que sea complicidad, he de prestarla antes que se cometa el delito o cuando se está cometiendo; porque si es después, si en lugar de dar la pistola o ponerme de centinela, me limito a ocultar al ladrón o los efectos robados, no soy cómplice, sino encubridor.

> Artículo 14. Son encubridores los que, con conocimiento de la perpetración del delito, sin haber tenido participación en él como autores ni como cómplices, intervienen con posterioridad a su ejecución de alguno de los modos siguientes:
>
> 1°. Aprovechándose por sí mismos o auxiliando a los delincuentes para que se aprovechen de los efectos del delito.
>
> 2°. Ocultando o inutilizando el cuerpo, los efectos o instrumentos del delito para impedir su descubrimiento.
>
> 3°. Albergando, ocultando o proporcionando la fuga al culpable, siempre que concurran al alguna de las circunstancias siguientes:
>
> Primera. La de intervenir abuso de funciones públicas de parte del encubridor.
>
> Segunda. La de ser el delincuente reo de regicidio, de parricidio o de homicidio cometido con alguna de las circunstancias designadas en el número 1°. del artículo 333, o reo conocidamente habitual de otro delito.
>
> Están exentos de las penas impuestas a los encubridores los que lo sean de sus ascendientes, descendientes, cónyuges,

hermanos o afines en los mismos grados, con sola la excepción de los que se hallan comprendidos en el número 1°. de este artículo.

Artículo 15. Toda persona responsable criminalmente de un delito o falta, lo es también civilmente.

Artículo 16. La exención de responsabilidad criminal, declarada en los números 1°., 2°., 3°., 7°. y 10 del artículo 8°. no comprende la de la responsabilidad civil la cual se hará efectiva con sujeción a las reglas siguientes:

1ª. En el caso del número 1°. son responsables civilmente por los hechos que ejecuten los locos o dementes, las personas que los tengan bajo su guarda legal, a no hacer constar que no hubo por su parte culpa ni negligencia.

No habiendo guardador legal, responderá con sus bienes el mismo loco o demente, salvo el beneficio de competencia en la forma que establece el Código civil.

2ª. En los casos de los números 2°. y 3°. responderán con sus propios bienes los menores de quince años que ejecuten el hecho penado por la ley.

Si no hubiese bienes, responderán sus padres o guardadores en la forma expresada en la regla 1ª.

3ª. En el caso del número 7°. son responsables civilmente las personas en cuyo favor se haya precavido el mal a proporción del beneficio que hubieron reportado.

Los Tribunales señalarán, según su prudente arbitrio, la cuota proporcional de que cada interesado debe responder.

Cuando no sean equitativamente asignables ni aun por aproximación las personas responsables o sus cuotas respectivas, o cuando la responsabilidad se extienda al Estado o a la mayor parte de una población, y en todo caso siempre que el daño se hubiere causado con intervención de la Autoridad, se hará la indemnización en la forma que establezcan las leyes o reglamentos especiales.

> 4ª. En el caso del número 10 responderán principalmente los que hubieren causado el daño, y subsidiariamente, y en defecto de ellos, los que hubieren ejecutado el hecho.
>
> Artículo 17. Son también responsables civilmente, en defecto de los que lo sean criminalmente, los posaderos, taberneros, o personas que estén al frente de establecimientos semejantes, por los delitos que se cometieren dentro de ellos, siempre que por su parte intervenga infracción de los reglamentos de policía.
>
> Son además responsables subsidiariamente los posaderos de la restitución de los efectos robados o hurtados dentro de sus casas a los que se hospedaren en ellas, o de su indemnización, siempre que estos hubieren dado anticipadamente conocimiento al mismo posadero, o a sus dependientes, del depósito de aquellos efectos en la posada. Esta responsabilidad no tendrá lugar en caso de robo con violencia, o intimidación en las personas, a no ser ejecutado por los dependientes del posadero.
>
> Artículo 18. La responsabilidad subsidiaria que se establece en el artículo anterior, será también extensiva a los amos, maestros y personas dedicadas a cualquier género de industria, por los delitos o faltas en que incurran sus criados, discípulos, oficiales, aprendices o dependientes en el desempeño de su obligación o servicio.

La ley, siempre justa, absuelve de responsabilidad al que favorece al criminal sin tener noticia del crimen. Si un hombre que no tiene donde guarecerse me pide una noche que le recoja, y yo no sé que viene de cometer un delito, hago bien en recogerle. Si me pide que le guarde una cantidad de dinero u otro efecto cualquiera, no hago mal en guardársela. Si este hombre es mi padre, o mi hijo, o mi suegro, o mi esposo, o mi cuñado, o mi hermano, o mi yerno, aunque sepa que es criminal, puedo ocultarle sin que la ley me castigue como encubridor, porque la ley respeta los santos lazos de la familia, y si yo le digo: *le he ocultado porque, aun cuando es criminal, es mi padre*; está bien, me contesta, primero es ser hijo que ciudadano, y yo no quiero averiguar los crímenes atropellando los sentimientos naturales. Ya lo veis, el lenguaje de la ley es siempre noble y justo.

Pero si en vez de limitarme a ocultar a mi padre, me aprovecho de lo que ha robado o le ayudo a que se aproveche, entonces la ley ya no me absuelve, y me aplica con razón la pena de los encubridores, porque si el hijo está obligado a ocultar la maldad de su padre, no lo está a imitarla y aprovecharse de ella. Cuando como y bebo y visto del fruto de las rapiñas de mi padre, no soy el buen hijo que le ampara respetando en él al autor de mis días; soy el culpable partícipe de su delito y de su deshonra; acepto a sabiendas lo que no es mío, lo que se quitó a otro con violencia o con engaño; gozo de un bien que es resultado del mal de otro; merezco castigo.

Si la ley tiene razón para no absolverme cuando me aprovecho de los efectos del delito, si el delincuente es mi padre, ¿cómo no me exigiría responsabilidad siendo un extraño? Castiga con justicia al que sabiendo que una cosa es robada la oculta, la utiliza, o ayuda al ladrón a que la utilice; al que sabiendo que un hombre ha sido asesinado entierra su cadáver para que no se descubra, y rompe u oculta el arma que ha servido para herirle, la llave falsa por medio de la cual un malhechor pudo entrar en una casa, la barra que le sirvió para forzar la puerta, o cualquier otro instrumento que pudiera servir de prueba o de indicio para hallar al autor del delito. El dicho vulgar de que no habría ladrones si no hubiese encubridores, prueba que su culpa está en la conciencia de todos.

La ley, misericordiosa con los que tienen misericordia aunque sea de los criminales, consigna lo que podría llamarse la generosa imprudencia de no castigar al que alberga, oculta o proporciona la fuga al culpable, sino en pocos y determinados casos.

Si un comisario de policía, cuyo deber es velar por la seguridad de los ciudadanos pacíficos y procurar la captura de los criminales, oculta a uno o le proporciona un pasaporte para que se fugue, ¿no os parece digno de ser castigado como encubridor? ¿No hace traición a la sociedad que descansa en su celo, y abusa de la confianza que se le dispensa en favor de los malhechores? ¿No falta, en fin, a su deber en cosa muy grave? La ley no puede dejar de castigarle.

También castiga como encubridor al que lo es de un reo conocidamente habitual de otro delito porque quien es conocido como delincuente, quien tiene el hábito del mal, es un ser peligrosísimo, y la sociedad debe prohibir que por una compasión mal entendida se le dé apoyo, que es tanto como privar de él a sus víctimas. El que oculta a quien por la primera vez delinque, puede creer que le hace este bien sin grave perjuicio; pero el que alberga a un ladrón de oficio, ¿no es moralmente su cómplice en todos los robos que en adelante haga? La protección que se le dispense, ¿no equivale a darle una arma que ha de emplear en perjuicio de las personas honradas? ¿No es fortalecer al crimen contra la inocencia?

También es castigado como encubridor el que oculta o proporciona la fuga a un regicida, porque resultando de la muerte del rey trastornos, desgracias y otras muchas muertes, la sociedad no mira a su matador como un homicida cualquiera, y exige que se le entregue para castigarle severamente. Tampoco se puede ocultar ni proporcionar la fuga, sin incurrir en la pena señalada a los encubridores, al que mata:

> Con alevosía.
>
> Por precio o promesa remuneratoria.
>
> Por medio de inundación, incendio o veneno.
>
> Con premeditación conocida.
>
> Con ensañamiento, aumentando deliberada e inhumanamente el dolor del ofendido.

Ya hemos visto en una carta anterior qué perversidad suponen estas circunstancias en el malvado que con ellas comete su crimen, y la sociedad no puede consentir que nadie proteja a un ser tan abominable y peligroso. En cuanto al parricida, ¿necesito deciros que debe ser rechazado con horror por todos? ¿Quién se atreverá a darle albergue? Los ayes de su padre moribundo parecen emponzoñar el aire que respira; la tierra parece temblar cuando pasa, las piedras levantarse contra él, y las fieras decirle: «Ven a nuestras cavernas, reposa tu cabeza sobre las entrañas palpitantes, lava en sangre tus manos, y recibe el abrazo de nuestras garras que se clavarán en tu corazón».

Carta X

DE LAS PENAS EN GENERAL. ARTÍCULOS 19 Y SIGUIENTES, HASTA EL 123.

Hermanos míos:

Yo no pienso, como algunos, que el delincuente no debe saber la ley que le condena. ¡Ojalá que todos la hubierais comprendido desde niños, que cuando las pasiones no os extraviaban hubierais adquirido el hábito de respetarla, y así que vuestra inteligencia podía comprenderla, la hubieseis estudiado, porque la justicia, que se respeta primero por sentimiento y por costumbre, y por convicción después, se atropella con más dificultad! Yo no soy de los que piensan que el criminal no debe saber las circunstancias que atenúan su crimen ni las que le agravan, porque yo creo que el interés del criminal y el de la sociedad no son dos intereses opuestos, sino uno mismo e idéntico.

El hombre honrado, ¿no tiene interés en que el criminal no lo sea por precio, poniendo su vida en manos del que puede pagarla, ni con premeditación que aumenta su riesgo, ni con astucia que desconcierte sus precauciones, ni en un momento de desolación y angustia en puede emplear sus naturales medios de defensa?

Si me han de robar, ¿no estoy tan interesada como el ladrón en que no lo haga con circunstancias agravantes, en que no sea de noche infundiéndome mayor terror, ni con escalamiento, que aumenta mi peligro, ni haciendo uso de armas que me espantan, ni hiriéndome o maltratándome? ¿No me conviene que el criminal sea bastante inteligente para no cometer su crimen con ninguna de estas circunstancias? ¿No será mi daño menor, cuanto menos grave sea su culpa? ¿No estoy yo interesada en que suprima, en la hora del delito, todo lo que pueda perjudicarle en la hora de la acusación? Todo lo que calcula para su conveniencia es en provecho mío; yo estoy tan interesada en que él sea bueno, aunque no tanto como él en serlo. Yo no temo que aprendáis la ley penal; no temo vuestras meditaciones y vuestros cálculos; si hubierais sabido calcular y meditar, habríais seguido un camino menos peligroso; la meditación y el cálculo no conducen donde estáis. Si el presidio tuviera dos puertas y me mandaran poner sobre ellas dos inscripciones, escribiría sobre la una: AQUÍ VIENEN LOS QUE NO QUIEREN SER BUENOS; y sobre la otra: AQUÍ VIENEN LOS QUE NO SABEN.

Este convencimiento me ha hecho dirigirme a vosotros para instruiros hasta donde yo puedo, y me haría seguir el Código artículo por artículo, si no temiera cansaros. Por este temor copiaré solamente las disposiciones más importantes, y no diré nada de las que podéis ignorar sin gran perjuicio.

En mis cartas anteriores os he hablado muchas veces de la *responsabilidad criminal*, que se llama así para distinguirla de la *responsabilidad civil*. Por la responsabilidad criminal el hombre está sujeto al castigo que merece su delito moralmente considerado, y así el castigo es mayor cuanto supone en el que le ejecuta mayor grado de maldad. Si yo pego fuego a una casa, en mi acción hay dos cosas: mi criminal voluntad puesta por obra, y el daño material causado, que podrá ser mayor o menor según muchas circunstancias que no dependen de mí. Por mi mala voluntad puesta por obra, por mi delito, sufrirá la pena señalada a los incendiarios; y según los estragos que haga el fuego, pagaré con mis bienes el daño producido. Si el fuego se apaga inmediatamente, este daño podrá ser nulo y no habrá responsabilidad civil, pero criminal la habrá siempre, porque el castigo es preciso para escarmentar al culpable a fin de que no vuelva a reincidir, para que sirva de ejemplo y contenga al que sin su temor delinquiría, y para dar una alta lección de moralidad que tranquilice las conciencias firmes y afirme las vacilantes.

El dueño de la casa quemada en el ejemplo propuesto puede perdonarme el daño que le he hecho, y entonces no habrá responsabilidad civil; pero nadie puede eximirme de la criminal. La responsabilidad civil satisface materialmente al ofendido; la criminal satisface moralmente a la sociedad; es a la vez una necesidad y un deber, porque deber y necesidad es la justicia.

Con esta explicación comprenderéis, tal vez, la sinrazón con que se quejan algunos de que se los castigue después de haber sido perdonados por el ofendido, o si sucumbió, por su familia. Bien está que el ofendido perdone; obra como cristiano, y Dios se lo premiará; la sociedad no le ha impuesto la obligación, que tiene la ley, de sostener la justicia amparando al inocente contra los ataques del culpable.

Imaginad que uno de vuestros compañeros quita a otro su pan, su dinero, sus instrumentos de trabajo o su obra. Se da parte al comandante; el robado le perdona y no se le impone ningún castigo. Animado con la impunidad, vuelve a robar, y se le perdona de nuevo porque lo perdonó el perjudicado. Con esto se anima algún otro, y empiezan varios a quitaros el alimento y el fruto de vuestro trabajo, de modo que no tenéis seguridad alguna de que lo que os pertenece no pase a poder de otro. A nadie se castiga, porque los ofendidos siguen perdonando, y la prisión es un infierno, porque ya no solo se roba, si no ne se maltrata, y los más fuertes oprimen amparándose con el perdón del ofendido, que tal vez le da por miedo. Os quejáis al comandante; él dice que perdonando el ofendido, él perdona también, y vosotros le contestáis que el ofendido no puede hacer que sea bueno o indiferente lo que es malo, ni impedir que se dé a cada cual lo que merece: a los pacíficos que no os metéis con nadie, paz y seguridad; a los que la turban con sus maldades, castigo. Que vosotros no tenéis nada que ver con el perdón del ofendido; lo que os importa es que no os priven de lo que es vuestro, que no os maltraten, riéndose de vuestro mal y atropellando vuestro derecho tras el escudo de la impunidad. Si el comandante atiende vuestra razón, los culpables serán castigados, y las cosas entrarán en orden; si no, viendo que no se os hace justicia, trataréis de tomarla por vuestra mano, perseguiréis a los que os despojan o maltratan, os degollaréis unos a otros, y de resultas de dar al perdón del ofendido la extensión que en su provecho quieren darle algunos, la sangre correrá en abundancia y la prisión se convertirá en una carnicería. En la sociedad sucedería lo propio, si por hacer gracia a los malos se negase a los buenos justicia.

He insistido sobre esto, porque algunos se quejan de que no extinga o cuando menos disminuya la pena el perdón del ofendido, y hacen grandes esfuerzos por alcanzarle, sin comprender que su pretensión es tan inútil como injusta. Todos habéis oído hablar de *vindicta pública*; es una frase horrible, herencia sangrienta de tiempos bárbaros: la ley no se venga, no venga a la sociedad, no hay *venganza pública*, pero hay *necesidad pública*, es decir, de todos; hay *deber público* de hacer justicia, y esa necesidad y ese deber no pueden quedar aniquilados por la voluntad de nadie.

Ahora, hermanos míos, voy a escribir páginas muy tristes; la mano tiembla al trazarlas y el corazón al leerlas; voy a presentaros el título de las penas, páginas lúgubres, desdichados hermanos míos, letras siniestras, palabras que causan horror, porque detrás de cada una parece que se sienten las amarguras del cautiverio, y se oye el ruido de los hierros, y se ven lágrimas y sangre. Estas páginas terribles la ley ha tenido necesidad de escribirlas; yo la tengo de copiarlas.

TÍTULO III

DE LAS PENAS

—

Capítulo primero

DE LAS PENAS EN GENERAL

Artículo 19. No será castigado ningún delito, ni las faltas de que solo pueden conocer los Tribunales, con pena que no se halle establecida previamente por ley, ordenanza o mandato de autoridad a la cual estuviese concedida esta facultad.

Artículo 20. Siempre que la ley modere la pena señalada a un delito o falta y se publicare aquella antes de pronunciarse el fallo que cause ejecutoria contra reos del mismo delito o falta, disfrutarán estos del beneficio de la ley.

Artículo 21. El perdón de la parte ofendida no extingue la acción penal: extinguirá solo la responsabilidad civil en cuanto al interés del condonante, si este lo renunciare expresamente.

Lo dispuesto en este artículo no se entiende respecto a los delitos que no pueden ser perseguidos sin previa denuncia o consentimiento del agraviado.

Artículo 22. No se reputan penas la restricción de la libertad de los procesados, la separación o suspensión de los empleados públicos, acordada por las Autoridades gubernativas en uso de sus atribuciones, o por los Tribunales durante el proceso, o para instruirlo, ni las multas y demás correcciones que los superiores impongan a sus subordinados y administrados en uso de su jurisdicción disciplinal o atribuciones gubernativas.

Artículo 23. La ley no reconoce pena alguna infamante.

Capítulo II

DE LA CLASIFICACIÓN DE LAS PENAS

Artículo 24. Las penas que pueden imponerse con arreglo a este Código y sus diferentes clases, son las que comprende la siguiente

ESCALA GENERAL

Penas aflictivas

Muerte.
Cadena perpetua.
Reclusión perpetua.
Relegación perpetua.
Extrañamiento perpetuo.
Cadena temporal.
Reclusión temporal.
Relegación temporal.
Extrañamiento temporal.
Presidio mayor.
Prisión mayor.
Confinamiento mayor.
Inhabilitación absoluta perpetua.

Inhabilitación especial perpetua para algún	cargo público. derecho político. profesión u oficio.
Inhabilitación temporal absoluta para	cargos públicos. derechos políticos.
Inhabilitación especial temporal para	cargo. derecho. profesión u oficio.

Presidio menor.
Prisión menor.
Confinamiento menor.

Penas correccionales

Presidio correccional.
Prisión correccional.
Destierro.
Sujeción a la vigilancia de la Autoridad.
Reprensión pública.

Suspensión de	cargo público. derecho político. profesión u oficio.

Arresto mayor.

Penas leves

Arresto menor.
Reprensión privada.

Penas comunes a las tres clases anteriores

Multa.
Caución.

Penas accesorias

Argolla.
Degradación.
Interdicción civil.
Pérdida o comiso de los instrumentos y efectos del delito.
Resarcimiento de gastos ocasionados por el juicio.
Pago de costas procesales.

Artículo 25. Las penas de inhabilitación y suspensión para cargos públicos, derechos políticos, profesión u oficio son accesorias en los casos en que, no imponiéndolas especialmente la ley, declara que otras penas las llevan consigo.

Las de resarcimiento de gastos ocasionados por el juicio y pago de costas procesales se entienden impuestas por la ley a los autores de todo delito o falta y a sus cómplices, encubridores y demás personas legalmente responsables.

Capítulo III

DE LA DURACIÓN Y EFECTO DE LAS PENAS

—

Sección primera

Duración de las penas

Artículo 26. Las penas de cadena, reclusión, relegación y extrañamiento temporales duran de doce a veinte años.

Las de presidio, prisión y confinamiento mayores duran de siete a doce años.

Las de inhabilitación absoluta e inhabilitación especial temporales duran de tres a ocho años.

Las de presidio, prisión y confinamiento menores duran cuatro a seis años.

Las de presidio y prisión correccionales y destierro duran de siete meses a tres años.

La de sujeción a la vigilancia de la Autoridad dura de siete meses a tres años.

La de suspensión dura de un mes a dos años.

La de arresto mayor dura de uno a seis meses.

La de arresto menor dura de uno a quince días.

La de caución dura el tiempo que determinen los Tribunales.

Los términos que designan el tiempo desde el cual y hasta el cual dura la pena, se computan ambos inclusive.

Artículo 27. Lo dispuesto en el artículo anterior no tiene lugar respecto de las penas que se imponen como accesorias de otras, en cuyo caso tendrán las penas accesorias la duración que respectivamente se halle determinada por la ley.

Artículo 28. La duración de las penas temporales empezará a contarse desde el día en que la sentencia condenatoria quede ejecutoriada, lo cual en las penas personales se entenderá si el reo quedare desde luego en poder de la Autoridad, y si no, desde que se presentare o fuere aprehendido.

Si se hubiere interpuesto recurso de nulidad o de casación, y por consecuencia de él se redujere la pena, se contará la duración de esta desde que se haya publicado la sentencia anulada o casada.

Sección segunda

Efectos de las penas según su naturaleza respectiva

Artículo 29. Los que hayan sufrido las penas de argolla o degradación no pueden ser rehabilitados sino por una ley especial, aunque obtengan indulto de las penas principales.

Artículo 30. La pena de la inhabilitación absoluta perpetua produce:

1°. La privación de todos los honores y de los cargos y empleos públicos que tuviere el penado, aunque sean de elección popular.

2°. La privación de todos los derechos políticos, activos y pasivos.

3°. La incapacidad para obtener los cargos, empleos, derechos y honores mencionados.

4°. La pérdida de todo derecho a jubilación, cesantía u otra pensión por los empleos que hubiere servido con anterioridad, sin perjuicio de la alimenticia que el Gobierno podrá concederle por servicios eminentes.

No se comprenden en esta disposición los derechos ya adquiridos al tiempo de la condena por la viuda o hijos del penado.

Artículo 31. La pena de inhabilitación absoluta temporal para cargos públicos y derechos políticos produce en el penado:

1°. La privación de todos los honores y de los empleos y cargos públicos, aunque sean de elección popular.

2°. La privación de todos los derechos políticos activos y pasivos, durante el tiempo de la condena.

3°. La incapacidad para obtener los empleos, cargos, derechos y honores mencionados, igualmente por el tiempo de la condena.

Artículo 32. La inhabilitación especial perpetua para cargos públicos produce:

1°. La privación del cargo o empleo sobre que recae, y de los honores anejos a él.

2°. La incapacidad de obtener otros en la misma carrera.

Artículo 33. La inhabilitación especial perpetua para derechos políticos priva perpetuamente de la capacidad de ejercer los derechos sobre que recae.

Artículo 34. La inhabilitación especial temporal para cargo público produce:

1°. La privación del cargo o empleo sobre que recae y de los honores anejos a él.

2°. La incapacidad de obtener otros en la misma carrera durante el tiempo de la condena.

Artículo 35. La inhabilitación especial temporal para derechos políticos produce la incapacidad para ejercer los derechos sobre que recae, por el tiempo de la condena.

Artículo 36. La suspensión de un cargo público inhabilita para su ejercicio y para obtener otro en la misma carrera por el tiempo de la condena.

Artículo 37. La suspensión de derechos políticos inhabilita igualmente para su ejercicio durante el tiempo de la condena.

Artículo 38. Cuando la pena de inhabilitación en cualquiera de sus grados y la de suspensión recaigan en personas eclesiásticas, se limitarán sus efectos a los cargos, derechos y honores que no tengan por la iglesia. Los eclesiásticos incursos en dichas penas quedarán impedidos en todo el tiempo de su duración para ejercer en el reino la jurisdicción eclesiástica, la cura de almas y el ministerio de la predicación, y para percibir rentas eclesiásticas, salva la congrua.

Artículo 39. La inhabilitación perpetua especial para profesión u oficio priva al penado perpetuamente de la facultad de ejercerlos.

La temporal le priva igualmente por el tiempo de la condena.

Artículo 40. La suspensión de profesión u oficio produce los mismos efectos que la inhabilitación temporal durante el tiempo de la condena.

Artículo 41. La interdicción civil priva al penado, mientras la está sufriendo, del derecho de patria potestad, de la autoridad marital, de la administración de sus bienes y del derecho de disponer de ellos por actos entre vivos.

Exceptúanse los casos en que la ley limita determinadamente sus efectos.

Artículo 42. La sujeción a la vigilancia de la Autoridad produce en el penado las obligaciones siguientes:

1º. Fijar su domicilio y dar cuenta de él a la Autoridad inmediatamente encargada de su vigilancia, no pudiendo cambiarlo sin conocimiento y permiso de la misma Autoridad dado por escrito.

2º. Observar las reglas de inspección que aquella le prefije.

3º. Adoptar oficio, arte, industria o profesión, si no tuviere medios propios y conocidos de subsistencia.

Siempre que un penado quede bajo la vigilancia de la Autoridad, se dará conocimiento de ello al gobierno.

Artículo 43. La pena de caución produce en el penado la obligación de presentar un fiador abonado que responda de que aquel no ejecutará el mal que se trate de precaver, y se obligue a satisfacer, si lo causare, la cantidad que haya fijado el Tribunal en la sentencia.

El Tribunal determinará, según su prudente arbitrio, la duración de la fianza.

Si no la diere el penado, incurrirá en la pena de arresto menor.

Artículo 44. Los sentenciados a las penas de inhabilitación para cargos públicos, derechos políticos, profesión u oficio, perpetua o temporalmente, pueden ser rehabilitados en la forma que determine la ley, salvo lo dispuesto en el artículo 29 para los casos de que en él se trata.

Artículo 45. La gracia de indulto no produce la rehabilitación para el ejercicio de los cargos públicos y derechos políticos, ni exime de la sujeción a la vigilancia de la Autoridad, si en el indulto no se concediere especialmente la rehabilitación o exención en la forma que se prescriba en el Código de procedimientos.

Artículo 46. En todos los casos en que según derecho procede la condenación de costas, se hará también la de los gastos ocasionados por el juicio a que se refieren aquellos.

Artículo 47. La tasación de costas comprenderá únicamente el abono de derechos e indemnizaciones que consistan en cantidades fijas e inalterables por hallarse anticipadamente determinadas por las leyes, decretos o

Reales órdenes: las indemnizaciones y derechos que no se hallen en este caso corresponden a los gastos del juicio.

El importe de estos se fijará por el Tribunal, previa audiencia de parte.

Los honorarios de los Promotores fiscales se comprenderán en los gastos del juicio, mientras la ley no establezca otra cosa sobre la forma de dotación de estos empleados.

Artículo 48. En el caso de que los bienes del culpable no sean bastantes para cubrir todas las responsabilidades pecuniarias, se satisfarán estas por el orden siguiente:

1°. La reparación del daño causado e indemnización de perjuicios.

2°. El resarcimiento de los gastos ocasionados por el juicio.

3°. Las costas procesales.

4°. La multa.

Artículo 49. Si el sentenciado no tuviere bienes para satisfacer las responsabilidades pecuniarias comprendidas en los números 1°., 2°. y 4°. del artículo anterior, sufrirá la pena de prisión correccional, por vía de sustitución y premio, regulándose a medio duro por cada día de prisión, pero sin que esta pueda exceder nunca de dos años. El sentenciado a pena de cuatro años de prisión u otra más grave, no sufrirá este apremio.

Sección tercera

Penas que llevan consigo otras accesorias

Artículo 50. La pena de muerte, cuando no se ejecute por haber sido indultado el reo, lleva consigo las de inhabilitación absoluta perpetua y sujeción de aquel a la vigilancia de la Autoridad por el tiempo de su vida.

Artículo 51. Las penas de argolla y degradación civil llevan consigo las de inhabilitación absoluta perpetua y sujeción a la vigilancia de la Autoridad durante la vida de los penados.

Artículo 52. La pena de cadena perpetua lleva consigo las siguientes:

1ª. Argolla en el caso de imponerse la pena de cadena perpetua a un co-reo del que haya sido condenado a la pena de muerte por cualquiera de los delitos de traición, regicidio, parricidio, robo o muerte alevosa, o ejecutada por precio, recompensa o promesa.

Esta pena no tendrá efecto cuando el que haya de sufrirla sea ascendiente, descendiente, cónyuge, hermano del reo sentenciado a muerte, mayor de sesenta años, o mujer.

2ª. Degradación en el caso de que la pena principal de cadena perpetua fuere impuesta a un empleado público por abuso cometido en el ejercicio de su cargo.

3ª. La interdicción civil.

4ª. Inhabilitación perpetua absoluta.

5ª. Sujeción a la vigilancia de la Autoridad durante la vida del penado, en el caso de haber obtenido indulto de la pena principal.

Artículo 53. La pena de reclusión perpetua lleva consigo las expresadas en los números 4º. y 5º. del artículo anterior.

Artículo 54. Las penas de relegación perpetua y extrañamiento perpetuo llevan consigo las siguientes:

1ª. Inhabilitación absoluta perpetua para cargos públicos y derechos políticos.

2ª. Sujeción a la vigilancia de la Autoridad por el tiempo de la vida de los penados, aunque obtuvieren indulto de la pena principal.

Artículo 55. La pena de cadena temporal lleva consigo las siguientes:

1ª. Interdicción civil del penado durante la condena.

2ª. Inhabilitación absoluta perpetua para cargos o derechos políticos, y sujeción a la vigilancia de la Autoridad durante aquel mismo tiempo y otro tanto más, que empezará a contarse desde el cumplimiento de la condena.

Artículo 56. La pena de presidio mayor lleva consigo las siguientes:

1ª. Inhabilitación absoluta perpetua del penado para cargos públicos.
2ª. Sujeción a la vigilancia de la Autoridad por igual tiempo al de la condena principal, que empezará a contarse desde el cumplimiento de la misma.

Artículo 57. Las penas de reclusión, relegación y extrañamiento temporales, presidio menor y correccional y confinamiento mayor llevan consigo las de inhabilitación absoluta de los penados para cargos y derechos políticos, y sujeción a la vigilancia de la Autoridad durante el tiempo de su condena y otro tanto más, que empezará a contarse desde el cumplimiento de aquella.

Artículo 58. Las penas de prisión mayor, menor y correccional, confinamiento menor y destierro llevan consigo la de suspensión de todo cargo y derecho político del penado durante el tiempo de la condena.

Artículo 59. Toda pena que se imponga por un delito lleva consigo la pérdida de los efectos que de él provengan y de los instrumentos con que se ejecute.

Los unos y los otros serán decomisados, a no ser que pertenezcan a un tercero no responsable del delito.

Capítulo IV

DE LA APLICACIÓN DE LAS PENAS

—

Sección primera

Reglas para la aplicación de las penas a los autores de delito consumado, de delito frustrado y tentativa, y a los cómplices y encubridores

Artículo 60. A los autores de un delito o falta se impondrá la pena que para el delito o falta que hayan cometido se halle señalada por la ley.

Siempre que la ley señala generalmente la pena de un delito, se entiende que la impone al delito consumado.

Artículo 61. A los autores de un delito frustrado se impondrá la pena inmediatamente inferior en grado a la señalarla por la ley para el delito.

Artículo 62. A los autores de tentativa de delito se impondrá la pena inferior en dos grados a la señalada por la ley para el delito.

La conspiración para cometer un delito se castigará como tentativa; la proposición para el mismo fin, con una pena inferior en dos grados a la anterior, salvo aquellos casos en que la conspiración y la proposición tengan señalada mayor pena por artículos especiales del Código.

Artículo 63. A los cómplices se impondrá la pena inferior en un grado a la correspondiente a los autores del delito.

Artículo 64. A los encubridores se impondrá la pena inferior en dos grados a la correspondiente a los autores del delito.

Exceptúanse de esta regla los encubridores comprendidos en el número 3°. del artículo 14, en quienes concurra la circunstancia primera del mismo número, a los cuales se impondrá la pena de inhabilitación perpetua especial, si el delincuente encubierto fuere reo de delito grave, y la de inhabilitación especial temporal, si lo fuere de delito menos grave.

Artículo 65. Las disposiciones generales contenidas en los cuatro artículos precedentes no tienen lugar en los casos en que el delito frustrado, la tentativa, la complicidad o el encubrimiento se hallen especialmente penados por la ley.

Artículo 66. Para graduar las penas que en conformidad a los artículos 61, 62, 63 y 64 corresponde imponer a los autores de delito frustrado o tentativa, y a los cómplices y encubridores, se observarán las reglas siguientes:

1ª. Cuando la pena señalada al delito sea una sola o indivisible, la correspondiente a los autores de delito frustrado y a los cómplices de delito consumado es la inmediatamente inferior, sea esta divisible o indivisible; y la correspondiente a los autores de tentativa de delito y a los encubridores, es la inferior en dos grados, la cual se impondrá en su grado mínimo, medio o máximo, según las circunstancias.

2ª. Cuando la pena señalada al delito sea una pena compuesta de dos indivisibles, la correspondiente a los autores del delito frustrado y a los cómplices del delito consumado se compondrá de la pena más baja de aquellas y de los grados máximo y medio de la inferior; y la correspondiente a los autores de tentativa y a los encubridores será la misma pena inferior en su grado mínimo, y la inmediata siguiente en sus grados máximo y medio.

3ª. Cuando la pena señalada al delito sea una pena compuesta de dos indivisibles y el grado máximo de otra divisible, la correspondiente a los autores del delito frustrado, y a los cómplices del delito consumado, es la última de aquellas tres penas en toda su extensión; y la correspondiente a los autores de tentativa y a los encubridores del delito es la inmediata inferior, igualmente en toda su extensión.

4ª. Cuando la pena señalada al delito sea una sola divisible, la correspondiente a los autores del delito frustrado y a los cómplices del delito consumado es la inmediatamente inferior; y la correspondiente a los autores de tentativa y a los encubridores, la inferior en dos grados.

5ª. Cuando la pena señalada al delito sea una pena compuesta de tres divisibles, la correspondiente a los autores de delito frustrado y a los cómplices de delito consumado se compondrá de las dos más bajas de aquellas y de la inmediatamente inferior; y la correspondiente a los autores de tentativa y a los encubridores se compondrá de la más baja de aquellas y de las dos inferiores en grado.

NOTA — Aplicación práctica de las reglas precedentes

	Pena señalada para el delito	Pena correspondiente al autor del delito frustrado y cómplices del delito consumado	Pena correspondiente al autor de tentativa y al encubridor
1er. CASO	Muerte	Cadena perpetua	Cadena temporal
2º. CASO	Cadena perpetua a muerte	Cadena temporal en su grado medio a muerte	Presidio mayor en su grado medio a cadena temporal en su grado mínimo
3er. CASO	Cadena temporal en su grado máximo a muerte	Cadena temporal	Presidio mayor
4º. CASO	Cadena temporal	Presidio mayor	Presidio menor
5º. CASO	Presidio menor a cadena temporal	Presidio correccional a presidio mayor	Arresto mayor a presidio menor

Sección segunda

Reglas para la aplicación de las penas en consideración a las circunstancias atenuantes o agravantes

Artículo 67. Las circunstancias atenuantes o agravantes se tomarán en consideración para disminuir o aumentar la pena en los casos y conforme a las reglas que se prescriben en esta sección.

Artículo 68. No producen el efecto de aumentar la pena las circunstancias agravantes que por sí mismas constituyan un delito especialmente penado por la ley, o que esta haya expresado al describirlo y penarlo.

Tampoco lo producen aquellas circunstancias agravantes de tal manera inherentes al delito, que sin la concurrencia de ellas no pueda cometerse.

Artículo 69. Las circunstancias agravantes o atenuantes que consistan en la disposición moral del delincuente, en sus relaciones particulares con el ofendido, o en otra causa personal, servirán para agravar o atenuar la responsabilidad de solo aquellos autores, cómplices o encubridores en quienes concurran.

Las que consistan en la ejecución material del hecho o en los medios empleados para realizarlo, servirán para agravar o atenuar la responsabilidad únicamente de los que tuvieren conocimiento de ellas en el momento de la acción o de su cooperación para el delito.

Artículo 70. En los casos en que la ley señala una sola pena indivisible, la aplicarán los Tribunales sin consideración a las circunstancias atenuantes o agravantes que concurran en el hecho.

Cuando la ley señale una pena compuesta de dos indivisibles, los Tribunales impondrán la mayor, a no ser que concurra alguna circunstancia atenuante.

Se exceptúan de estas disposiciones los casos de que se trata en los tres artículos siguientes:

Artículo 71. Cuando no concurran todos los requisitos que se exigen en el caso del número 8°. del artículo 8°. para eximir de responsabilidad, se observará lo dispuesto en el artículo 480.

Artículo 72. Al menor de 15 años, mayor de 9, que no está exento de responsabilidad por haber declarado el Tribunal que obró con discernimiento, se le impondrá una pena discrecional, pero siempre inferior en dos grados por lo menos a la señalada por la ley al delito que hubiera cometido.

Al mayor de 15 años y menor de 18, se aplicará siempre en el grado que corresponda la pena inmediatamente inferior a la señalada por la ley.

Artículo 73. Se aplicará asimismo la pena inmediatamente inferior a la señalada por la ley cuando el hecho no fuera del todo excusable por falta de alguno de los requisitos que se exigen para eximir de responsabilidad criminal en los respectivos casos de que se trata en el artículo 8°. siempre que concurra el mayor número de ellos, imponiéndola en el grado que los Tribunales estimen correspondiente, atendido el número y entidad de los requisitos que falten o concurran.

Esta disposición se entiende sin perjuicio de la contenida en el artículo 71.

Artículo 74. En los casos en que la pena señalada por la ley contenga tres grados, bien sea una sola pena divisible, bien sea compuesta de tres distintas, cada una de las cuales forma un grado con arreglo a lo prevenido en los artículos 83 y 84, los Tribunales observarán para la aplicación de la pena, según haya o no circunstancias atenuantes o agravantes, las reglas siguientes:

1ª. Cuando en el hecho no concurrieren circunstancias agravantes ni atenuantes, impondrán la pena señalada por la ley en su grado medio.

2ª. Cuando concurriere solo alguna circunstancia atenuante, la impondrán en el grado mínimo.

3ª. Cuando concurriere solo alguna circunstancia agravante, la impondrán en el grado máximo.

4ª. Cuando concurrieren circunstancias atenuantes y agravantes, las compensarán racionalmente para la designación de la pena graduando el valor de unas y otras.

5ª. Cuando sean dos o más, y muy calificadas, las circunstancias atenuantes, y no concurra ninguna agravante, los Tribunales impondrán la pena inmediatamente inferior a la señalada por la ley en el grado que estimen correspondiente, según el número y entidad de dichas circunstancias.

6ª. Cualesquiera que sean el número y entidad de las circunstancias agravantes, los Tribunales no podrán imponer pena mayor que la designada por la ley en su grado máximo.

7ª. Dentro de los límites de cada grado los Tribunales determinarán la cuantía de la pena, en consideración al número y entidad de las circunstancias agravantes y atenuantes, y a la mayor o menor extensión del mal producido por el delito.

Artículo 75. En la aplicación de las multas los Tribunales podrán recorrer toda la extensión en que la ley les permite imponerlas, consultando para determinar en cada caso su cuantía, no solo las circunstancias atenuantes y agravantes del hecho, sino principalmente el caudal o facultades del culpable.

Sección tercera

Disposiciones comunes a las dos secciones anteriores

Artículo 76. Al culpable de dos o más delitos o faltas se le impondrán todas las penas correspondientes a las diversas infracciones, sin perjuicio en el primer caso de lo dispuesto en el párrafo 3º. del artículo 2º.

El sentenciado cumplirá todas sus condenas simultáneamente, siendo posible. Cuando no lo fuere, o si de ello hubiere de resultar ilusoria alguna de las penas, las sufrirá en orden sucesivo, principiando por las más graves, o sean las más altas en la escala general, excepto las de extrañamiento, confinamiento y destierro, las cuales se ejecutarán después de haber cumplido cualquiera otra pena de las comprendidas en las escalas graduales, números 1º. y 2º.

Artículo 77. La disposición del artículo anterior no es aplicable en el caso de que un solo hecho constituya dos o más delitos, o cuando el uno de ellos sea medio necesario para cometer el otro.

En estos casos solo se impondrá la pena correspondiente al delito más grave, aplicándola en su grado máximo.

Artículo 78. Siempre que los Tribunales impongan una pena que lleve consigo otras por disposición de la ley, según lo que se prescribe en la sección tercera del capítulo anterior, condenarán también expresamente al reo en estas últimas.

Artículo 79. En los casos en que la ley señala una pena inferior o superior en uno o más grados a otra determinada, se observarán para su graduación las reglas prescritas en el artículo 66.

La pena inferior o superior se tomará de la escala gradual en que se halle comprendida la pena determinada.

Cuando haya de aplicarse una pena superior a la de arresto mayor, se tomará de la escala en que se hallen comprendidas las penas señaladas para los delitos más graves de la misma especie que el castigado con arresto mayor

Los Tribunales en estos casos atenderán para hacer la aplicación de la pena inferior o superior a las siguientes:

Escalas graduales

ESCALA NÚMERO 1

Grados

1°. Muerte.

2°. Cadena perpetua.

3°. Cadena temporal.

4°. Presidio mayor.

5°. Presidio menor.

6°. Presidio correccional.

7°. Arresto mayor.

ESCALA NÚMERO 2

Grados

1º. Reclusión perpetua.
2º. Reclusión temporal.
3º. Prisión mayor.
4º. Prisión menor.
5º. Prisión correccional.
6º. Arresto mayor.

ESCALA NÚMERO 3

Grados

1º. Relegación perpetua.
2º. Extrañamiento perpetuo.
3º. Relegación temporal.
4º. Extrañamiento temporal.
5º. Confinamiento mayor.
6º. Confinamiento menor.
7º. Destierro.
8º. Sujeción a la vigilancia de la Autoridad.
9º. Reprensión pública.
10. Caución de conducta.

ESCALA NÚMERO 4

Grados

1º. Inhabilitación absoluta perpetua para cargos y derechos políticos.

2º. Inhabilitación especial perpetua para cargo público, derechos políticos, profesión u oficio.

3º. Inhabilitación especial temporal para cargo público, derechos políticos, profesión u oficio.

4º. Suspensión de algún cargo público, derecho político, profesión u oficio.

Artículo 80. En los casos en que la ley señala una pena superior a otra determinada, sin designar especialmente la que se deba imponer, si no hubiere pena superior en la escala gradual respectiva, o la pena superior fuera la de muerte, se impondrá la de cadena perpetua.

Artículo 81. Cuando sea necesario elevar la inhabilitación absoluta perpetua a otro extremo superior, se agravará la inhabilitación con la prisión menor.

Cuando haya de pasarse de aquella pena a otra inferior, se impondrá la de inhabilitación absoluta temporal, y de esta se bajará a la de suspensión.

Artículo 82. La multa se considerará como la pena inmediatamente inferior a la última de todas las escalas graduales.

Cuando sea necesario elevar esta pena o bajarla a otros grados, se aumentará para cada grado superior una cuarta parte sobre el máximo de la multa determinada y se rebajará otro tanto del mínimo para cada grado inferior.

Los Tribunales que puedan aplicar penas leves, podrán imponer multas hasta 15 duros.

Los que tengan jurisdicción para aplicar penas correccionales, podrán imponerlas hasta 300 duros.

Los que sean competentes para aplicar penas aflictivas, podrán imponerlas en toda su extensión.

Igual regla se seguirá respecto de las multas que no consistan en cantidad fija, sino proporcional.

En los casos de que trata el presente artículo, la prisión por vía de apremio establecida en el 49 no podrá pasar nunca, por lo respectivo a la multa, de 30 días.

Artículo 83. En las penas divisibles, el período legal de su duración se entiende distribuido en tres partes iguales que forman los tres grados mínimo, medio y máximo.

El tiempo que comprende cada grado es el que se designa en la siguiente:

TABLA DEMOSTRATIVA
de la duración de las penas divisibles y de cada uno de sus grados

PENAS		Tiempo que comprende toda la pena	Tiempo que comprende el grado mínimo	Tiempo que comprende el grado medio	Tiempo que comprende el grado máximo
Cadena, reclusión, relegación, extrañamiento	Temp.	De 12 a 20 años	De 12 a 14 años	De 15 a 17 años	De 18 a 20 años
Presidio, prisión, confinamiento	Mayor	De 7 a 12 años	De 7 a 8 años	De 9 a 10 años	De 11 a 12 años
Inhabilitación absoluta, inhabilitación especial	Temp.	De 3 a 8 años	De 3 a 4 años	De 5 a 6 años	De 7 a 8 años
Suspensión		2 años	De 1 a 8 meses	De 9 a 16 meses	De 17 a 24 meses
Presidio, prisión, confinamiento	Menor	De 4 a 6 años	De 4 años a 4 años y 8 meses	De 4 años y 9 meses a 5 años y 4 meses	De 5 años y 5 meses a 6 años
Presidio . . . . / Prisión . . . . } Correccional . . Destierro		De 7 a 36 meses	De 7 a 16 meses	De 17 a 26 meses	De 27 a 36 meses
Sujeción a la vigilancia de la Autoridad		De 7 a 36 meses	De 7 a 16 meses	De 17 a 26 meses	De 27 a 36 meses
Arresto mayor		De 1 a 6 meses	De 1 a 2 meses	De 3 a 4 meses	De 5 a 6 meses
Arresto menor		De 1 a 15 días	De 1 a 5 días	De 6 a 10 días	De 11 a 15 días

Cuando hubiere que hacer subdivisiones en los grados de la tabla anterior, los Tribunales aplicarán discrecionalmente la pena en cuanto a aquellas, dentro de los límites prefijados por la ley.

Artículo 84. En los casos en que la ley señala una pena compuesta de tres distintas, cada una de estas forma un grado de penalidad, la más leve de ellas el mínimo, la siguiente el medio y la más grave el máximo.

Cuando la señale en una forma no prevista especialmente en este libro primero, la aplicarán los Tribunales, guardando la posible armonía, dentro de los límites que se prefijen, y del modo que se prevenga por las disposiciones generales del Código.

Artículo 85. Lo dispuesto en el artículo 83 no tiene aplicación a la pena de multa. La graduación de la cuantía en que haya de imponerse dentro de los límites que la ley señale, se hará con arreglo a lo que se prescribe en el artículo 75.

Capítulo V

DE LA EJECUCIÓN DE LAS PENAS Y DE SU CUMPLIMIENTO

—

Sección primera

Disposiciones generales

Artículo 86. No podrá ejecutarse pena alguna sino en virtud de sentencia ejecutoria.

Artículo 87. Tampoco puede ser ejecutada pena alguna en otra forma que la prescrita por la ley, ni con otras circunstancias o accidentes que los expresados en su texto.

Se observará también, además de lo que dispone la ley, lo que se determine en los reglamentos especiales para el gobierno de los establecimientos en que deben cumplirse las penas, acerca de la naturaleza, tiempo y demás circunstancias de los trabajos, relaciones de los penados con otras personas, socorros que puedan recibir y régimen alimenticio.

Los reglamentos dispondrán la separación de sexos en establecimientos distintos, o por lo menos en departamentos diferentes.

Artículo 88. Los delincuentes que después del delito cayeron en estado de locura o demencia, no sufrirán ninguna pena, ni se les notificará la sentencia en que se les imponga hasta que recobren la razón, observándose lo que para este caso se determina en el Código de procedimientos.

El que perdiere la razón después de la sentencia en que se le imponga pena aflictiva, será constituido en observación dentro de la misma cárcel; y cuando definitivamente sea declarado demente, se le trasladará a un hospital, donde se le colocará en una habitación solitaria.

Si en la sentencia se impusiere una pena menor, el Tribunal podrá acordar que el loco o demente sea entregado a su familia, bajo fianza de custodia y de tenerlo a disposición del mismo Tribunal, o que se le recluya en un hospital según lo estimare.

En cualquier tiempo que el demente recobre el juicio, se ejecutará la sentencia.

Estas disposiciones se observarán también cuando la locura o demencia sobrevenga hallándose el sentenciado cumpliendo la condena.

Sección segunda

Penas principales

Artículo 89. La pena de muerte se ejecutará en garrote sobre un tablado.

La ejecución se verificará de día y con publicidad en el lugar generalmente destinado para este efecto, o en el que el Tribunal determine cuando haya causas especiales para ello.

Esta pena no se ejecutará en días de fiesta religiosa o nacional.

Artículo 90. El sentenciado a la pena de muerte será conducido al patíbulo con hopa negra en caballería o carro.

El pregonero publicará en alta voz la sentencia en los parajes del tránsito que el Juez señale.

Artículo 91. El regicida y el parricida serán conducidos al patíbulo con hopa amarilla y un birrete del mismo color; una y otro con manchas encarnadas.

Artículo 92. El cadáver del ejecutado quedará expuesto en el patíbulo hasta una hora antes de oscurecer, en la que será sepultado, entregándolo a sus parientes o amigos para este efecto si lo solicitaron. El entierro no se podrá hacer con pompa.

Artículo 93. No se ejecutará la pena de muerte en la mujer que se halle en cinta, ni se le notificará la sentencia en que se le imponga, hasta que hayan pasado cuarenta días después del alumbramiento.

Artículo 94. La pena de cadena perpetua se sufrirá en cualquiera de los puntos destinados a este objeto en África, Canarias o Ultramar.

Artículo 95. La pena de cadena temporal se sufrirá en uno de los arsenales de marina, o en obras de fortificación, caminos y canales dentro de la Península e Islas adyacentes.

Artículo 96. Los sentenciados a cadena temporal o perpetua trabajarán en beneficio del Estado; llevarán siempre una cadena al pie pendiente de la cintura, o asida a la de otro penado; se emplearán en trabajos duros y penosos, y no recibirán auxilio alguno de fuera del establecimiento.

Sin embargo, cuando el Tribunal, consultando la edad, salud, estado o cualesquiera otras circunstancias personales del delincuente, creyere que este debe sufrir la pena en trabajos interiores del establecimiento, lo expresará así en la sentencia.

Artículo 97. Los sentenciados a cadena temporal o perpetua no podrán ser destinados a obras de particulares, ni a las públicas que se ejecuten por empresas o contratos con el Gobierno.

Artículo 98. El condenado a cadena temporal o perpetua que tuviere antes de la sentencia sesenta años de edad, sufrirá la condena en una casa de presidio mayor. Si los cumpliere estando sentenciado, se le trasladará a dicha casa presidio, en la que permanecerá durante el tiempo prefijado en la sentencia.

Artículo 99. Las mujeres que fueren sentenciadas a cadena temporal o perpetua cumplirán su condena en una casa de presidio mayor de las destinadas para las personas de su sexo.

Artículo 100. La reclusión perpetua se sufrirá en un establecimiento situado dentro o fuera de la Península, y en todo caso lejano del domicilio del penado.

Todos los condenados a esta pena están sujetos a trabajo forzoso en beneficio del Estado dentro del recinto del establecimiento. El trabajo, disciplina, traje y régimen alimenticio serán uniformes.

Artículo 101. La reclusión temporal se cumplirá en la misma forma que la reclusión perpetua, pero dentro de la Península e Islas Baleares o Canarias.

Artículo 102. Las penas de relegación perpetua y temporal se cumplirán en Ultramar en los puntos para ello destinados por el Gobierno.

Los relegados podrán dedicarse libremente, bajo la vigilancia de la Autoridad, a su profesión u oficio dentro del radio a que se extiendan los límites del establecimiento penal.

Artículo 103. El sentenciado a extrañamiento será expulsado del territorio español para siempre si fuere perpetuo, y si fuere temporal, por el tiempo de la condena.

Artículo 104. Las penas de presidio se cumplirán en los establecimientos destinados para ello, los cuales deberán estar situados: para el presidio mayor, dentro de la Península e Islas Baleares o Canarias; para el menor dentro del territorio de la Audiencia que le imponga, y para el correccional, dentro de la provincia en que tuviere su domicilio el penado y en su defecto en la que hubiere cometido el delito.

Los condenados a presidio estarán sujetos a trabajo forzoso dentro de los límites del establecimiento en que sufran la pena.

Artículo 105. El producto del trabajo de los presidiarios será destinado:

1º. Para hacer efectiva la responsabilidad civil de aquellos, proveniente del delito.

2º. Para indemnizar al establecimiento de los gastos que ocasionen.

3º. Para proporcionarles alguna ventaja o alivio durante su detención, si lo mereciesen; y para formarles un fondo de reserva, que se les entregará a su salida del presidio.

Artículo 106. La pena de prisión se cumplirá en los establecimientos destinados para ello, los cuales deberán estar situados: para la mayor, dentro de la Península o Islas Baleares o Canarias; para la menor, dentro del territorio de la Audiencia que la imponga, y para la correccional, dentro de la provincia en que el penado tuviere su domicilio, y en su defecto en la que hubiere cometido el delito.

Los condenados a prisión no podrán salir del establecimiento en que la sufran durante el tiempo de su condena, y se ocuparán para su propio beneficio en trabajos de su elección, siempre que sean compatibles con la disciplina reglamentaria.

Estarán, sin embargo, sujetos forzosamente a los trabajos del establecimiento hasta hacer efectivas las responsabilidades señaladas en los números 1º. y 2º. del artículo anterior: también lo estarán los que no tengan oficio o modo de vivir conocido y honesto.

Artículo 107. Los sentenciados a confinamiento mayor serán conducidos a un pueblo o distrito situado en las Islas Baleares o Canarias, o a un punto aislado de la Península, en el cual permanecerán en plena libertad bajo la vigilancia de la Autoridad.

Los que fueren útiles por su edad, salud y buena conducta, podrán ser destinados por el Gobierno al servicio militar, si fueren solteros y no tuvieren medios con que subsistir.

Artículo 108. El sentenciado a confinamiento menor residirá precisamente en el punto que se le señale en la condena, del cual no podrá salir durante esta sin permiso del Gobierno por justa causa.

El lugar del confinamiento distará al menos diez leguas del en que se hubiere cometido el delito y del de la anterior residencia del sentenciado.

El confinado estará sujeto a la vigilancia de la Autoridad.

Artículo 109. El sentenciado a destierro quedará privado de entrar en el punto o puntos que se designen en la sentencia y en el radio que en la misma se señale, el cual comprenderá una distancia de cinco leguas al menos y quince a lo más del punto designado.

Artículo 110. El sentenciado a reprensión pública la recibirá personalmente en audiencia del Tribunal a puerta abierta.

El sentenciado a reprensión privada la recibirá personalmente en audiencia del Tribunal o juzgado, a presencia del escribano y a puerta cerrada.

Artículo 111. El arresto mayor se sufrirá en la casa Pública destinada a este fin en las cabezas de partido.

Lo dispuesto en los párrafos segundo y tercero del artículo 106 es aplicable en sus casos respectivos a los condenados a esta pena.

Artículo 112. El arresto menor se sufrirá en las casas del Ayuntamiento u otras del público o en las del mismo penado, cuando así se determine en la sentencia, sin poder salir de ellas en todo el tiempo de la condena.

Sección tercera

Penas accesorias

Artículo 113. El sentenciado a la pena de argolla precederá al reo o reos de pena capital, conducido en caballería y suficientemente asegurado. Al llegar al lugar del suplicio se le colocará en un asiento sobre el cadalso en el que permanecerá mientras dure la ejecución asido a un madero por una argolla que se le pondrá al cuello.

Artículo 114. El sentenciado a degradación será despojado por un alguacil, en audiencia pública del Tribunal, del uniforme, traje oficial, insignias y condecoraciones que tuviere.

El despojo se hará a la voz del Presidente, que lo ordenará con esta fórmula: «Despojad a (el nombre del sentenciado) de sus insignias y condecoraciones, de cuyo uso la ley lo declara indigno: la ley le degrada por haberse degradado a sí mismo».

TÍTULO IV

DE LA RESPONSABILIDAD CIVIL

Artículo 115. La responsabilidad civil establecida en el capítulo II, título II de este libro, comprende:

1°. La restitución.

2°. La reparación del daño causado.

3°. La indemnización de perjuicios.

Artículo 116. La restitución deberá hacerse de la misma cosa, siempre que sea posible con abono de deterioros o menoscabos, a regulación del Tribunal.

Se hará la restitución aunque la cosa se halle en poder de un tercero y este la haya adquirido por medio legal, salva su repetición contra quien le corresponda.

Esta disposición no es aplicable en el caso de que el tercero haya prescripto la cosa, con arreglo a lo establecido por las leyes civiles.

Artículo 117. La reparación se hará valorándose la entidad del daño a regulación del Tribunal, atendido el precio natural de la cosa, siempre que fuere posible, y el de afección del agraviado.

Artículo 118. La indemnización de perjuicios comprende, no solo los que se causen al agraviado, sino también los que se hayan irrogado por razón del delito a su familia o a un tercero.

Los Tribunales regularán el importe de esta indemnización en los mismos términos prevenidos para la reparación del daño en el artículo precedente.

Artículo 119. La obligación de restituir, reparar el daño o indemnizar los perjuicios se transmite a los herederos del responsable.

> La acción para repetir la restitución, reparación o indemnización se transmite igualmente a los herederos del perjudicado.
>
> Artículo 120. En el caso de ser dos o más los responsables civilmente de un delito o falta, los Tribunales señalarán la cuota de que debe responder cada uno.
>
> Artículo 121. Sin embargo de lo dispuesto en el artículo anterior, los autores de un delito o falta son siempre mancomunadamente responsables por sus respectivas cuotas.
>
> Los autores de un delito son además responsables por las de los cómplices y encubridores, salva la repetición recíproca entre los mismos por sus responsabilidades respectivas.
>
> Los cómplices de un delito son mancomunadamente responsables entre sí y subsidiariamente por las cuotas de los autores y encubridores. Esto mismo se observará en su caso para con los últimos relativamente a sus cuotas y las de los autores y cómplices del mismo delito.
>
> Artículo 122. El que por título lucrativo participe de los efectos de un delito o falta, está obligado al resarcimiento hasta la cuantía en que hubiere participado.
>
> Artículo 123. Una ley especial determinará los casos y forma en que el Estado ha de indemnizar al agraviado por un delito o falta, cuando los autores y demás responsables carecieren de medios para hacer la indemnización.

¡Larga y dolorosa lista, hermanos míos! ¡Largas y lúgubres páginas, que se escriben con mano vacilante y se leen con el corazón dolorido! Pero su extensión prueba la equidad de la ley, en vez de manifestar su dureza, porque cuanto más graduada está la pena, más facilidad hay de aplicarla con justicia a cada delito.

Si, por ejemplo, tenemos que vestir a un regimiento y hacemos todos los uniformes iguales, a unos les estará corto, a otros largo, a muy pocos bien. Si hacemos dos dimensiones diferentes, ya vendrán bien a mayor número; si tres, si cuatro, irán aumentándose los que tengan su traje ajustado, en la misma proporción que variemos la medida, y sería menester tomársela a cada uno y que hubiera tantas como soldados, para que el uniforme les estuviese perfectamente. Lo propio sucede con las penas: cuanto más se varíen y se gradúen a medida del delito, más se acercarán a la que merece, es decir, a la justicia. Para que esta fuese perfecta, debería hacerse una ley para cada hombre, con una pena especial para cada culpable, porque es muy raro que dos estén en idéntico caso. El mismo delito tiene diferentes grados de culpa, según la situación del que le cometió, y esta no siempre pueden graduarla los tribunales, proporcionando con rigurosa exactitud el castigo. Vosotros os quejáis a veces de eso, olvidándoos que la imperfección que está en la justicia del hombre está en todas sus obras; es una ley triste, pero eterna, de la humanidad. Si el hombre pudiera hacer una legislación perfecta, si pudiera aplicar el premio y el castigo exactamente conforme a lo que cada uno merece, el hombre sería Dios, porque la justicia absoluta es la infinita bondad, unida a la infinita sabiduría y al poder infinito.

Así, pues, cuando os creáis perjudicados, y lo estéis en efecto; cuando comparéis vuestra culpa y vuestro castigo al castigo y a la culpa de otro, no acuséis al Código ni al juez, sino a la imperfección humana y a los escasos medios que tiene el hombre para averiguar la verdad y probarla. Decid con sinceridad: ¿si vosotros hicierais la ley, creéis que sería más perfecta? ¿Si la aplicarais, lo haríais con más justicia? La justicia absoluta no es de este mundo; el juez que da a cada cual según merece, ni más ni menos, es el Supremo Juez: recordadlo temblando los que habéis burlado la justa severidad de la ley, y los que sufráis sus excesivos rigores recordadlo para vuestro consuelo.

Algunos os quejáis de que penas tan diferentes vengan a extinguirse, a un mismo sitio, y de que estén confundidos de hecho los que de derecho, y según la ley, debieran estar separados; y como los errores que tienen apariencia de razón son, de todos, los más perjudiciales, voy a sacaros de este.

Supongamos que mi padre muere. Era un excelente señor, pero algo ignorante, algo dejado, y además pasó los últimos años de su vida muy achacoso; no pudo atender a nada, y los criados lo manejaban todo. Recojo su herencia en el estado más lamentable, y con ella el deber de pagar deudas y atender a mis hermanos. Los acreedores llueven, la casa amenaza ruina, las cuadras y los establos van a desplomarse, las cercas están caídas, las viñas descepadas, las tierras sin abonar, los prados llenos de topos, el poco ganado de la peor casta, talado el monte, el molino sin poder moler por falta de agua, los aperos de la labranza rotos e incompletos; en fin, no hay cosa con cosa. Yo me asusto al ver aquello; luego procuro serenarme, cojo un papel, y pongo en una lista las cosas que hay que hacer. Primero pagar las deudas, el honor de mi padre y el mío es lo primero; después las demás cosas por el orden de su necesidad.

Vienen los arrendatarios de las viñas y de las tierras, y el pastor, y el molinero, y me piden en tropel y con exigencia que repare la cerca, que pueble la viña, que busque buenos sementales, que componga la estacada, y todo a un tiempo, y todo pronto, porque soy el heredero, y además ellos saben que yo he escrito un plan para lo sucesivo y dado palabra de poner orden en todo. Yo les digo que para formar un plan no se necesita más que inteligencia y buena voluntad; mas para ejecutarlo son menester tiempo y dinero; que ya iré acudiendo a todo según pueda; que no sé hacer milagros, y antes que levantar los cercados es apuntalar la casa, que amenaza ruina. Convencidos de mi razón, se van, prometiendo tener paciencia.

¿Seréis vosotros menos razonables? La sociedad actual ha heredado de las pasadas, ha heredado de los siglos, ruinas, consecuencia de errores, y la necesidad de hacer muchas cosas y reparar otras. Una de las cosas que ha heredado es la creencia de que los delincuentes son incorregibles, y el desdichado hábito de ocuparse de ellos poco más que para evitar que se escapen, y la organización de las prisiones conforme a esta creencia y a este hábito. No ha aceptado, no, tan infausta herencia; y en nombre de Dios, que perdona; del hombre, que se arrepiente; de la ciencia, que enseña, y de la caridad, que no se cansa ni se mueve a ira, ha empezado a tratar a los criminales como hombres, a creer que pueden enmendarse y borrar la contradicción impía de desesperar de miles de hombres los que profesan una religión que llama virtud a la esperanza.

Mas esta creencia es de ayer, porque en la vida de las naciones no se mide el tiempo como en la de los individuos, y a veces pasan años, y pasan siglos, desde que se propone hacer un bien hasta que se consigue realizarlo. Ya sabéis que vuestro vestido y vuestro alimento son mejores que eran, y aun que el de muchos pobres honrados; que se os alberga tan bien como se puede; que se ha hecho un Código conforme a los principios de justicia y graduando las penas, para que guarden en lo posible proporción con los delitos. No se han hecho las prisiones que necesita la ley para aplicarse con exactitud. ¿Sabéis el tiempo y el dinero que se necesita para esto? ¿Sabéis los millones que es preciso gastar para poner las prisiones en el estado que os conviene a vosotros y conviene a la sociedad que estén? Se necesita un gran esfuerzo, un inmenso sacrificio, para que cada prisión sea como debería ser, una escuela de moral; y cuando la nación está agobiada bajo el peso de las contribuciones; cuando tanto pobre honrado, para pagarlas, se priva de lo necesario; cuando el trabajador que se queda inútil trabajando no tiene un asilo, ni su familia otro recurso que la caridad pública; cuando en las inclusas los pobres inocentes mueren de necesidad, por no tener bastantes nodrizas para criarlos; cuando hay tantas sagradas atenciones sin cubrir, ¿os parece muy fácil y muy justo acudir con preferencia a levantar prisiones y reformarlas? Tiempo llegará en que esto se haga, pero no hay que culpar a nadie porque no ha llegado todavía.

¿Y sabéis que vosotros podríais hacer mucho para abreviar este plazo? ¿Sabéis que vosotros podíais ayudar mucho a los que os miran con amor, a los que no desesperan de vuestro porvenir, a los que creen posible vuestra enmienda, a los que están dispuestos a levantar la voz uno y otro día pidiendo que se hagan sacrificios y se gaste mucho dinero para poneros en condiciones en que la enmienda os sea más fácil? Tal vez escuchéis esto con extrañeza. «¿Qué podemos?», diréis. «¿Qué podemos, desdichados prisioneros, qué recursos hay en nosotros, ni qué medios, para influir en que la nación haga el gran sacrificio que se necesita hacer para reformar las prisiones?». Vosotros podéis mucho.

Escuchad. La ley no desespera de vuestra enmienda; muchas personas buenas e ilustradas no desesperan tampoco; pero otras muchas, ilustradas y buenas también, os creen incorregibles: esta es acaso la opinión de los más. ¿Y pensáis que ha de ser posible conseguir muchos millones para la reforma de los presidios cuando no se cree posible la de los penados? ¿Para qué ha de hacer la nación grandes sacrificios, si los presidiarios y las mujeres de la galera saldrán al fin tan malos o peores que han entrado? Personas hay que creen y dicen que *la mejor prisión es la más barata:* y no penséis que es porque son malas, sino que están convencidas de que es inútil todo lo que se haga para mejoraros. Yo no pienso así; no permita Dios que yo crea nunca que hay en mi patria 20.000 hombres y 2.000 mujeres de quienes es preciso desesperar. No. Yo temo que haya entre vosotros muchos incorregibles, pero pienso que muchos pueden corregirse. Mas es menester que esta creencia sea general para que se hagan los sacrificios que reclama, y a generalizarla podíais contribuir vosotros mucho. ¿Cómo? Aquí apelo a vuestra sinceridad, apelo a vuestra lealtad para que me digáis si al observar vuestra conducta en la prisión debe extrañarse que os tengan por incorregibles. Hay excepciones bien respetables y bien respetadas de mí; pero, en general, ¿no dais mala idea de lo que podéis ser? ¿Con vuestras palabras, no parece que os empeñáis en hacer creer que sois peores de lo que sois realmente? No quiero humillaros, no permita Dios que os ofenda en lo más mínimo; no temo que os deis por ofendidos. Aunque mis palabras puedan pareceros duras alguna vez, bien comprenderéis que salen de mi corazón con el deseo vehemente de consolar el vuestro, que son hijas de la franqueza de un amigo que quiere haceros bien aun a riesgo de enojaros. Pero no, no os enojaréis contra mi buena voluntad. Si no compadeciera vuestros males, no os reprendería vuestros defectos. ¿Quién habla más de ellos a un joven que se extravía? Su madre. Los indiferentes pasan y nada le dicen de ellos. ¿Qué les importa? Yo no he podido pasar por vuestra prisión ni entrar; yo no he podido salir sin gemir sobre vuestros errores y sobre vuestras desdichas. Ayudadme vosotros a consolarlas; corregíos un poco, para que no os tengan por incorregibles; moderad ese lenguaje que da de vosotros tan mala idea, porque Dios ve lo que pensamos, pero los hombres nos juzgan por lo que hacemos y por lo que decimos. Yo os lo ruego, yo os lo suplico, corregíos un poco, ayudadnos a los que os compadecemos, a los que os amamos, a los que os defendemos, para que al abogar por vuestra causa, los que no creen en la posibilidad de corregiros no nos ataquen con las armas que les dais, y nos arrojen al rostro, como un argumento sin réplica, vuestra conducta en la prisión, vuestras malas acciones y vuestras malas palabras.

Carta XI

LA LEY NO RECONOCE NINGUNA PENA INFAMANTE, NI DESESPERA DE LA ENMIENDA DEL DELINCUENTE; ÉL NO DEBE DESESPERAR TAMPOCO. QUEBRANTAMIENTO DE CONDENA. ARTÍCULO 124. DELITOS COMETIDOS EN LA PRISIÓN. ARTÍCULO 125.

Hermanos míos:

Antes de hablaros del quebrantamiento de condena y de los delitos cometidos en la prisión, quiero deciros algunas palabras sobre un artículo del Código copiado en mi carta anterior, que dice:

> Artículo 23. La ley no reconoce pena alguna infamante.

¡Qué no daría yo por haceros leer todo lo que hay escrito en estas pocas palabras! ¡Qué no daría yo porque hallarais el apoyo que deben prestaros, el aliento que deben infundiros, la esperanza que deben llevar a vuestra alma! ¡Qué no daría yo porque vierais en ellas vuestra redención!

Hubo un tiempo en que la ley, desesperando del delincuente, daba lugar a que él se desesperase; en que le imponía castigos de tal modo humillantes, que era imposible lavar su oprobio; en que le escarnecía de tal modo, que aun cuando pudiese estar arrepentido para Dios, para los hombres siempre quedaba infamado. Todos esos castigos han desaparecido; la ley respeta, aun en el criminal, la dignidad del hombre, y además dice terminantemente que no reconoce *ninguna pena infamante*.

La infamia se ha borrado de la ley; el legislador no podía hacer más. ¿Quién puede borrarla de la opinión? Vosotros. La infamia de un criminal se compone de dos partes; una es el crimen que cometió, otra su conducta después de haberle cometido, y esta última circunstancia es tan poderosa, que puede dar grande fuerza a la primera o llegar a borrarla. Vosotros soléis exageraros la dificultad de volver por la honra perdida, un poco por error, y un poco también porque, declarando la empresa imposible, estáis dispensados del trabajo que exige llevarla a cabo. Os equivocáis: lo primero, porque la opinión os hará justicia más pronto de lo que pensáis; lo segundo, porque el rescate de la honra es siempre barato por mucho que cueste, es un capital que da grande interés, aunque solo del lado del interés la miréis. Todas las puertas se abren para el que la tiene, todas se cierran para el que la ha perdido y no procura recobrarla. ¿Pero se recobra? Sí, hermanos míos, se recobra. La noticia de un crimen indigna en el primer momento: ¡ay del culpable, si no hallase en la ley, que insensato maldice, una defensa contra la indignación popular! Pasado ese primer momento, la opinión se calma; y como criminal es desgraciado, inspira compasión, si se manifiesta arrepentido, si lo está, si su conducta lo prueba, la opinión lo cree y le perdona fácilmente, porque la opinión no peca de incrédula ni de severa. ¿Cuántos arrepentidos hay que, perseverando en el bien, hayan recibido en cambio mal de la sociedad? Yo no conozco ninguno. ¿Vosotros le conocéis? Tampoco. Lo que vosotros y yo conocemos son hombres que desesperan de sí mismos; que tienen la pretensión absurda de que el camino del bien no sea al principio penoso para el que perdió la costumbre de caminar por él; de que se les mire al salir del presidio sin prevención de ningún género; que no queriendo hacer esfuerzo alguno por levantarse, se quejan de estar caídos; que por no combatir sus malas inclinaciones, que podrían vencer, luchan con la sociedad que ha de vencerlos, y por no imponerse privación alguna, se ven privados de todo; que maldiciendo cuanto existe, quieren no ser maldecidos por nadie, y que, en fin, se obstinan en ser infames, aunque la ley no se lo llama y el mundo esté dispuesto a dejar de llamárselo.

Si conocéis alguno de estos hombres, no le imitéis; acordaos que la ley os dice: «La pena que os aflige no os infama». Si al salir de la prisión vivís honradamente; si sois comedidos en vuestras obras y en vuestras palabras, y alguno os insulta echándoos en cara que habéis estado en presidio, quejaos a la autoridad y decidle: «Señor, yo he cometido un delito: hice mal; pero le he expiado ya sufriendo mi condena. Al salir de la prisión hallé, para ser bueno, bastantes dificultades: las he vencido; vivo honradamente de mi trabajo sin hacer mal a nadie. ¿Con qué derecho me lo hacen a mí? ¿Con qué derecho me insultan por una falta que he purgado? La ley dice que la pena no infama. ¿Hay alguno más poderoso que la ley?». La autoridad os dirá: «No, no hay ninguno más poderoso que la ley; y el que, hollándola, te insulta y no respeta el arrepentimiento, que es una cosa tan santa, y no respeta la virtud del que después de haber sido vencido por el mal triunfa de él, ese es el infame y el que merece castigo». Y esto que os dirá la autoridad, os lo dirán las personas honradas, cuya voz habrá de sofocar la del hombre vil que intentaba infamaros.

Volved por vosotros; en la prisión sois todos desgraciados, pero no hay ninguno infame sino el que se empeñe en serlo. La ley que os ha privado de la libertad no ha querido privaros de la honra. ¿Y seréis más duros para con vosotros mismos que ella lo ha sido? ¿Aceptaréis la ignominia cuando ella no desespera de rehabilitaros, y cuando dice *no infama ninguna pena*, os infamaréis por el modo de sufrirla, o por vuestra insistencia en el mal, que merece otra nueva? Yo espero que no; yo espero que el artículo 23 del Código, que no reconoce pena alguna infamante, se fijará en vuestra memoria, y os servirá de consuelo en vuestra aflicción, de estímulo para obrar bien, de apoyo cuando vaciléis. ¡Oh! Si me dais palabra de conduciros honradamente, yo os la doy de que seréis honrados.

Ahora voy a llamar vuestra atención sobre el título V del libro I del Código, que trata *de las penas en que incurren los que quebrantan las sentencias, y los que durante una condena delinquen de nuevo*, asunto importante, porque os conviene mucho estar convencidos de la necesidad de resignaros con vuestra suerte. Bien sé que es triste, pobres hermanos míos; no os aconsejo la paciencia olvidando lo mucho que tenéis que padecer, no; mi corazón pesa por quilates vuestros dolores, pero no conseguís más que aumentarlos cuando os rebeláis contra el castigo que la ley os impone. Después de haber tenido la desgracia de ser condenados a una pena cualquiera, vuestro interés está en resignaros con ella. ¿Qué digo interés? Es una necesidad para vosotros, si no queréis vivir una vida horrible y morir de una muerte desastrosa. La condena podéis considerarla como un vestido muy áspero, que tiene por dentro hierros puntiagudos. Yo convendré con vosotros en que es muy duro de llevar; pero vosotros convendréis conmigo en que, cuanto más os mováis, tanto más os lastimará, clavándose sus puntas en proporción de la violencia de vuestros movimientos. Arrojar de sí el vestido de la pena, es imposible; el que por un momento se lo quita, tiene que volvérselo a poner con las puntas de hierro más aguzadas.

Pero el que quebranta la condena cuenta con burlarse de la ley, a pesar de la experiencia que tiene de que la ley ha sido más fuerte que él, y para pensar así, hace este razonamiento insensato: «Yo no he podido vencer a un enemigo cuando era fuerte como diez; pero ahora que es fuerte como veinte, le venceré». ¿No os parece imposible que haya quien discurra de este modo? Pues muchos obran como si de este modo discurriesen. ¿Sabéis vosotros el horror que inspira *un desertor de presidio*? Es muy grande, y en proporción está la actividad que se despliega para cogerle. En el país en que se dice que hay alguno, las gentes se aterran, la autoridades despliegan todos sus recursos, la Guardia Civil no descansa, la alarma es general: no parece sino que anda por allí un perro rabioso. ¿Cómo podrá huir el malaventurado? Si cuando no alarmaba tanto ni inspiraba tanto horror fue cogido, ¿cómo no lo será ahora que se despliega tanta energía y se pone tanto empeño en que lo sea? No puede menos de ser capturado, y lo es.

La historia del que quebranta su condena es triste y breve. El criminal no se resigna a sufrir el castigo que merece, y se escapa; se le captura, y se le impone un castigo mucho mayor. Desesperado con él, procura escaparse de nuevo: si lo logra, ya sabe la terrible pena que le está reservada, ya saben también los que le protegen a cuánto se exponen; así es que solo puede contar con la cooperación de gente muy perversa, que compra a fuerza de oro, de manera que lo que roba apenas le alcanza para pagar a los que le ocultan, y después de despojar a tantos, vive pobre. La vida que tiene le parece horrible aun a él mismo; huyendo o escondido, anda de noche como un espectro, y si se le ve a la luz del sol, es solo un momento, como una fiera que sale de su guarida para despedazar su presa. Se acuerda del tiempo en que vivía en paz entre los hombres; del tiempo en que dormía sueño tranquilo y no causaba horror, y se desespera; la desesperación le hace más cruel; ya no hay nada santo para él, todo lo atropella; parece que va en busca de maldiciones, y con todo le pesa de ser maldito. No tiene trato sino con los perversos; y como un hombre malo no puede ser buen amigo, los suyos le venden, o por interés, o porque se cansan de aquella vida de azares, o porque ven los riesgos de la complicidad, y compran su perdón entregando al jefe. Entonces, según las circunstancias, se le lleva al cadalso o se le caza.

Yo podría citaros centenares de historias como esta; vosotros no podréis citarme un solo caso en que el desertor de presidio viva bien y no muera mal. Ahora escuchad lo que dice la ley:

> Artículo 124. Los sentenciados que quebranten su condena serán castigados con las penas que respectivamente se designan en las reglas siguientes:

1ª. El sentenciado a cadena perpetua cumplirá esta condena, haciéndole sufrir las mayores privaciones que autoricen los reglamentos, y destinándole a los trabajos más penosos.

2ª. El sentenciado a reclusión perpetua cumplirá su condena llevando una cadena de seguridad por el tiempo de dos a seis años.

3ª. El relegado perpetuamente será condenado a reclusión perpetua, la cual cumplirá en el mismo punto de la relegación.

El relegado que rompe su condena, en lugar de vivir en Ultramar en el punto que el Gobierno le designe, pudiendo dedicarse libremente a su profesión o industria bajo la vigilancia de la Autoridad, será encerrado para siempre allí mismo.

4ª. El extrañado perpetuamente del reino será condenado a relegación perpetua.

En lugar de irse libremente fuera de España al país que más le acomode sin que nadie le inquiete, habrá de irse a Ultramar al punto que el Gobierno le designe, y vivir allí bajo la vigilancia de la Autoridad.

5ª. El sentenciado a cadena o reclusión temporales, presidio, prisión o arresto, sufrirá un recargo de la misma pena por el tiempo de la sexta a la cuarta parte de la duración de su primitiva condena.

De modo, que al que tiene seis años de condena se le puede recargar un año o año y medio; al que tiene ocho, de diez y seis meses a dos años.

6ª. Los sentenciados a extrañamiento o relegación temporal serán condenados a prisión correccional, y cumplida esta condena, extinguirán la anterior.

Los relegados sufrirán la prisión en el punto de la relegación.

Es decir, que los sentenciados a extrañamiento, en vez de irse a país extranjero, sufrirán antes prisión correccional en la Península, y los relegados la sufrirán en Ultramar o en el punto donde hayan sido relegados.

> 7ª. Los sentenciados a confinamiento mayor o menor serán condenados a prisión correccional, imponiéndose a los primeros del grado medio al máximo y a los segundos del mínimo al medio, y cumplidas estas condenas, extinguirán la de confinamiento.

Es decir, que antes de ir el sentenciado a confinamiento mayor a las Islas Canarias, Baleares, a un punto aislado de la Península, o al servicio militar, sufrirá la prisión correccional; y aunque menos tiempo, también el sentenciado a confinamiento menor, que es la residencia en el punto que señale la condena, distante por lo menos diez leguas del lugar en que se cometió el delito y de la anterior residencia del delincuente, estando bajo la vigilancia de la Autoridad.

> 8ª. El desterrado será condenado a confinamiento por el tiempo del destierro.

O lo que es lo mismo, en lugar de poder irse al punto que le parezca, excepto en alguno o algunos que se designen en la sentencia, se verá obligado a residir donde se le marque y quedar bajo la vigilancia de la Autoridad.

> 9ª. El inhabilitado para cargo, derechos políticos, profesión u oficio, que los obtuviere o ejerciere, cuando el hecho no constituya un delito especial será condenado al arresto mayor y multa de 20 a 200 duros.
>
> 10. El suspenso de cargo, derechos políticos, profesión u oficio, que los ejerciere, sufrirá un recargo por igual tiempo al de su primitiva condena, y una multa de 10 a 100 duros.

11. El sometido a la vigilancia de la Autoridad, que faltare a las reglas que debe observar, será condenado al arresto mayor.

Ya veis que en todos los casos el resultado de no resignarse con la pena impuesta por la ley es tener que sufrir otra mayor.

Veamos ahora *las penas en que incurren los que durante una condena delinquen de nuevo.*

> Artículo 125. Los que después de haber sido condenados por ejecutoria cometieren algún delito o falta, durante el tiempo de su condena, bien hallándose cumpliéndola, o bien habiéndola quebrantado, serán castigados con las penas que respectivamente se designen en las reglas siguientes:
>
> 1ª. El sentenciado a cadena perpetua que cometiere otro delito a que la ley señale la pena de cadena perpetua a muerte, será castigado con esta última.
>
> Si el delito en que incurriere tuviere señalada la pena de cadena temporal en su grado máximo a muerte, será juzgado según las disposiciones generales de este Código.
>
> Si cometiese delito a que la ley señale cadena perpetua u otro menor, cumplirá su primitiva condena haciéndole sufrir las mayores privaciones que autoricen los reglamentos, y destinándosele a los trabajos más duros y penosos.
>
> 2ª. Al sentenciado a reclusión o relegación perpetuas que cometiere delito a que la ley señale pena de cadena perpetua, se impondrá esta en la forma que se prescribe en el párrafo tercero de la regla anterior.
>
> Si cometiere delito a que la ley señale pena de reclusión o relegación perpetuas se le impondrá la pena de cadena perpetua.
>
> 3ª. El sentenciado a reclusión perpetua que cometiere un delito a que la ley señale pena menor que las referidas en las reglas anteriores, será condenado a cadena perpetua, si la pena del nuevo delito fuere la

de cadena temporal, y en otro caso cumplirá su primitiva condena, haciéndole sufrir las mayores privaciones que determinen los reglamentos.

4ª. En todos los demás casos no comprendidos en las reglas anteriores, el sentenciado a cualquiera pena que cometa otro delito o falta, será condenado en la pena señalada por la ley a la nueva falta o delito en su grado máximo debiendo cumplir esta condena y la primitiva por el orden que en la sentencia prefije el Tribunal, de conformidad con las reglas prescritas en el artículo 76 para el caso de imponerse varias penas a un mismo delincuente.

Ya veis que, en todos los casos, el cometer un delito estando sufriendo la condena por otro, se tiene por circunstancia agravante, muy agravante; y esto es justo, por el grado de maldad que supone en el delincuente, y por el daño que causa.

El hombre que está sufriendo una pena severa, tal vez, y lejos de entrar en sí mismo, de considerar el mal que ha hecho y el que ha recibido; lejos de pensar en corregirse, vuelve de nuevo a hacer daño y a merecer castigo, ¿no revela un olvido completo de su deber y de su conveniencia, y un hábito perverso que debe ser reprimido con severidad mayor?

Añádese a esto el daño que hace. El que en una prisión roba, hiere o mata, aleja del camino de muchas personas toda idea de reforma, toda esperanza de enmienda en el criminal, y aunque ante la ley él solo es responsable, ante la opinión lo son sus infelices compañeros. «¿Cómo pensar en la reforma de esos perversos», dicen las gentes, «que condenados por haber herido hieren, y por haber robado vuelven a robar?». Y esta idea, ¡cuánto mal hace al mayor número que pueden corregirse y no merecen ser confundidos en la reprobación general que provocan unos pocos desalmados! El que delinque en la prisión hace necesarias mayores precauciones, una disciplina más severa, cuyo rigor viene a recaer sobre todos sus compañeros, y les impone con su compañía una especie de yugo, porque en el mundo se puede huir del perverso, pero en el presidio es preciso vivir con él. Además, si el mal ejemplo es malo en todas partes, ¡cuánto más peligroso será en un lugar donde hay acumulados tantos horribles recuerdos, tantos malos hábitos, tantas necesidades no satisfechas, tantas pasiones comprimidas, tantas amarguras, tanta desesperación!

El que comete un crimen en una prisión, el que arroja un mal ejemplo donde hay tantos que pueden recogerle, es como quien lanza una tea encendida en un polvorín, y puede mirársele como incendiario de la peor clase. Donde el mal halla más eco y es más tentador y contagioso, es más culpable el que hace mal. Los que están más sujetos a la tentación, deben ser tratados con gran miramiento y mesura, sin que nunca una mala palabra o una acción mala vengan a despertar algún peligroso instinto que dormía. Ante los niños inocentes, ante las vírgenes del Señor, no deben medirse más las palabras y las acciones que en un establecimiento penal. Si la inocencia tiene sus derechos, también la culpa tiene los suyos, bien tristes y comprados harto caros para que no se respeten.

Así, pues, el crimen en la prisión tiene circunstancias agravantes en alto grado; la ley, lejos de ser dura, es sobrado blanda con él, y podría castigarle con mayor severidad sin faltar a la justicia.

Carta XII

DELITOS CONTRA LA RELIGIÓN. ARTÍCULOS 128 AL 138 Y 481.

Hermanos míos:

Si al hablar de las penas ha vacilado mi mano y estremecídose mi corazón, más se aflige al tratar de los delitos, porque hay una cosa más triste que la pena, y es haberla merecido. ¡Qué lista tan larga la de los delitos! ¡Qué interminables las páginas del Código que los enumeran! ¡Espanta ver de cuántos modos puede el hombre hacer la desgracia de los otros y la suya propia! ¡Ojalá que entre los que me escucháis no haya ninguno culpable de esos crímenes que aterran! ¡Ojalá que si alguno hubiere, esté dispuesto a borrarle con el arrepentimiento!

Al abrir el Código por el libro II, que trata de los delitos, los primeros que hallamos son los delitos contra la religión. ¡La religión! ¿Qué significa esta palabra en el presidio y en la galera? Muchos creen que la religión no es para vosotros más que un freno que se ha roto, un deber que se ha pisado; muchos creen que el nombraros las cosas santas es como entregarlas a la burla y al escarnio, y exponerlas a ser profanadas. Yo no lo pienso así, os hago más justicia, hermanos míos; yo os he visto llegar arrepentidos y contritos al tribunal de la penitencia; yo he oído muchas veces a vuestros confesores edificados con vuestro arrepentimiento; yo sé que a la muerte de vuestros amigos a veces gastáis en sufragios por su alma los pocos céntimos que os quedan. Yo he escuchado vuestras plegarias, unido mi voz a la vuestra, y allí, en una habitación que no era templo, llena de objetos propios para distraer la atención de las cosas altas, sin bóvedas, sin música, sin oscuridad, sin incienso, casi sin altar, me he conmovido tanto, que mi plegaria fue de lágrimas. Nunca los grandes templos, ni la pompa del culto, ni la voz de los justos en la tierra, penetraron en mi alma como la oración de trescientas mujeres culpables. ¡Oración de los encarcelados! ¡Coro formado por tantos recuerdos desgarradores, por tantos remordimientos, por tantos propósitos, por tantos temores, por amarguras tan acerbas! ¡Grito compuesto de desesperación y de esperanza! ¡Palabra misteriosa de la conciencia turbada! ¡Vibración terrible de todas las cuerdas del dolor humano! ¡Ay lastimero de la desgracia merecida! ¡Sollozo sublime del arrepentimiento! ¡Suspiro del temor! ¡Eco que repite en el mismo corazón una voz que viene del abismo y una voz que viene del cielo!

¡Oración del encarcelado! Citando llegas tan suave y tan desgarradora, con oscuridad tan cavernosa y con resplandores que deslumbran, ¿qué le dices al alma? ¡Quién es capaz de saberlo! Pero el alma se conmueve, se estremece, se agita, se identifica contigo, se une a ti, y cree en la fe del preso y con él tiene esperanza.

Sobre ese mar borrascoso de las pasiones humanas que se llama prisión, brilla la fe como el faro en la borrasca. Unos vuelven a Dios arrepentidos; otros le miran con insensata indiferencia; otros se asustan de las esperanzas del camino que conduce a él; otros desconocen su justicia; otros desconfían de su misericordia; otros desafían su poder; otros dudan; otros esperan; otros temen; pero ninguno le niega, porque el mismo que blasfema le siente en el fondo de su alma, y el que fuerte y robusto le rechazaba, moribundo le llama con voz doliente, y pensando en el merecido castigo tiembla su corazón. ¿Cuántos hombres hay que al morir no les pese su mala vida? ¿Cuántos que no quisieran haber sido lo que Dios no les mandaba que fuesen? ¿Cuántos que no se asombren de su conducta insensata y de su ceguedad? Ninguno, hermanos míos. Unos tardan más, otros vuelven en sí más pronto; pero antes de morir todos esperan o temen lo que habrá después de la vida, es decir, todos creen. ¿Por qué no han creído antes? Ellos creían. De niños, de jóvenes, alzaban sus manos y su corazón al cielo, porque no les estorbaba la justicia divina; pero cuando determinaron hacer a otro lo que no querían que les hiciesen a ellos mismos; cuando quisieron privar a su prójimo de la hacienda, de la vida o de la honra; cuando necesitaron sofocar la voz de la conciencia embriagándose con sus malas pasiones, bebieron hasta saciarse en la copa de la iniquidad, y entonces dijeron: NO HAY DIOS.

Sucede con Dios, hermanos míos, como con la justicia; por hollarla, por negarla, no deja de existir, y de ser fuerte, y de castigar tarde o temprano a los que la desconocen. Solamente que si, aunque difícil, es posible burlar la justicia humana, nadie se sustrae a la divina, nadie. Por eso todos la temen en la última hora; por eso el moribundo, al pensar aterrado que negó a Dios, se aflige y se asombra, y se aparece a sí mismo como aquel demente que a las doce del día cerraba los ojos diciendo: «no hay sol».

Para enseñaros lo que es la vida, solo quisiera que pudierais aprender en la muerte; ver la de los justos y la de los grandes pecadores; y las mismas verdades que oís con indiferencia de los que os amonestan, las grabaría en vuestro corazón la voz de un moribundo, hablando con su conciencia y con la eternidad.

Si el hombre pudiera vivir dos veces, comprendería cuánto importa no vivir mal para poder morir bien, trayendo de las puertas de la muerte lecciones saludables para toda la vida.

La religión es una tierna madre que nos recibe en sus brazos al nacer, y nos bendice, y nos da paz en el rostro. Apenas abrimos los ojos a la luz de la razón, nos enseña las verdades que necesitamos saber para ser buenos y dichosos, y nos da sus santas leyes. Nos olvidamos de ella y no nos olvida nunca; la huimos y nos sigue; la ofendemos y nos perdona; la maldecimos y nos bendice. Si los hombres nos persiguen injustamente, ella acude con su justicia; turban nuestro reposo, nos da su paz; nos afligen, trae su consuelo; la ley nos impone una merecida pena, llega con su misericordia. Cuando todos nos abandonan, nos acoge; cuando todos nos persiguen, nos da asilo; cuando todos nos escarnecen, nos honra; y por manchados que estemos, nunca teme mancharse, y siempre nos abre amante sus amorosos brazos. Todos sus preceptos son justos; todos sus consejos, santos; todas sus palabras, benditas. Mira con ojos de piedad, y habla con voz de amor, y perdona el mal que hemos causado, y recuerda el bien que hicimos y recoge nuestras lágrimas de arrepentimiento como en un cáliz sagrado. Siempre nos llama hijos, aunque la llenemos de dolor y de vergüenza; nos sigue a donde quiera que vayamos; entra con nosotros en la prisión, baja al calabozo, sube al cadalso, e implora la misericordia divina recitando la misma oración sobre el cadáver del rey y el del pobre presidiario.

Esta es la religión de todos, del mundo, del presidio y de la galera; la que en ninguna parte se respeta cual debía, la que en ninguna tampoco se desconoce enteramente, y cuando nos pregunten qué es para vosotros, responderemos: «Todos son en el mundo pecadores; todos en la prisión son cristianos».

Escuchad ahora lo que dice la ley:

> Artículo 128. La tentativa para abolir o variar en España la religión católica, apostólica, romana, será castigada con las penas de reclusión temporal y extrañamiento perpetuo, si el culpable se hallare constituido en Autoridad pública y cometiere el delito abusando de ella.
>
> No concurriendo estas circunstancias, la pena será la de prisión mayor, y en caso de reincidencia, la de extrañamiento perpetuo.
>
> Artículo 129. El que celebre actos públicos de un culto que no sea el de la religión católica, apostólica, romana, será castigado con la pena de extrañamiento temporal.

Artículo 130. Serán castigados con la pena de prisión correccional:

1°. El que inculcare públicamente la inobservancia de los preceptos religiosos.

2°. El que con igual publicidad se mofare de alguno de los Misterios o Sacramentos de la Iglesia, o de otra manera excitare a su desprecio.

3°. El que habiendo propalado doctrinas o máximas contrarias al dogma católico, persistiere en publicarlas después de haber sido condenadas por la Autoridad eclesiástica.

El reincidente en estos delitos será castigado con el extrañamiento temporal.

Artículo 131. El que hollare, arrojare al suelo o de otra manera profanase las sagradas formas de la Eucaristía, será castigado con la pena de reclusión temporal.

Artículo 132. El que con el fin de escarnecer la Religión hollare o profanare imágenes, vasos sagrados u otros objetos destinados al culto, será castigado con la pena de prisión mayor.

Artículo 133. El que con palabras o hechos escarneciere públicamente algunos de los ritos o prácticas de la Religión, si lo hiciere en el templo o en cualquier acto del culto, será castigado con una multa de 20 a 200 duros y el arresto mayor.

En otro caso, se le impondrá una multa de 15 a 150 duros y el arresto menor.

Artículo 134. El que maltratare de obra a un ministro de la religión cuando se halle ejerciendo las funciones de su ministerio, será castigado con la pena de prisión mayor.

El que le ofendiere en iguales circunstancias con palabras o ademanes, será castigado con la pena superior en un grado a la que corresponda por la injuria irrogada.

Artículo 135. Los que por medio de violencia, desorden o escándalo impidieren o turbaren el ejercicio del culto público dentro o fuera del templo, serán castigados con la pena de presidio correccional.

En caso de reincidencia lo serán con la de prisión menor.

> Artículo 136. El español que apostatare públicamente de la religión católica, apostólica, romana, será castigado con la pena de extrañamiento perpetuo.
>
> Esta pena cesará desde el momento en que vuelva al gremio de la Iglesia.
>
> Artículo 137. A todos los que cometieren los delitos de que se trata en los artículos anteriores se impondrá, además de las penas en ellos señaladas, la de inhabilitación perpetua para toda profesión o cargo de enseñanza.
>
> Artículo 138. El que exhumare cadáveres humanos, los mutilare o profanare de cualquiera otra manera, será castigado con la pena de prisión correccional.
>
> Artículo 481. Serán castigados con las penas de arresto de uno a diez días, multa de 3 a 15 duros y reprensión:
>
> 1º. El que blasfemare públicamente de Dios, de la Virgen, de los Santos o de las cosas sagradas.
>
> 2º. El que en la misma forma con dichos, con hechos o por medio de estampas, dibujos o figuras, cometiere irreverencia contra los dogmas de la religión, sin llegar al escarnio de que habla el artículo 133.
>
> 3º. Los que en menor escala que la determinada en dicho artículo cometieren simple irreverencia en los templos o a las puertas de ellos, y los que en las mismas inquieten, denuesten o zahieran a los fieles que concurran a los actos religiosos.

Este es el texto de la ley, y como sería posible que os pareciese demasiado blanda o excesivamente severa, según el modo de apreciar sus motivos, no estarán demás algunas explicaciones. En cualquiera acción de las penadas por los artículos del Código que acabáis de ver, hay un pecado y un delito. La ley castiga el delito, dejando, como debe, a Dios el castigo del pecado.

La ley prescinde del pecado, pero no puede ni debe prescindir del delito, porque para la ley, la religión, además de ser una cosa santa que merece respeto, es la base de toda moralidad, un elemento de orden, una necesidad social. El que de cualquier modo profana públicamente las cosas santas, ataca a la sociedad en sus intereses más elevados, y la sociedad se defiende imponiendo una pena al agresor que aflige a las almas piadosas, y lleva tal vez con sus acciones y sus palabras la turbación a las conciencias y la vacilación y la duda donde estaba firme la fe. La religión es la base y el apoyo de la moral; el que la ataca pretende romper el más poderoso obstáculo al desbordamiento de las pasiones y de los malos instintos. La ley no puede castigar el mal sino cuando es ya delito o falta; la religión le castiga cuando es todavía deseo, le contiene apenas se bosqueja en el alma, sofoca el embrión para que nunca llegue a ser cuerpo, sustituyendo el temor de Dios al miedo de la justicia humana.

¿Qué sería la sociedad si no hubiera en ella más elemento de orden que los calabozos, las cadenas y el verdugo? La conciencia, inspirada y apoyada por la religión, es el gran freno que contiene en los límites del deber. El que tiene tentación de hacer una cosa mala, dice: «No lo haré, porque está mal, porque es algo indigno que me rebaja, porque me avergonzaré de haberla hecho, porque se turbará mi conciencia, perderé la paz del alma, no podré dormir con la tranquilidad que duerme el que no ha hecho daño a nadie, ni estaré en gracia de Dios». La idea de la cárcel está muy lejos del pensamiento de la generalidad de las personas; no la necesitan para mantenerse en el cumplimiento del deber, y desdichado del que no tenga otro freno, porque muy cerca está de romperlos todos. Así como la mayor parte de los hombres no necesitan medicinas porque no están enfermos, tampoco han menester el temor de las leyes penales porque su conciencia les basta. La salud es la regla, que para el cuerpo consiste en no tener ningún padecimiento, y para el alma en no apartarse del deber: en general los hombres no necesitan que se les lleve al hospital ni a la cárcel; pero si el miedo de esta no es innecesario para el mayor número, consiste en que tienen un sentimiento más elevado que les sirve de freno. Ese es el deber inspirado por la conciencia, es la conciencia inspirada y sostenida por la religión. Conmoved la religión, y la moral se conmueve, la sociedad *teme* con razón, porque no tiene contra las malas pasiones y los malos instintos más que las armas materiales, y sabe su insuficiencia.

Supongamos que poseéis una viña y el lindero es codicioso y tentado a coger una parte de vuestro fruto. El temor de la ley no le contiene, porque no estando separada su posesión de la vuestra más que por un surco, puede entrar en ella y robaros impunemente; pero le detiene el amor de Dios, la idea de cometer un pecado de que no se le absolverá si no restituye. ¿Para qué ha de robar? No os roba.

Pero un día llega un hombre, y no le dice que os robe, pero le dice que no hay Dios, o que la religión es un cuento y sus preceptos patrañas, y trata de persuadirle de ello y le persuade; entonces ya no tiene ninguna razón para respetar vuestras uvas y las roba. ¿No os parece que hay una especie de complicidad en este hombre que vino a separar el obstáculo que impondría que vuestro lindero os robase? Vosotros no os metéis en que él crea o no crea; ¿mas para qué va a destruir la creencia del que no os hizo daño mientras la tuvo, y os perjudica desde que la perdió? ¿No os parece que un hombre que va así, quitando obstáculos al mal, hace mucho daño y que la ley está en el deber y en el derecho de contenerlo? Pues eso es precisamente lo que hace al castigar los delitos contra la religión, que pueden mirarse como instigaciones indirectas a hacer el daño que por temor de Dios deja de hacerse; y este daño es muy grande, es inmenso, porque se cometen muchos pecados antes de cometer un delito, y evita los grandes crímenes el que evita las culpas pequeñas que infaliblemente los preceden.

Ahí tenéis la razón y el derecho de castigar los delitos contra la religión: tal vez entre vosotros haya alguno, tal vez haya muchos que han oído poner en duda este derecho o que han oído negarlo. No creáis a los que tales cosas dicen o escriben. Tal vez han contribuido a llevaros a donde estáis; que al menos no contribuyan a que volváis de nuevo. Os quieren mal y os engañan los que os aconsejan que no respetéis las creencias religiosas; os quieren mal y os engañan los que dicen a vuestras pasiones: «ya tenéis un freno menos». A cualquiera que os predique sin una doctrina que os permita satisfacerlas sin reglas, que os diga que es buena una acción en que está vuestra utilidad y el perjuicio de otro, y que escarnezca la religión que esto condena, decidle que os quiere mal, que os engaña, que os extravía, que miente.

Carta XIII

TRISTE NECESIDAD DE ARMARSE PARA LA GUERRA Y DE LEYES DURAS QUE COMPLETAN EL SISTEMA DE DEFENSA. DELITOS DE TRAICIÓN. ARTÍCULOS 139 AL 144.

Hermanos míos:

Hoy abrimos el Código por el título que dice: *Delitos contra la seguridad exterior del Estado.* ¡Pena grande que semejantes delitos sean posibles, y que los pueblos en vez de considerarse como hermanos se miren como enemigos! Las guerras de nación a nación deben ser cada vez más difíciles; yo espero que llegará un día en que sean imposibles, pero ese día venturoso está muy lejos aún; entre tanto, los pueblos están armados unos contra otros, se miran con temor y desconfianza, viven con precauciones como quien tiene el enemigo al frente, y en las naciones cristianas y civilizadas, y en medio de la paz, la flor de la juventud se ocupa en aprender por principios los medios de hacer daño con todo género de armas, y hay un consejero de la Corona que se llama *Ministro de la Guerra.* Es decir, que la guerra se considera como un elemento social, y el estar preparado para ella como una necesidad, lo mismo que gobernar los pueblos, cuidar de su hacienda o administrar justicia. Es un grave mal, hermanos míos, pero heredado de los siglos y que solo los siglos curarán. El nuestro entrevé la paz y la desea, pero no es capaz de realizarla, y mientras todas las naciones estén preparadas para la guerra, España tiene que estarlo también, y vigilar sus fronteras, y poner centinelas en sus plazas fuertes, y cañones en sus navíos, y artículos terribles en sus leyes penales.

La ley, por desgracia, no puede transformar las sociedades que rige; tiene que tomar los hombres y las cosas como son. Imaginaos dos ciudades o dos aldeas vecinas. Algunos hombres perversos de la una entran en la otra, y roban, hieren y matan: luego, para estar más seguros, cercan la suya con una muralla. ¿No tendrán los acometidos necesidad de armarse y levantar otra muralla a su vez para ponerse a cubierto de nuevos ataques? Y si el enemigo, astuto, intenta introducirse protegido por alguno de los de dentro, ¿no se verá en la necesidad de castigar al vecino que vende a su pueblo y le entrega traidoramente a los enemigos? ¿Y el castigo no tendrá que ser severo y proporcionado a la gravedad del delito y a los inmensos daños que va a causar? ¿Y de cuántos daños no es causador el que entrega a un pueblo en manos de sus enemigos, o los incita a mover guerra, o les facilita los medios de hacerla con ventaja? Ya comprendéis que es una clase de crimen que necesita un castigo ejemplar.

Las naciones están como los dos pueblos que os puse como ejemplo. España necesita oponer murallas a murallas, soldados a soldados, cañones a cañones, y a los traidores que intentaren entregarla, leyes severas, duras, pero no más terribles que las que en otras naciones completan el sistema de defensa, son como un arma de guerra, y llevan el sello terrible de una necesidad dolorosa que no da lugar a la blandura. Ahora escuchad las penas que la ley impone a los *delitos de traición*.

> Artículo 139. La tentativa para destruir la independencia o la integridad del Estado será castigada con la pena de muerte.
>
> Artículo 140. El español que indujere a una potencia extranjera a declarar guerra a España, o que concertare con ella para el mismo fin, será castigado con la pena de muerte, si llegare a declararse la guerra, y en otro caso con la de cadena perpetua.
>
> Artículo 141. El español que tomare las armas contra su patria bajo banderas enemigas, será castigado con la pena de cadena temporal en su grado máximo a la de muerte.

Artículo 142. Se impondrá también la pena de cadena temporal en su grado máximo a la de muerte:

1º. Al que facilitare al enemigo la entrada en el reino, el progreso de sus armas o la toma de una plaza, puesto militar, buque del Estado o almacenes de boca o guerra del mismo.
   La tentativa de estos delitos se castigará con la misma pena que su consumación.
2º. Al que suministrare a las tropas de una potencia enemiga caudales, armas, embarcaciones, efectos, municiones de boca o guerra, u otros medios directos para hostilizar a España.
3º. Al que suministrare al enemigo planos de fortalezas o terrenos, documentos o noticias que conduzcan directamente al propio fin de hostilizar a España.
4º. Al que en tiempo de guerra impidiere que las tropas nacionales reciban los auxilios expresados en el número 2º. (caudales, armas, embarcaciones, municiones de boca o guerra) o los datos o noticias indicados en el número 3º. (planos de fortalezas o terrenos, documentos o noticias útiles).
5º. Al que sedujere tropa española, o que se halle al servicio de España, para que se pase a las filas enemigas, o deserte de sus banderas estando en campaña.
6º. Al que reclutare en España gente para el servicio de las armas de una potencia enemiga.

Artículo 143. La conspiración para cualquiera de los delitos expresados en los artículos anteriores se castigará con la pena de presidio mayor.

La proposición para los mismos delitos será castigada con la de presidio correccional.

Artículo 144. El que comunicare o revelare directa o indirectamente al enemigo documentos o negociaciones reservadas de que tuviere noticia por razón de su oficio, o por algún medio reprobado, incurrirá en la pena de cadena temporal en su grado máximo a la de muerte.

Si hubiere adquirido los documentos o las noticias de las negociaciones por otro medio, será castigado con la pena

> de presidio menor, a no ser que la revelación o comunicación se halle comprendida en el número 3°. del artículo 142 (es decir, que sean planos de fortalezas o terrenos, documentos o noticias que conduzcan directamente a hostilizar a España).

Las penas, como veis, son duras, pero los delitos son graves, el daño que pueden causar inmenso, y llevan un nombre odioso, *traición*. Y traición, ¿a quién? El que se concierta con los enemigos de España, ¿a quién es traidor? Al suelo que le vio nacer, donde están los sepulcros de sus padres, la cuna de sus hijos, el hogar de su esposa, la casa de su hermano, el bien de sus amigos, la esperanza de todos; la tierra donde jugó cuando niño, donde fue querido cuando hombre, donde nadie desconfía de él; la que regó su madre con llanto cuando estaba enfermo; la que regaron con sangre sus ascendientes defendiéndola con honra: ¡la tierra de la patria, sagrada y bendita para sus buenos hijos! Y el traidor llama contra ella a sus enemigos, y les dice cómo han de hacer daño sin recibirle, y les da ventajas, y les incita a moverle guerra. ¡Guerra! Hermanos míos, nombre horrible que compendia todas las maldades y todas las desdichas; no seáis nunca sus instigadores ni sus instrumentos, no, porque la guerra es el hambre, la peste, el robo, el asesinato, el sacrilegio, el olvido de todos los deberes, la violación de todos los derechos, la destrucción erigida en arte, el imperio de la fuerza, el verdugo o la ley, el escarnio del dolor; una cosa ciega como la materia, feroz como un tigre, todos los malos instintos tomando consejo de la ira, las pasiones sin freno, la desolación sin límites, la perversidad sin castigo y el crimen sin remordimiento. Esa es la guerra. ¿Y habrá mano sacrílega que clave ese puñal envenenado en el seno de la patria? No creo que entre vosotros haya ninguno. Aunque no hayáis tenido fuerza para resistir a la mala tentación; aunque seáis culpables, todavía el santo amor de la patria halla eco en vuestro corazón, todavía si os llama respondéis como hijos que, aun extraviados, no se han olvidado de su buena madre. Cuando alguna vez os ha dicho: toma un arma y allí están mis enemigos los confinados, con pocas excepciones, han peleado bien y lealmente; que más fácil es hallar entre vosotros soldados que traidores.

Custodiad en vuestro corazón el santo amor de la patria; todo noble sentimiento es un apoyo, que puede contribuir a que os levantéis; es como una luz que os guiará para salir del laberinto de vuestras culpas y de vuestros dolores. Las virtudes son hermanas que se abrazan estrechamente; cuando una cae, todas vacilan; cuando una se levanta, todas cobran ánimo. Que levante el vuestro el amor a la patria, y puesto que muchos sois capaces de defenderla, que muchos también estén dispuestos a honrarla, volviendo a la senda del deber: para contarse entre sus buenos hijos no basta ser valeroso en el combate; es preciso ser hombre justo: que el valor sin virtud es ferocidad, y no habéis de querer honrar a España como honran las fieras sus cavernas. Vosotros podéis contribuir a su esplendor volviendo a la virtud por el arrepentimiento; vosotros podéis contribuir a darle un lustre que no le darían las victorias de sus héroes, porque, para Dios y para la posteridad, el pueblo más grande no es el que acumula más medios de destrucción, el que lanza más soldados a la frontera y más cañones al mar, sino el que con verdad pueda decir: YO TENGO MÁS HIJOS VIRTUOSOS Y MENOS DELINCUENTES.

Carta XIV

DELITOS DE LESA MAJESTAD. ARTÍCULOS 106 AL 166 Y 481.
DELITOS DE REBELIÓN Y SEDICIÓN.
ARTÍCULOS 167 AL 188, 483 Y 494.

Hermanos míos:

Hoy abrimos el Código por el capítulo que dice: *Delitos de lesa Majestad*; es decir, delitos contra la reina, el rey o su real familia. Si os parecieren muy severas las penas que a estos delitos se imponen, debéis recordar lo que os dije en una carta anterior, tratando de la pena en que incurre el que alberga, oculta o proporciona la fuga al regicida. Decía con aquel motivo, y os repito ahora, que resultando de la muerte violenta del rey trastornos y otras muchas muertes y desgracias, la sociedad no mira al regicida como un homicida cualquiera, y procura precaver el daño que intenta hacerle amenazándole con una pena muy grave. Como no solo es necesario que el jefe del Estado exista, sino que en bien de la sociedad conviene que sea respetable y respetado, todo el que de cualquier modo menoscaba su prestigio hace un gran daño. Por motivos análogos es igualmente necesaria la vida y el decoro del sucesor de la corona, y aunque en menor grado, el de la familia del rey, que, como los particulares, padece en los suyos, es agraviado en ellos, y quien los ataca le ataca indirectamente. Ahora ved el texto de la ley.

> Artículo 160. El reo de tentativa contra la vida o persona del rey, o inmediato sucesor a la corona, incurrirá en la pena de muerte.

Artículo 161. La conspiración para perpetrar el delito de que se trata en el artículo anterior será castigada con la pena de cadena temporal.

Artículo 162. La proposición para cometer el delito de que se trata en el artículo 160 se castigará con la pena de presidio mayor.

Artículo 163. El que teniendo noticia de una conspiración contra la vida del rey o inmediato sucesor a la corona no la revelare en el término de veinticuatro horas a la Autoridad, será castigado con la prisión correccional.

No se comprenden en esta disposición los ascendientes, descendientes, cónyuges, hermanos o afines en los mismos grados del conspirador.

Artículo 164. El que injuriare al rey o inmediato sucesor a la corona en su presencia, será castigado con la pena de cadena temporal.

Si los injuriare por escrito y con publicidad fuera de su presencia, incurrirá en la pena de prisión mayor y multa de 100 a 1.000 duros.

Las injurias cometidas en cualquiera otra forma, serán penadas con la prisión menor si fueren graves, y con la correccional si fueren leves.

Artículo 165. Los delitos de que se trata en los anteriores artículos de este capítulo, cometidos contra el regente o regentes del reino, padre, madre o consorte del rey, reina viuda o infantes de España, serán castigados con las penas inferiores en un grado a las señaladas en ellos, a no ser que la merezcan mayor por otras disposiciones de este Código.

El homicidio consumado o frustrado de cualquiera de las personas mencionadas en el párrafo anterior, se castigará con la pena de muerte.

Artículo 166. La invasión violenta en la morada del rey, reina, inmediato sucesor a la corona o regente del reino será castigada con la pena de cadena temporal.

Artículo 481.

4°. Será castigado con las penas de arresto de uno a diez días, multa de 5 a 15 duros y reprensión el que públicamente maldijere al rey, o con otras expresiones cometiere desacato contra su sagrada persona.

Después de los delitos de lesa Majestad, es decir, de los que atacan al rey, al sucesor de la corona, a la real familia, vienen los delitos de rebelión, en que incurren los que de cualquier modo atacan las instituciones y el orden establecido. Las penas que a estos delitos se imponen son graves, como vais a ver, y aquí conviene recordar lo que os dije hablando de la severidad con que se castigan los delitos de traición. Este es también caso de guerra, hermanos míos, y los artículos del Código forman parte de la armadura con que la sociedad se cubre. Se cree amenazada, siente en su seno elementos perturbadores, ve enemigos prontos a asaltar la paz que tanto necesita, y se lanza a la brecha para rechazarlos, y proporciona la severidad de la ley a la gravedad del peligro.

Las guerras y las revoluciones, que asolan los campos y cubren de luto a las familias, dejan también su funesto vestigio en las leyes. El legislador que ve aún la sangre caliente, que acaba de oír el estampido del cañón, que mira todavía rostros ennegrecidos por la pólvora, que recuerda tantos peligros y teme tantos otros, no puede tener la blandura del que dicta leyes en medio de un pueblo en que reinan la paz y la concordia. Ojalá, hermanos míos, que no vuelvan a verse entre nosotros combates fratricidas, que sus propios hijos no desgarren el seno de la madre patria, y que la cordura de todos haga caer en desuso los artículos del Código que voy a copiaros.

> Artículo 167. Son reos de rebelión los que se alzan públicamente y en abierta hostilidad contra el Gobierno para cualquiera de los objetos siguientes:
>
> 1°. Destronar al rey o privarle de su libertad personal.
>
> 2°. Variar el orden legítimo de sucesión a la corona, o impedir que se encargue del gobierno del reino aquel a quien corresponda.
>
> 3°. Deponer al regente o a la regencia del reino o privarles de su libertad personal.

4°. Usar y ejercer por sí, o despojar al rey, regente o regencia del reino, de las prerrogativas que la constitución les concede o coartarles la libertad en su ejercicio.

5°. Sustraer el reino o parte de él, o algún cuerpo de tropas de tierra o de mar, de la obediencia al supremo Gobierno.

6°. Usar y ejercer por sí, o despojar a los ministros de la corona de sus facultades constitucionales, o impedirles o coartarles su libre ejercicio.

7°. Impedir la celebración de las elecciones para Diputados a Cortes en todo el reino, o la reunión legítima de las mismas.

8°. Disolver las Cortes e impedir la deliberación de alguno de los Cuerpos colegisladores, o arrancarles alguna resolución.

Artículo 168. Los que induciendo y determinando a los rebeldes hubieren promovido o sostuvieren la rebelión, y los caudillos principales de esta, sufrirán la pena de muerte.

Artículo 169. Los que ejercieren un mando subalterno en la rebelión serán castigados con la pena de cadena perpetua a la de muerte:

1°. Si fueren personas constituidas actualmente en Autoridad civil o eclesiástica o si hubiere habido combate entre los rebeldes con la fuerza pública fiel al Gobierno, o entre unos ciudadanos contra otros, o si hubieren causado estragos que hayan puesto en peligro la vida de las personas.

2°. Si sacaren gente, exigieran contribuciones o distrajeren los caudales públicos de su legítima inversión.

En cualquier otro caso serán castigados con la pena de cadena temporal en su grado máximo a la de muerte, en cuya pena incurrirán también los que toquen o manden tocar campanas o cualquiera otro instrumento para excitar a la rebelión, y los que para el mismo fin dirigieren a la muchedumbre sermones, arengas, pastorales u otro género de discursos o impresos, si la rebelión llegase a consumarse, a no ser que merecieren la calificación de promovedores.

Artículo 170. Los meros ejecutores de la rebelión serán castigados con la pena de cadena temporal a la de muerte.

Artículo 171. En el caso de que la rebelión no hubiere llegado a organizarse con jefes conocidos, se reputará que lo son los que de hecho dirijan a los demás o lleven la voz por ellos, o firmen los recibos u otros escritos expedidos a su nombre, o ejerzan otros actos semejantes en representación de los demás.

Artículo 172. Serán castigados como rebeldes, con la pena de relegación perpetua, los que sin alzarse contra el gobierno cometieren por astucia o por cualquier otro medio alguno de los delitos comprendidos en cualquiera de los ocho números del artículo 167.

Artículo 173. La conspiración para el delito de rebelión será castigada con la pena de prisión mayor.

La proposición se castigará con la prisión correccional.

Artículo 174. Son reos de sedición los que se alzan públicamente para cualquiera de los objetos siguientes:

1°. Impedir la promulgación o ejecución de las leyes, o la libre celebración de las elecciones populares en alguna junta electoral.

2°. Impedir a cualquiera Autoridad el libre ejercicio de sus funciones o el cumplimiento de sus providencias administrativas o judiciales.

3°. Ejercer algún acto de odio o de venganza en la persona o bienes de alguna Autoridad o de sus agentes, o de alguna clase de ciudadanos, o en las pertenencias del Estado o de alguna corporación pública.

Artículo 175. Los que induciendo y determinando a sediciosos hubieron promovido o sostuvieron la sedición, y los caudillos principales de esta, serán castigados:

1°. Los que ejerzan Autoridad civil o eclesiástica, con la pena de cadena perpetua si se hubieren apoderado de caudales u otros bienes públicos o de particulares, y con la de reclusión perpetua en otro caso.

2º. Los que no ejercieron Autoridad, con la de cadena temporal si se hubieron apoderado de los caudales o bienes de que se habla en el número anterior, y con la de reclusión temporal en otro caso.

Artículo 176. Lo dispuesto en el artículo 171 es aplicable al caso de sedición, cuando esta no hubiere llegado a organizarse con jefes conocidos.

Artículo 177. Los que intervinieren en la sedición de cualquiera de los modos expresados en el párrafo cuarto del artículo 169, serán castigados con la pena de prisión mayor, si no merecieren ser calificados de promovedores.

Artículo 178. Los meros ejecutores de sedición, serán castigados con la pena de confinamiento menor.

Artículo 179. En el caso de que la sedición no hubiere llegado a agravarse hasta el punto de embarazar de un modo sensible el ejercicio de la Autoridad pública y no hubiere tampoco ocasionado la perpetración de otro delito grave, serán juzgados los sediciosos con arreglo a lo dispuesto en el artículo 182.

Artículo 180. La conspiración para el delito de sedición será castigada con la pena de prisión correccional.

La proposición se castigará con las penas de sujeción a la vigilancia de la Autoridad y caución.

Artículo 181. Luego que se manifieste la rebelión o sedición la Autoridad gubernativa intimará hasta dos veces a los sublevados, que inmediatamente se disuelvan y retiren dejando pasar entre una y otra intimación el tiempo necesario para ello.

Si los sublevados no se retiraren inmediatamente después de la segunda intimación, la Autoridad hará uso de la fuerza pública para disolverlos.

Las intimaciones se harán mandando ondear al frente de los sublevados la bandera nacional, si fuere de día, y si fuere de noche, requiriendo la retirada a toque de tambor, clarín u otro instrumento a propósito.

Si las circunstancias no permitieren hacer uso de los medios indicados, se ejecutarán las intimaciones por otros, procurando siempre la mayor publicidad.

No serán necesarias respectivamente la primera o la segunda intimación desde el momento en que los rebeldes o sediciosos rompieren el fuego.

Artículo 182. Cuando los rebeldes o sediciosos se disolvieren o sometieren a la Autoridad legítima antes de las intimaciones o a consecuencia de ellas, quedarán exentos de toda pena los meros ejecutores de cualquiera de aquellos delitos y también los sediciosos comprendidos en el artículo 175, si no fuesen empleados públicos.

Los Tribunales en este caso rebajarán a los demás culpables de uno a dos grados las penas señaladas en las dos secciones anteriores.

Artículo 183. Los que sedujeren tropas para cometer el delito de rebelión, serán castigados con la pena de reclusión perpetua.

Los que la sedujeren para el de sedición, serán castigados con la pena de reclusión temporal.

La seducción para la simple deserción será castigada en los autores con la pena de arresto mayor en su grado mínimo, y la misma se impondrá a los cómplices y encubridores.

Lo dispuesto en los dos primeros párrafos de este artículo se entiende para el caso en que los seductores no se hallen comprendidos en el del número 5°. del artículo 167.

Si llegaren a tener efecto la rebelión o sedición, los seductores se reputarán promovedores y respectivamente comprendidos en los artículos 168 y 175.

Artículo 184. Los delitos particulares cometidos en una rebelión o sedición, o con motivo de ellas, serán castigados respectivamente según las disposiciones de este Código.

Cuando no puedan descubrirse los autores, serán penados como tales los jefes principales de la rebelión o sedición.

Artículo 185. A los eclesiásticos y empleados públicos que cometieren alguno de los delitos de que se trata en las dos secciones anteriores, se impondrá en su grado máximo la pena que les corresponda según su culpabilidad, y además la de inhabilitación absoluta perpetua. Esta disposición no tendrá lugar en el caso de ser aplicables las de los artículos 168 y 175.

Artículo 186. Las Autoridades de nombramiento directo del gobierno que no hubieren resistido la rebelión o sedición por todos los medios que estuvieren a su alcance, sufrirán la pena de prisión mayor e inhabilitación perpetua absoluta.

Las que no fueren de nombramiento directo del gobierno, sufrirán la de confinamiento mayor e inhabilitación perpetua absoluta.

Artículo 187. Los empleados que continuaren desempeñando sus cargos bajo el mando de los alzados, o que sin habérseles admitido la renuncia de su empleo lo abandonaren cuando haya peligro de rebelión o sedición, incurrirán en la pena de suspensión a la de inhabilitación perpetua especial.

Artículo 188. Los que aceptaren empleos de los rebeldes o sediciosos serán castigados con la pena de inhabilitación absoluta temporal para cargos públicos.

Artículo 483. Serán castigados con las penas de tres a quince días de arresto y reprensión:

7°. Los particulares que faltaren al respeto y sumisión debida, respecto de cualquier funcionario revestido de Autoridad pública, aun cuando no sea en ejercicio de sus funciones, con tal que, en este caso, se anuncie o dé a conocer como tal.

Artículo 494. Serán castigados con el arresto de uno a cuatro días, o una multa de uno a cuatro duros:

1°. El que contraviniere a las reglas que la Autoridad dictare para conservar el orden público o evitar que se altere.

2°. El que pudiendo sin detrimento propio prestar a la Autoridad el auxilio que reclamare en caso de incendio, inundación, naufragio u otra calamidad, se negare a ello.

3°. El que faltare a la obediencia debida a la Autoridad dejando de cumplir las órdenes particulares que esta le dictare en todos aquellos casos en que la desobediencia no tenga señalada mayor pena por este Código o leyes especiales.

He querido daros a conocer las disposiciones todas del capítulo II, porque si entre vosotros no hay ninguno que esté sufriendo la pena del delito de rebelión o sedición, al salir del presidio podrá haber muchos a quienes se intente seducir con este objeto, y en la misma prisión no falten quizás algunos que, burlando la vigilancia de los jefes, lean papeles cuyas máximas son mala semilla para el alma del prisionero, que, por el estado en que vive, se halla dispuesto a condenar a la sociedad que le ha condenado, a soñar bienes futuros que le indemnicen de los males presentes, y a realizarlos por medios violentos que a su parecer ahorran trabajo y satisfacen las pasiones comprimidas. Si miramos el campo, el mar o el cielo por un cristal negro o rojizo, los veremos de un color lúgubre o siniestro parecido al reflejo de las llamas. Entre los ojos de vuestra alma y la sociedad, está vuestra vida agitada, y recuerdos pasados, y dolores presentes y cólera sofocada; alguna cosa como un cristal rojo que da a los objetos color de fuego o de sangre; alguna cosa como un conducto que altera lo que por él corre; alguna cosa como una tela metálica y candente que eleva la temperatura de todo lo que por ella pasa. Así dais a veces a los escritos un sentido que no tienen; así lo que al salir de la cabeza del escritor no era más que imprudente, al llegar a la vuestra es ya culpable; así el error que en el mundo puede caer como una chispa en el mar, en la prisión es una tea en un almacén de pólvora.

Todos tenemos disposición a buscar en los escritos más bien lo que nos halaga que lo que nos instruye; todos nos inclinamos a mirar en nuestros males más bien la obra de los demás que la nuestra propia; todos prestamos fácilmente oído a quien acusa al que nos ha condenado. Esta natural propensión del hombre es más fuerte en el prisionero, que, en su tristeza y tal vez en su desesperación, quiere un consuelo y una esperanza, mas que tenga que pedírsela al error o a la locura, y busca los escritos que halagan sus pasiones encadenadas por la fuerza, y lee en ellos lo que no hay, y estudia lo que no debía haber, y mira como oráculos promesas de una felicidad imposible, y tiene como artículos de fe los errores que favorecen sus inclinaciones, y halla en las faltas de la sociedad, verdaderas o supuestas, una razón para sus crímenes. El libro ha dicho que la propiedad no está bien repartida; yo tengo derecho a robar. El papel dice que hay una ley injusta; yo tengo derecho a pisarlas todas. Esta manera de discurrir no es muy razonable, pero a veces no se emplea otra.

Y no es que os acuse, hermanos míos; nunca me dais más lástima que cuando estáis leyendo un mal papel o un mal libro: la acusación grave, la acusación terrible, no es para vosotros, es para el que le escribió. Indigno el hombre que no piensa al escribir en el daño que puede hacer lo que escribe; miserable y vil el que imprime errores por el solo motivo de que se venden mejor que las verdades; hediondo y criminal el que repasa en su degradado corazón los perversos instintos y se congratula de que sean muchos considerándolos como otros tantos consumidores de su asquerosa mercancía; reo de lesa humanidad el que convierte en tea incendiaria la antorcha de la inteligencia que para alumbrar había recibido de Dios.

A veces, burlando la vigilancia, de día en el ángulo de un patio, de noche en el rincón de una cuadra y a la luz incierta, un grupo de confinados, con la cadena a la cintura, con la mano pronta a sacar la navaja, con la mirada torva, con la blasfemia en la boca y la crueldad en el corazón y el oprobio en la frente, lee, saborea, comenta un mal libro, y deja escapar el grito de la amenaza, o ver la risa obscena de la excitada lujuria. El cuadro repugna, pero hay un hombre ante el cual aquellos hombres casi parecen figuras nobles y dignas, un hombre mil veces más culpable y degradado que ellos, y ese hombre es el autor del libro. Para él, la infamia que la ley no grava en ninguna pena y el escarnio y la marca; para él, oprobio eterno, como es irreparable el mal que hace; para él, la última degradación, que es la simpatía de los malvados.

Os lo vuelvo a repetir, hermanos míos; no os acuso; me inspiráis una profunda lástima cuando leéis un libro malo, y me hago cargo que en la dolorosa monotonía de la vida del preso, un entretenimiento cualquiera, un papel o un libro que interesa o conmueve, es una fuerte tentación. Procurad resistir a ella, yo os lo ruego; de todas las infracciones de la disciplina, ninguna os es más fatal que la introducción de papeles y libros prohibidos. El aguardiente que furtivamente bebéis os es menos nocivo, porque la embriaguez del cuerpo no es tan terrible como la del alma. Mientras el mal no sea en vosotros más que un impulso, todavía podéis combatirle y vencerle; pero el día en que, extraviados por libros insensatos, queráis darle apariencias de razón, y forméis un sistema con vuestras malas inclinaciones y vuestras malas lecturas, aquel día decid adiós a la esperanza, porque estáis perdidos para siempre.

Al tratar de los delitos de rebelión y sedición he debido recordaros ciertas lecturas que extrañan vuestras ideas, encienden vuestras pasiones y os predisponen para ser instrumentos ambiciosos o fanáticos, que después de haberos embriagado con esperanzas insensatas, os lanzan a la calle convertidos en rebeldes o sediciosos. Los que estéis en la prisión por este delito ya sabéis adónde conduce; los que al salir os veáis provocados a cometerle, si cedéis a la provocación, no esperéis mejor fortuna.

Aquellos de entre vosotros que por la exaltación de sus ideas pueden más fácilmente servir de instrumento a la rebelión, meditad las disposiciones del Código, y ved que, a pesar de su severidad, absuelve a los meros ejecutores que se retiren sin hacer armas antes o inmediatamente después de las intimaciones de la ley. Os llamo sobre esto la atención, porque en este caso, como en otros, es táctica de los que incitan al mal el decir desde el primer paso a los que quieren perder que están perdidos, a fin de que cuando la razón y la conciencia van a detenerlos, la desesperación los empuje. Si alguna vez os lanzáis a resistir o acometer a la fuerza pública como sediciosos o rebeldes, tened presente que aunque recorráis armados y en tumulto los campos o las calles, mientras no hayáis hecho daño a nadie *no estáis perdidos*, siempre que os retiréis al recibir la intimación de la ley.

También será bien que os forméis idea clara de la diferencia que hay entre *rebelión* y *sedición*, porque los que pretenden alucinaros, se cuidan poco de daros explicaciones que os ilustren, y con tal que estéis en vuestro puesto a la hora señalada, poco les importa que sepáis lo que vais a hacer, ni el riesgo que corréis. Como son mucho más graves las penas contra el delito de rebelión que contra el de sedición, importa que distingáis el sedicioso del rebelde.

El rebelde ataca al jefe del Estado, al poder supremo o a sus ministros, para arrancarles por fuerza todas o parte de las prerrogativas y facultades que les da la Constitución, varía el orden legítimo de la sucesión a la corona; sustrae una parte del reino o de la fuerza armada a la obediencia del gobierno, o impide que se celebren las Cortes, o las disuelve o las arranca alguna resolución.

El sedicioso impide que se promulguen las leyes; que se hagan elecciones populares en alguna junta electoral; que la Autoridad ejerza libremente sus funciones, o que se dé cumplimiento a sus providencias, o perjudica a la Autoridad, a sus agentes, a alguna clase de ciudadanos o a las pertenencias del Estado o de alguna corporación pública.

El rebelde ataca al Estado en sus fundamentos, el sedicioso en sus disposiciones o en sus agentes; el rebelde intenta un cambio radical, el sedicioso solo busca una modificación; el rebelde tiene un plan vasto, el sedicioso cede a la cólera o a cualquier impulso del momento; el rebelde amenaza con un trastorno general, el sedicioso limita su acción a un breve espacio; el rebelde intenta una revolución, el sedicioso una revuelta.

Grande es la diferencia que hay entre la gravedad de uno y otro delito, que confunden los delincuentes, creyendo que, una vez alzados, el objeto y el grito que se dé importa poco, y no obstante, según sean ese objeto y ese grito, la pena que para el rebelde, mero ejecutor, es de cadena temporal a la de muerte, para el sedicioso que se halle en el mismo caso es solo de confinamiento menor. Si alguna vez quieren seduciros para un alzamiento, mirad bien lo que intentan los que os solicitan; sabed bien el grito que dan; pensad que aun al mero ejecutor de rebelión puede imponérsele la última pena; no os alcéis como rebeldes, no juguéis vuestra vida al más azaroso de los juegos.

Ya habéis visto que la ley es más severa con los promovedores de la rebelión que con los meros ejecutores; pero a pesar de esta severidad, los promovedores suelen quedar impunes. Engañan la ignorancia, explotan la pobreza, tientan la codicia, exasperan la cólera, y acumulando agravios, y prometiendo imposibles, y uniendo la esperanza a la ira, lanzan a las calles o al campo los instrumentos de su fanatismo o de su ambición. Para ellos el hierro, el plomo y las fatigas; para ellos todos los azares y todos los peligros; que en esta clase de combates, los brazos caen, las cabezas huyen o se ocultan, y aun suelen tomar precauciones para no tener necesidad de ocultarse ni de huir.

Si hay entre vosotros, como es probable, algún confinado por delito de rebelión o sedición, recordad la diferencia que hubo entre las palabras y las acciones de vuestros instigadores; cómo antes del alzamiento os embriagaron con esperanzas, cómo os abandonaron en el peligro, y la distancia de los sueños con que os halagaban a la realidad que hoy tocáis. El seductor en esta línea desdeña al seducido, porque, ¿cómo, si no le desdeñase, había de atreverse a darle como razones absurdos tan groseros, a ofrecerlo como fácil lo que está lleno de peligros, a hacerle creer lo que es imposible que vea, y presentarle para que le acepte el más oneroso de los contratos?

Los que habéis sido soldados de la rebelión ya lo sabéis; los que tenéis disposición a alistaros en sus banderas, aprendedlo: vencidos, se os inmolará; vencedores, seréis olvidados.

Pero es bien difícil que alcancéis la victoria y el olvido en cambio de vuestras fatigas y de vuestros peligros, porque es bien difícil que triunféis. De cada cien rebeliones no triunfa una, y solo esta cuenta, que es exacta, si la tuvierais presente, os apartaría de un juego en que hay tanta probabilidad de perder la vida. Una *historia de las rebeliones* sería un gran remedio contra ellas, porque después de leída, apenas se concibe que hubiese hombre que quisiera emprender un camino donde tantos se han perdido. Mas para los que tienen propensión a rebelarse, aun más útil que la historia de las rebeliones, en general, sería la *historia de las rebeliones triunfantes*. Por la primera verían que de ciento no triunfa una; por la segunda habrían de convencerse de que ni una sola de las que triunfan llena el objeto que al rebelarse se habían propuesto los rebeldes: es la rebelión una especie de espectáculo que nunca se ejecuta conforme al programa. La razón es clara. El programa de la rebelión, cuando no le escribe la mala fe para alucinar a los incautos, le escribe el fanatismo, que es insensato; y las pasiones todas, que son ciegas, le acentúan y lo dan la última mano. Disminuir los impuestos, aumentar las garantías, igualar a todos los hombres, nivelar las fortunas repartiendo mejor la riqueza particular, fomentar la pública y otras cosas semejantes, os han dicho a los que estáis en la prisión por haberos rebelado, os dirán a los que tengáis propensión a ser rebeldes, añadiendo *la Libertad*, santa y profanada palabra que, a fuerza de repetirla todos en tumulto, parece que ha venido a no comprenderla nadie.

Yo quisiera, hermanos míos, daros una idea clara de lo que son en el estado actual de las cosas las mejoras políticas, de lo que son las rebeliones, y veríais que recurrir a ellas es como intentar componer una máquina que se ha descompuesto, o perfeccionar una que funciona mal, tirándole tiros. Los que os digan que en la España de ahora hay tiranos y tiranía, se equivocan o quieren engañaros; lo que hay en España son errores, ignorancia e inmoralidad, cosas que no se remedian haciendo descargas.

Escuchad; para una reforma política, como para una mejora cualquiera, se necesitan tres cosas: *poder*, *querer* y *saber* hacerla. Es menester que la reforma sea posible, que *pueda* hacerse; es menester que la opinión la tenga por buena y hacedera, la sancione, *quiera* hacerla; es menester que haya bastantes conocimientos en la nación para realizarla, que *sepa* llevarla a cabo.

Figuraos que hay un pueblo muy escaso de agua, en que es necesario ir a buscarla a grandes distancias, y se pretende traer un manantial que nace lejos. Lo primero que hay que hacer es ver si el manantial existe, y dada su existencia, si por la posición que ocupa y la naturaleza de los terrenos que tiene que atravesar es *posible* traerle al pueblo. Lo segundo, ver si los gastos que ocasione la obra son un sacrificio superior a las ventajas que van a obtenerse, y dado que convenga, convencer de ello a los vecinos, porque si aunque la cosa sea buena, ellos la tienen por mala, no habrá quien los lleve a poner en ella su trabajo y su dinero. Por último, es preciso que haya quien sepa hacerla, porque toda la buena voluntad y todos los medios serán inútiles si no hay quien sepa emplearlos con inteligencia. Pues ahora figuraos que, en vez de asegurarse de la posibilidad de la obra y de su utilidad, y de tratar de persuadir a los otros, unos cuantos vecinos impacientes empiezan a pedradas y a palos en el concejo: ¿vendrá por eso más pronto el agua? Que queden vencedores, que sean vencidos, las dificultades para traerla serán las mismas que antes del combate, más la discordia que habrá entre los que debían ayudarse, más la aversión que inspirará un proyecto que ha dado lugar a desastres, más la natural tendencia a resistir lo que se nos quiere imponer por fuerza. Pues lo mismo, absolutamente lo mismo que con la fuente de un pueblo, sucede con la reforma de una nación. Las que son posibles y están en la opinión, se hacen ellas, y muy pronto; las que no son hacederas o no se consideran tales y la opinión las rechaza, no se llevan a cabo con sublevarse y tirar tiros. Nada pueden las bayonetas ni la artillería contra la opinión, sea o no razonable; los que la ilustran, los que la encaminan al bien son reformadores; los que quieren violentarla por medio de la fuerza, no son mas que revoltosos.

Tenedlo muy presente, hermanos míos, cuando os soliciten para alzaros en favor de ciertas reformas. Si ellas están en la opinión, se harán sin que os alcéis; si no lo están, serán imposibles lo mismo después que antes de haberos alzado. Más de una vez se ha visto la rebelión triunfante quedarse parada y atónita al ver que no podía hacer nada después de haber vencido los únicos obstáculos que a su parecer se le oponían, y deplorar en la impotencia de su triunfo los sacrificios hechos y la sangre vertida.

Prescindiendo de otros países y de otras épocas, en la España de ahora no hay tiranos; las quejas tienen medios legales de hacerse oír, y las opiniones de manifestarse. La tiranía de los hombres, la única que puede combatirse con la fuerza, no existe; la tiranía de las cosas, que es la que nos oprime, la que viene del error, de la ignorancia y de la inmoralidad, no se vence con el hierro y la metralla. Vosotros los que leéis furtivamente papeles o libros que os inspiran la idea de mejorar de suerte sin mejorar de conducta, de imponer al orden de cosas existente la responsabilidad de vuestras faltas, y de hacer triunfar una justicia imaginaria hollando el derecho positivo, creedme, os engañáis, os engañan. Yo os exhorto a la paz con la cal de la razón, no con la de la indiferencia; yo llevo en mi corazón las desdichas del pobre en su miseria, las del preso en su cárcel, y me duelen de tal modo, que aunque la guerra es horrible, le pediría el remedio de tantos males, le diría: venga la tempestad de tus estragos y de tus iniquidades para que reine luego la calma de la justicia; y si no se lo digo, y si os conjuro a la paz, es porque sé que detrás de cada combate hay una nueva desventura.

¿Queréis hacer una guerra implacable a la tiranía? ¿Queréis minar por su base el pedestal donde se asienta? Procurad ilustraros, procurad comprender bien vuestros deberes, procurad ponerlos en práctica. La ilustración y la virtud, estas son las armas de que no puede defenderse la tiranía. Cada idea sana, cada buena acción, le declara una guerra a muerte. El pueblo que es ilustrado y virtuoso no necesita rebelarse para que en él sean imposibles los tiranos.

Carta XV

FALSIFICACIÓN DE MONEDA. ARTÍCULOS 218 AL 222. FALSIFICACIÓN DE BILLETES DE BANCO, DE DOCUMENTOS DE CRÉDITO DEL ESTADO, DE PAPEL SELLADO. ARTÍCULOS 223 AL 227.

Hermanos míos:

Vamos a abrir hoy el Código por el capítulo que dice: *De la falsificación de la moneda.* La falsificación de la moneda es un robo de los de peor especie, y en ningún delito se ve con mayor claridad el doble ataque a la sociedad y al individuo que hay en todos. El monedero falso ataca a la sociedad introduciendo la desconfianza para las transacciones mercantiles, para todos los negocios en que hay necesidad de dar o recibir moneda, y ataca al individuo despojándole traidoramente del valor de la moneda falsificada. Voy primeramente a copiaros el texto de la ley; después procuraré haceros comprender las razones que ha tenido para ser tan severa.

> Artículo 218. El que fabrique, introduzca o expenda moneda falsa de especie que tenga curso legal en el reino, y sea de un valor inferior a la legítima, será castigado con las penas de cadena temporal en su grado medio a cadena perpetua, y multa de 500 a 5.000 duros, si la moneda falsa fuese de oro o plata; y con las de presidio mayor y multa de 50 a 500 duros, si fuese de vellón.

> Artículo 219. El que cercenare moneda legítima será castigado con las penas de presidio mayor y multa de 50 a 500 duros, si la moneda fuese de oro o plata; y con la de presidio correccional y multa de 20 a 200 duros, si fuere de vellón.

> El que introdujere o expendiere en el reino moneda cercenada incurrirá en la misma pena.
>
> Artículo 220. El que fabricare, introdujere, o expendiere en el reino moneda falsa que tenga en él curso legal, y sea del valor de la legítima, será castigado con las penas de presidio menor y multa de 500 a 5.000 duros.
>
> Artículo 221. El que falsificare, introdujere o expendiere en el reino moneda falsa de especie que no tenga en él curso legal, será castigado con las penas de presidio menor y multa de 200 a 2.000 duros.
>
> Artículo 222. El que habiendo recibido de buena fe moneda falsa, la expendiere después de constarle su falsedad, será castigado, siempre que la expendición excediere de 15 duros, con la multa del tanto al triplo del valor de la moneda.

Notaréis que al que introduce o expende moneda falsa se le impone la misma pena que al que la fabrica, es decir, que se le considera como autor del delito, y nada más justo, porque sin su cooperación el delito no podría consumarse: ya comprendéis que no habría ningún daño ni para la sociedad ni para los individuos en que se fabricase moneda falsa, siempre que quedase guardada, y por consiguiente el que la introduce o expende es tan culpable como el que la fabrica.

Las cosas que hemos visto siempre y que nos hacen bien, suelen pasar sin que las notemos. Así el aire que nos rodea y nos sirve para la respiración no es notado de nadie; solamente cuando falta se comprende lo bueno que es el aire que se respira. Lo propio sucede con la salud mientras se tiene; y vosotros, desdichados hermanos míos, comprenderéis bien esto, acordándoos de vuestra libertad en que no reparabais cuando la teníais, tan preciada y tan dulce ahora que la habéis perdido.

El comercio es una de esas cosas cuyos beneficios no notamos porque las hemos visto siempre. Estamos acostumbrados cada uno, según sus medios, a ir a la tienda, al almacén, a la plaza, al mercado y a la feria, con la seguridad de hallar allí lo que necesitamos. Por unos cuantos cuartos está cada cual tan seguro de lograr el azúcar que viene de América y el té de los confines del Asia, como la patata que crece en su huerto. Esto nada tiene de particular, nadie lo nota; ¿qué cosa más regular que cada cual compre por su dinero lo que necesita? Pero desde el momento en que se desconfíe del valor de ese dinero, desde el momento en que en Asia, y en América, y en Inglaterra y en Francia se diga que la moneda de España es falsa, ningún país querrá vendernos los productos de su suelo y de su industria y careceremos de las cosas más necesarias. Si os paráis a considerar, apenas hay cosa, por sencilla que sea, en que no entre por más o menos algún producto extranjero, o como primera materia, o como elaboración, o como instrumento de ella. Si el comercio se interrumpiera un solo día, no podéis imaginaros qué de perturbaciones y de perjuicios, que de privaciones de las cosas más necesarias y de cuántos miles de familias sin pan. El comercio cesaría desde el momento en que no tuviese confianza de que la moneda tiene el valor que representa. Y no solo el comercio exterior, el interior cesaría por las mismas razones, y el comerciante de lienzo no le vendería, ni el panadero pan, ni el carnicero carne, si no estaban seguros de ser pagados en buena moneda. El comandante a la hora del rancho se hallaría en la dolorosa necesidad de deciros: «Hoy no hay qué comer; el contratista se niega a aprontar el suministro porque la moneda en que se le paga no es de buena ley».

¿Qué hacer? ¿Han de convertirse todos en químicos, y pesar y ensayar cada moneda que dan o toman, para lo cual no tienen medios los que reciben pocas, y no les bastaría la vida a los que reciben muchas? El pobre a quien dan una peseta por un haz de leña a seis u ocho leguas de la villa donde hay un platero, ¿ha de hacer este viaje para que le diga si la moneda es de plata y le lleve una parte de su valor por averiguarlo? El comerciante que cobra en un día 20.000 duros, ¿irá ensayándolos uno a uno para ver si son buenos? Sería imposible la vida social si hubiera que recurrir a tales medios.

Como los pueblos civilizados no pueden vivir sin comercio, ni el comercio sin confianza en la moneda que recibe, es preciso que el Gobierno, que es el depositario de esa confianza, corresponda a ella vigilando con el mayor esmero, como lo hace, para que la moneda que sale de sus fábricas tenga todo el valor que representa, para que ningún otro la fabrique, y para que al falsificador se le imponga una pena severa.

Pero estas razones, con ser fuertes, no son la las únicas de la severidad de la ley. El monedero falso obra con profunda premeditación, con frío cálculo; no hay en su delito arrebato ni impulso del momento; combina mucho tiempo lo que ha de hacer antes de poner por obra su mal propósito. Tampoco la ruda ignorancia ni la miseria pueden atenuar la culpabilidad de este delito; el monedero falso es ya un hombre educado, y los instrumentos que necesita y los medios que emplea, prueban que no es la extrema miseria la que le lanza al delito. Para comer se roba un pan, unas patatas, algunos reales; la moneda falsa se fabrica para gozar sin trabajo, para comprar vicios caros.

Hay otra circunstancia que hace del monedero falso un ser de los más culpables; es un ladrón que no sabe a quién roba, y ya comprendéis cuanto agravan el delito del ladrón las circunstancias de la persona robada. El que ataca a un hombre y le quita el reloj y el dinero que lleva, baja y culpable acción comete. Pero decidme: ¿hay entre vosotros alguno que si encuentra a una mujer llorosa con una moneda en la mano, y al ir a robársela, ella le dice desolada: «No me la quites, por Dios, que no tengo otra y voy a la botica por un remedio que dicen que salvará a la hija de mi alma que se muere»? ¿Hay entre vosotros alguno capaz de hacer semejante robo? Yo creo que no, hermanos míos; yo creo que todos volveríais a poner la moneda en la mano de la pobre madre: que no hay en la prisión hombre tan sin entrañas que sea capaz de un despojo tan impío. Pues bien; el monedero falso puede ser ese hombre, porque no sabe a quién roba, y porque como los pobres tienen menos medios de asegurarse de la buena ley de las monedas, y como manejan pocas, las conocen menos y están más expuestos a ser engañados. El labriego rudo o confiado, el anciano que no ve, la mujer que no se fija, el niño que no repara, son los despojados probables del monedero falso. ¡Qué delito tan odioso, hermanos míos, es el que puede hacer semejantes víctimas!

Después de la falsificación de la moneda, está en el Código la de billetes de banco, la de documentos y la de valores del Estado. La ley dice así:

> Artículo 223. El que introdujere o expendiere falsos títulos de la Deuda pública al portador, billetes del Tesoro o de cualquier Banco erigido con autorización del Gobierno, y el que los falsificare, serán castigados con las penas de cadena temporal en su grado medio a la de cadena perpetua y multa de 500 a 5.000 duros.
>
> Artículo 294. El que falsificare papel sellado, inscripciones o títulos de la Deuda pública, libranzas del Tesoro, billetes de lotería o cualquier otro documento de crédito o de valores del Estado será castigado con las penas de cadena temporal y multa de 500 a 5.000 duros.
>
> En la misma pena incurrirán los introductores y expendedores.
>
> Artículo 225. El que habiendo adquirido de buena fe los títulos o efectos de que se trata en los dos artículos anteriores, los expendiere después con conocimiento de su falsedad, será castigado con la multa del tanto al triplo del valor del documento, no pudiendo bajar nunca de 50 duros.
>
> Artículo 226. Será castigado con las penas de cadena temporal y multa de 100 a 1.000 duros, el eclesiástico o empleado público que abusando de su oficio cometiese falsedad:
>
> 1º. Contrahaciendo o fingiendo letra, firma, o rúbrica.

2º. Suponiendo en un acto la intervención de personas que no la han tenido.

3º. Atribuyendo a las que han intervenido en él declaraciones o manifestaciones diferentes de las que hubieran hecho.

4º. Faltando a la verdad en la narración de los hechos.

5º. Alterando las fechas verdaderas.

6º. Haciendo en documento verdadero cualquiera alteración o intercalación que varíe su sentido.

7º. Dando copia en forma fehaciente de un documento supuesto o manifestando en ella cosa contraria o diferente de lo que contenga el verdadero original.

8º. Ocultando en perjuicio del Estado o de un particular cualquier documento oficial.

Artículo 227. El particular que cometiere en documento público u oficial, o en letras de cambio u otra clase de documentos mercantiles, algunas de las falsedades designadas en el artículo anterior, será castigado con las penas de presidio mayor y multa de 100 a 1.000 duros.

He copiado los artículos referentes a billetes de banco, títulos del Estado y documentos. Probablemente no habrá entre vosotros ninguno por estos delitos, y si le hubiere, las personas que en ellos incurren, por su educación comprenden las disposiciones de la ley y sus motivos, sin necesidad de que se les explique. Los que manejan instrumentos de crédito saben los inmensos perjuicios que de falsificarlos resulta, y nadie mejor que un escribano comprende la trascendencia del delito que comete faltando a la fe en él depositada. Al daros conocimiento de las penas que a él y otros análogos se imponen, he querido solo manifestaros con un ejemplo de los muchos que ofrece el Código, que la ley es igualmente severa para todos, y que no hay clase ni condición que, mereciéndole, se sustraiga a su castigo. Conviene insistir sobre esto, porque hay algunos que dicen, y aun creen, que la justicia solo es severa con los pobres, citando como prueba que ellos pueblan las prisiones.

En primer lugar, como los pobres son más numerosos en el mundo, deben serlo también en la prisión. No permita Dios que yo los calumnie; no permita Dios que desconozca sus virtudes, que he admirado tantas veces, ni que deje de hallar en mi corazón excusa para sus faltas. Yo no creo que los ricos son mejores que ellos, no, y esto lo digo con toda la sinceridad de mi alma; pero creo que los ricos piensan más, calculan mejor, y por eso son menos veces criminales. El crimen es un mal cálculo; yo quisiera que os persuadieseis bien de esta verdad, que la vierais clara todos, porque entonces, el que no fuera bueno por amor de Dios ni del prójimo, lo sería por amor de sí mismo. El crimen es un mal compañero; como Judas, está siempre dispuesto a entregar al amigo por algunas monedas, y dándole en la frente un beso traidor.

Si supierais a fondo la historia de esas pocas personas que mereciendo la pena de la ley se sustraen a ella, aun no tomando en cuenta para nada la justicia eterna que nadie burla; si supierais qué de cavilaciones; qué de trabajo, qué de esfuerzos para sustraerse a la justicia humana, veríais cuánta es la desdicha del criminal al parecer afortunado; veríais que no hay ninguna clase de la sociedad en que el crimen cumpla lo que promete ni valga lo que cuesta, y que en todas el trabajo que se emplea para sustraerse a la ley daría resultados más ventajosos empleándolo sin salir del camino del deber y de la justicia. Todos los que emprenden la mala senda, es por creerla más fácil; creencia errada, y de cuya mentira se convencen cuando es ya tarde. ¡Qué de esfuerzos para cada real que se obtiene luchando con las leyes! ¡Oh! Hermanos míos, buscad un amo más generoso; convenceos de que el crimen paga muy mal a sus operarios.

Carta XVI

FALSO TESTIMONIO. ARTÍCULOS 241 AL 249.

Hermanos míos:

Hoy debemos tratar del falso testimonio y de la acusación y denuncia calumniosas. Si falsificar la moneda es un delito grave, ¡cuánto mayor no lo será falsificar la verdad, y en vez de robarle a uno su dinero, privarle de la libertad, de la honra y acaso de la vida!

El falso testimonio es desgraciadamente un delito bastante común, y tal vez hay entre vosotros alguna víctima de tamaña maldad. Si así fuere, él mejor que yo podría daros de ella una idea aproximada; él podría deciros lo horrible que es estar inocente y verse condenado, estar libre y verse cautivo, tener honra y verse deshonrado. Él podría deciros que, cual una tea incendiaria cae en un depósito de pólvora, cayó la injusticia en su alma, produciendo la explosión de sus pasiones todas; cómo la cólera, el odio, el deseo de venganza, todos los malos instintos se levantaron y pretendieron ser dueños y señores de sus acciones y de sus pensamientos, y quiso e intentó volver mal por mal e injusticia por injusticia, y tuvo horas, días tal vez, de hallarse convertido en una fuerza ciega, en una especie de máquina de aborrecer que detestaba todo lo que existía, queriendo hacer daño, mucho daño, aunque recayese sobre los que ninguno le habían causado. Él podría deciros los terribles impulsos que sintió de maldecir a Dios y a los hombres, y cuán difícil es resignarse con un castigo que no se merece.

El daño que hace el testigo falso al que por su testimonio se condena es infinitamente mayor de lo que a primera vista parece. El verse por su causa privado de los bienes, de la libertad, de la honra y acaso de la vida, con ser mucho, no es todo. La injusticia hace en el alma mayores estragos que la condena en la existencia material; aflige, desespera, tal vez deprava. La mayor culpa de un falso testigo no es que hace a un hombre desgraciado; es que le predispone fuertemente para ser malo; es que, al privarle de la libertad de su cuerpo, compromete la de su alma; es que al hacer la resignación necesaria, la hace muy dificultosa: el falso testigo es una especie de envenenador del corazón que debe tener el suyo bien empedernido, si causa a sabiendas todo el mal que hace.

¡Qué de circunstancias para hacer odioso al testigo falso! La mentira, la premeditación, el abuso de confianza, todas las vilezas, y la mayor de todas, oprimir al débil y venderse para el mal, porque es raro que el falso testimonio se dé gratis y se emplee contra los fuertes.

En el mundo donde se ven tantas escenas tristes, hay pocas más aflictivas que aquellas en que desempeña su infame papel el falso testigo. Representaos una ley justa, un juez recto que quiere aplicarla en conciencia, y un acusado inocente, condenado tal vez por la opinión, que a la menor sospecha suele condenar en última instancia. Aparece el testigo falso, y con su boca blasfema llama al Dios de verdad por testigo y apoyo de su criminal mentira. Después de tamaño ultraje a la Divinidad, empieza el estudio e infame relato; cada palabra es un golpe traidor dirigido al reo y a su desolada familia. Con la verdad podía devolverle la libertad y la honra; quiere mentir y miente para perderle; quiere mentir por odio o por dinero; quiere ultrajar al Dios que invoca, a la ley que pisa, a la sociedad que en su palabra confía. El juez engañado condena, el reo sucumbe, su familia queda perdida, su pobre madre no halla consuelo, y el perjuro ríe, sofoca la voz de la conciencia embriagándose con el precio de su maldad, y lleva el cuello erguido. No le llevará mucho tiempo; no le llevará siempre. Si puede burlar la justicia de los hombres, le alcanzará la del Dios que invocó impío. ¡Desgraciada cabeza sobre la cual caen las lágrimas de un inocente! Algún día le han de pesar como gotas de plomo ardiendo; más le valiera no haber tenido un solo pensamiento, y que no hubiera entrado por sus ojos ni un solo rayo de luz.

Si veis el falso testimonio tal como es, infame, odioso y altamente culpable, no os parecerán severas las disposiciones de la ley que voy a copiaros:

> Artículo 241. El que en causa criminal sobre delito grave diere falso testimonio, será castigado:
>
> 1°. Con la pena impuesta al acusado, si éste la hubiere sufrido por el testimonio falso.
>
> 2°. Con la inmediatamente inferior, si no la hubiere sufrido.
>
> 3°. Con la inferior en dos grados a la correspondiente al delito imputado, si no hubiere recaído sentencia ejecutoriada, o esta hubiere sido absolutoria.
>
> 4°. Con la de presidio mayor y multa de 50 a 500 duros, cuando sean menores las señaladas en los números precedentes, o no puedan ejecutarse en la persona del falso testigo.
>
> Artículo 242. El falso testimonio dado en causa sobre delito menos grave, será castigado con las penas de presidio menor y multa de 20 a 200 duros.
>
> Si fuere sobre falta, se castigará con presidio correccional en su grado mínimo y multa de 10 a 100 duros.
>
> Artículo 243. El falso testimonio dado a favor del reo será castigado con las penas de presidio correccional y multa de 20 a 200 duros, si la causa fuere por delito, y con las de arresto mayor y multa de 10 a 100 duros si la causa fuere por falta.
>
> Artículo 244. El falso testimonio en causa civil será castigado con las penas de presidio correccional y multa de 50 a 500 duros.

Si el valor de la demanda no ascendiere a 50 duros, las penas serán las de arresto mayor, y multa de 10 a 100 duros.

Artículo 245. Las penas de los artículos precedentes son aplicables a los peritos que declaran falsamente en juicio.

Artículo 246. Siempre que la declaración falsa del testigo o perito fuere dada mediante cohecho, las penas serán las inmediatamente superiores en grado a las respectivamente designadas en los artículos anteriores, imponiéndose además la multa del tanto al triplo del valor de la promesa o dádiva.

Esta última será decomisada cuando hubiere llegado a entregarse al sobornado.

Artículo 247. Cuando el testigo o perito, sin faltar sustancialmente a la verdad, la alteren con reticencias o inexactitudes, las penas serán:

1º. Multa de 20 a 200 duros, si la falsedad recayera en causa sobre delito.

2º. De 10 a 100 duros, si recayere sobre falta o negocio civil.

Artículo 248. La acusación o denuncia que hubieren sido declaradas calumniosas por sentencia ejecutoriada, serán castigadas con las penas de prisión menor cuando versaren sobre delito grave; con las de prisión correccional, si fuere sobre delitos menos graves, y con las de arresto mayor, si se tratare de una falta, imponiéndose además en todo caso una multa de 50 a 500 duros.

Artículo 249. El que presentare a sabiendas testigos o documentos falsos en juicio, será castigado como reo de falso testimonio.

Estas son las disposiciones de la ley. Con respecto al testimonio falso por el cual se condene o pueda condenarse a un inocente, todos comprendéis que es un grave delito, y no parecerá dura la pena que se le señala; mas cuando el falso testimonio es en favor del reo, no falta quien piensa que es una acción o meritoria o indiferente, y que por tanto no debe ser castigada. La ley, como habéis visto, le impone una pena menor que al falso testimonio contra el reo, porque cree que puede tener un móvil menos criminal y hasta ser consecuencia de un impulso bueno, pero inconsiderado.

Ya hemos visto en las primeras cartas que las leyes son una necesidad. ¿Y creéis que sea posible aplicarlas con justicia si el juez no halla verdad en ninguna de las personas que interroga?

El juez no puede, como Dios, leer en los corazones, necesita leer en los autos la verdad o la mentira que resulta de los interrogatorios. El que atestigua falsamente en favor del reo, hace imposible la aplicación justa de la ley; favorece la impunidad, y el crimen por consiguiente; desalienta a los ejecutores de la ley persuadiéndolos de su impotencia para investigar los hechos, y hace contra justicia a la sociedad tanto daño, como favor ha querido hacer al reo.

Pero es raro que el falso testimonio que favoreciendo al reo perjudica a la sociedad en general, no sea también en perjuicio de algún individuo en particular. El criminal absuelto hace daño al que ofendió, por el temor que le inspira por los perjuicios que no le indemniza, por la honra que no le devuelve, por la necesidad en que le pone tal vez de transigir con las maldades, de ser cómplice de ellas, ya que no hay posibilidad de enmendarlas y que el malo es fuerte. Además, cuando por un falso testimonio se absuelve al culpable, ¿no pueden recaer las sospechas sobre un inocente? ¿No puede ser perseguido un día u otro como criminal? Más de una vez se ha visto. El perjurio es siempre un pecado, el falso testimonio es siempre un delito, y el que crea no hacer mal favoreciendo a los malos, se engaña, y si bien lo reflexiona, echará de ver que, contribuyendo a ocultar la verdad, engañando al juez que confía en su palabra, se hace verdadero encubridor del que injustamente favorece.

Si hubiese entre vosotros alguno que haya declarado falsamente en juicio, grande y noble sería restablecer la verdad, y reconciliándose con Dios y con su conciencia, reparar hasta donde fuere posible el daño que ha causado. Si uno de los obstáculos que se le presentasen para realizar esta hermosa acción fuese una falsa vergüenza, una idea equivocada de honra que la hace consistir en usurparla en vez de merecerla, que vuelva por sí y mire el honor verdadero, que consiste: primero, en no hacer daño a nadie; después, en reparar hasta donde es posible el que se ha hecho. Lejos de aparecer humillado, ¡qué alto se pondría en la estimación de todos el que llegara a reparar con la verdad el daño que había hecho con la mentira, mereciendo el perdón del Dios que invocó y del hombre que ha ofendido! El arrepentimiento, siempre tan grande cuando viene en forma de reparación y de consuelo es mil veces bendito, y arranca lágrimas que parece que deben borrar en el culpable hasta la huella de su culpa. ¡Oh, hermanos míos! Si alguno de vosotros atestiguó falsamente, repare su yerro, antes que su mentira atestigüe contra él ante el tribunal de Dios que le condene para siempre.

Carta XVII

VAGANCIA Y MENDICIDAD. ARTÍCULOS 258 AL 265.

Hermanos míos:

Hoy abrimos el Código por el título que dice: *De la vagancia y mendicidad.* La vagancia, hija de la pereza y de la holgazanería, es madre del delito, y los maestros en él no reclutan discípulos ni buscan cómplices entre los hombres laboriosos, sino entre los desocupados. El trabajo es un gran preservativo para el alma, y dijo bien el que le llamó *centinela de la virtud*, porque, en efecto, está en guardia contra muchas tentaciones y desórdenes, cerrándoles el paso para que no penetren en la conciencia y la extravíen.

El trabajo pone a cubierto de la necesidad, esa mala consejera que llega al oído del holgazán pidiéndole lo que él no puede darle, y le empuja al crimen para que la satisfaga. El trabajo emplea las fuerzas impidiendo que se dirijan mal, las mete como en un cauce, en vez de dejarlas que se derramen haciendo daño cual un río que, en vez de regar, inunda y destruye. El trabajo, además de ser un preservativo, un recurso y una virtud, es una felicidad. La vida, cuando no se ocupa, pesa, abruma; el hombre es mala compañía para sí mismo, y puedo aseguraros con toda verdad que entre los hombres que trabajan he hallado los hombres contentos, y que no he conocido un solo ocioso que fuera feliz. Es para mover a compasión el ver cómo le pesa la vida al que no la ocupa, y cómo desea su muerte, deseando que transcurran las horas que le parecen tan largas. Se levanta, y desde que almuerza está deseando que llegue la hora de comer, no porque tenga hambre ni piense regalarse, sino por hacer algo y recibir alguna impresión. Come, y en seguida desea la hora de cenar. Es preciso haberlo sentido muy de cerca para comprender el malestar que produce el no hacer nada; el tedio, el fastidio, el aburrimiento mortal que tiene quien no sabe qué hacer de la vida, quien la lleva de un lado a otro como una carga superior a sus fuerzas y que no puede dejar en ninguna parte, quien se siente agobiado por la existencia y procura matarla *matando el tiempo*, especie de suicidio en que se perdona la vida del cuerpo y se aniquila la del alma.

Como el hombre ya os dije que se hace a sí propio mala compañía; como para que la vida no lo abrume necesita sentirla fuera de él mismo, trasladarla, por decirlo así, a otras personas o a otras cosas, el ocioso busca una distracción que le es casi tan necesaria como el aire que respira. ¿Dónde la hallará? En la taberna, en el juego, en las malas mujeres y con los malos amigos. El ocioso necesita ocupación, y como no quiere la del trabajo, acepta la del vicio y la del crimen. El ocioso necesita sentir la vida, y pide impresiones al vino, a la baraja, a la mujer perdida, al amigo desleal; y el vino le embriaga, y la baraja le arruina, y la mujer le pone en el camino del hospital, y el amigo le enseña el de la cárcel. Él tiene fuerza, necesita ejercitarla, y ya que no la empleó útilmente, la empleará en hacer daño. En la vida nadie se para, y no hay más que dos caminos, uno hacia el bien y otro que conduce al mal, y es preciso marchar por uno de ellos. Además, el ocioso necesita vivir; y como no puede vivir de su trabajo, ha de vivir del ajeno, y de un modo o de otro apropiarse lo que no le pertenece y comer lo que no ha ganado. Así del ocioso se forma el vago, del vago el delincuente, y del delincuente el criminal. El que pone el pie en el primer escalón, tiene gran peligro de recorrerlos todos.

La vagancia, que es camino para todas las maldades, constituye ella misma un delito; la ley define así al vago:

> Artículo 258. Son vagos los que no poseen bienes o rentas, ni ejercen habitualmente profesión ni arte u oficio, ni tienen empleo, destino, industria, ocupación lícita o algún otro medio legítimo y conocido de subsistencia, aun cuando sean casados y con domicilio fijo.

El que se halla en estas condiciones, ¿cómo provee a su subsistencia? Necesariamente por medios inmorales y reprobados. La ley no sabe cuáles son, no puede señalarlos; pero sabe que existen y con justicia los castiga. He aquí las penas que impone:

> Artículo 259. El vago será castigado con las penas de arresto mayor a prisión correccional en su grado mínimo, y de sujeción a la vigilancia de la Autoridad por el tiempo de un año, y con las de prisión correccional y dos años de vigilancia si reincidiere.
>
> Artículo 260. Los vagos que varían frecuentemente de residencia sin autorización competente, y los que frecuentan las casas de juego, serán castigados con las penas de prisión correccional y dos años de sujeción a la vigilancia de la Autoridad.
>
> Artículo 261. El vago a quien se aprehendiere disfrazado o en traje que no le fuere habitual, o pertrechado de ganzúas u otros instrumentos o armas que infundan conocida sospecha, será condenado a las penas de prisión correccional en su grado máximo y tres anos de sujeción a la vigilancia de la Autoridad.
>
> Iguales penas se impondrán al vago que intentare penetrar en casa, habitación o lugar cerrado, sin motivo que lo excuse.
>
> Artículo 262. En cualquiera tiempo que el vago a quien se hubieron impuesto las penas de arresto y sujeción a la vigilancia de la Autoridad diere fianza de aplicación y buena conducta, será relevado del cumplimiento de su condena.
>
> La fianza consistirá en la cantidad que fijen los Tribunales en la sentencia, no bajando de 50 duros ni excediendo de 250, la cual se depositará en un Banco público.
>
> Esta fianza durará dos años. El fiador tendrá derecho a pedir en cualquier tiempo su cancelación y la devolución de la cantidad depositada, con tal que presente a la Autoridad competente la persona del vago para que cumpla o extinga su condena.

El mismo título que trata de la vagancia trata de la mendicidad, que cuando está en las condiciones que la ley condena, no es otra cosa que vagancia. El Código dice:

> Artículo 263. El que sin la debida licencia pidiere habitualmente limosna será condenado con las penas de arresto mayor y sujeción a la vigilancia de la Autoridad por tiempo de un año.
>
> Cuando el mendigo no pudiere proporcionarse el sustento con su trabajo, o fuere menor de catorce años, la Autoridad adoptará las disposiciones que prescriban los reglamentos.
>
> Artículo 264. La disposición del párrafo primero del artículo anterior es aplicable al que bajo un motivo falso obtuviere licencia para pedir limosna o continuare pidiéndola después de haber cesado la causa por que la obtuvo.
>
> Artículo 265. El mendigo en quien concurra cualquiera de las circunstancias expresadas en el artículo 161, será castigado con las penas señaladas en él.
>
> Artículo 266. La disposición del artículo 262 es aplicable a los mendigos comprendidos en los artículos 263 y 264.

El mendigo en quien concurren las circunstancias que la ley castiga, que es mayor de catorce años, que puede trabajar y que pide habitualmente limosna, es decir, que tiene este medio de vivir, es también culpable y mucho. Al explotar la caridad pública engañándola, además de privar a la sociedad de la cooperación que tiene derecho a exigir de todos sus miembros útiles, además de apropiarse indebidamente el fruto del trabajo ajeno, roba a los verdaderos necesitados lo que adquiere, y, lo que es peor, escarmienta la compasión y da una poderosa arma al egoísmo, que porque algunos pobres piden pudiendo trabajar, se cree con derecho de pasar al lado de todos sin socorrer a ninguno. Es incalculable el daño que hacen los falsos pobres a los pobres verdaderos. Si se tuviera seguridad de que todo el que pide necesita, las personas caritativas le socorrerían, y las que no lo son, le socorrerían también muchas veces siempre que no pudieran dejar de hacerlo sin manifestar dureza de corazón, porque si hay muchos que sean egoístas, hay muy pocos que quieran parecerlo.

Así, el que alarga a la limosna una mano útil para el trabajo, comete muchas faltas en una, sin contar con lo que se envilece quien implora de la caridad lo que puede pedir al trabajo, el que miente necesidades que no tiene y enfermedades que no le aquejan, el que para mover a compasión se cubre de harapos, ese uniforme de la miseria que, cuando es voluntario, es la librea del vicio; el que tiene en sus labios una risa impía como una blasfemia para burlarse del bienhechor a quien engaña.

Además, la mendicidad voluntaria, como la vagancia, es una desdicha, y un extremo inconcebible de degradación, no ya elegir, pero ni aun aceptar como tolerable la vida del mendigo, que lleva consigo para el cuerpo tantas privaciones, y para el alma el desdén que inspira y el peso abrumador de la ociosidad.

Aquellos de entre vosotros que no trabajáis, sabéis bien lo triste que es estar ocioso, y qué largas son las horas que no se emplean en nada. Si vuestra ociosidad es inevitable, miradla como un castigo y no contraigáis como hábito lo que es una de las mayores desdichas de la prisión; si es voluntaria, arrojadla de vosotros, romped esa cadena que por una especie de fascinación detiene a los mismos que mortifica. El ocioso está mortificado, basta mirarle para convencerse de ello; sufre, pero no halla en sí energía para buscar un remedio al mal que le aqueja; se somete a él sin resignarse, le recibe como una cosa inevitable, fatal, porque uno de los efectos de la ociosidad prolongada es debilitar el alma de modo que se deja abrumar por el tedio sin intentar cosa alguna para arrancarse a tan triste situación.

Ojalá, hermanos míos, que ninguno de vosotros llegue a semejante estado, en que la ociosidad es intolerable y el trabajo parece imposible. Reconciliaos con él los que de él os alejasteis, que es un buen compañero y un leal amigo. ¡Qué de recursos tiene para todas las necesidades, qué de consuelos para todas las penas! Os lo digo con verdad, no conozco ningún consolador más eficaz para todo género de desdichas. Pedidle el alivio de las vuestras, y no lo hallaréis sordo a la voz del prisionero; que el trabajo lleva sus consuelos, lo mismo al palacio que a la cabaña, lo mismo al monasterio que a la prisión, y donde él no está, no puede haber ni felicidad ni virtud.

Carta XVIII

JUEGOS Y RIFAS. ARTÍCULOS 267 AL 495.

Hermanos míos:

Al abrir el Código por el título que dice: *De los juegos y rifas*, y que tiene dos solos artículos, no hay motivo para que el ánimo se aflija si se atiende a las penas que en ellos se imponen, y con todo, ¡qué de desastres se leen en estos dos artículos en que la ley es tan suave con los contraventores, como si comprendiera que este delito, más que otro alguno, lleva en sí mismo la pena! Ved el texto de la ley:

> Artículo 267. Los banqueros y dueños de casas de juego de suerte, envite o azar, y los empresarios y expendedores de billetes de rifas no autorizadas, serán castigados con la pena de arresto mayor y multa de 20 a 200 duros; y en caso de reincidencia, con la de prisión correccional en su grado mínimo al medio y doble multa.
>
> Los jugadores que concurrieren a las casas referidas, con la de arresto mayor en su grado mínimo o multa de 10 a 100 duros; en caso de reincidencia, con la de arresto mayor y doble multa.
>
> El dinero y efectos puestos en juego, los muebles de la habitación y los instrumentos, objetos y útiles destinados al juego o rifa, caerán en comiso.
>
> Artículo 268. Los que en el juego usaren de medios fraudulentos para asegurar la suerte, serán castigados como estafadores.
>
> Artículo 485. Se castigarán con la pena de arresto de cinco a quince días, o una multa de 5 a 15 duros:

> 1º. Los que en caminos públicos, calles, plazas, ferias o sitios semejantes de reunión establecieren rifas o juegos de envite o azar.
>
> Lo dispuesto en este número se entiende sin perjuicio de lo determinado para casos de mayor gravedad, al prudente juicio de los Tribunales, en el artículo 267.

Si las penas señaladas en este título no tienen nada de duras, ¿por qué su lectura despierta en el ánimo ideas tan lúgubres? Es, hermanos míos, porque el pensamiento va de la ley que le castiga al jugador; del Tribunal a la casa de juego, de donde ve salir tantos desastres y tantos crímenes, tantos hombres culpables y desesperados.

El juego no es un vicio solo, puede considerarse como un conjunto de otros muchos, que necesariamente le acompañan y salen de él como corrientes inmundas de un lago pestilente. El teatro en que se representan las tristes escenas del juego, es una casa de gente de mal vivir; la dueña es una mala mujer, el dueño un hombre malo, que cobran a buen precio el hospedaje que prestan al delito, exponiéndose a mil riesgos, de los cuales el menor es el castigo impuesto por la ley. El jugador bebe con exceso, se embriaga: si gana, para celebrar su buena fortuna; si pierde, para ahogar en el vino su desesperación. El jugador maldice y blasfema, abomina de Dios y de los hombres, cuando fijos en la baraja sus ojos de basilisco, ve salir una carta que da su dinero a otro. El jugador aborrece a todos sus compañeros de vicio y es aborrecido por ellos, porque siendo la alegría de los unos causa necesaria de la desesperación de los otros, hay un cambio inevitable de odios, de penas insultadas por alegrías brutales, y las maldiciones y los sarcasmos, y las amenazas y las blasfemias se cruzan como chispas de cólera contenida, que rara vez deja de pasar más adelante. El vino, la codicia, el odio y la desesperación hacen del garito la morada de las iniquidades, la tierra propia para que fructifiquen en ella todos los vicios y todos los crímenes. El jugador que después de haber estado una noche entera aspirando las emanaciones de todos los malos instintos en una atmósfera criminal, después de haber sufrido las angustias de su afanosa incertidumbre, después de haber pasado cien veces de la cólera al abatimiento, de la amargura desesperada a la alegría brutal, después de haber tenido la mano en el arma alevosa para vengarse o el pecho amenazado por la ajena venganza; si ganó, si tiene dinero, ¿se negará a las tentaciones del vicio que le dice: «cómprame»?; si perdió, si no tiene recurso alguno y está desesperado, ¿no escuchará la voz del crimen que le llama para que sacie de algún modo su cólera y busque recursos a fin de reparar las pérdidas que acaba de sufrir? Además de lo que se estafan unos a otros los jugadores, además de las heridas y muertes que resultan de sus riñas y pendencias, ¡cuántos robos se conciertan en los garitos, con la energía de la desesperación en los que pierden, y en los que ganan con la insolente seguridad que da la fortuna!

¡Si al menos aquellos que se desesperan, y se injurian, y se amenazan, y se odian, y están en un verdadero infierno, estuvieran solos en el mundo! ¡Si a nadie más que a ellos se extendiesen las consecuencias de un vicio desdichado que hace sufrir siempre, antes de satisfacerse, después que se ha satisfecho y en el instante mismo en que se satisface! Pero el jugador tiene madre cuyos últimos años acibara, hermanos a quienes da mal ejemplo, hijos que padecen hambre porque él pierde a una carta el pan que les debe, mujer que maltrata cuando a las altas horas de la noche se retira colérico y desesperado.

Hace muchos años he visto un cuadro que se me ha quedado para siempre fijo en la memoria, o más bien en el corazón: representaba la historia de un jugador desesperado, que no teniendo ya nada que jugar, jugó a su único hijo. Que hubiese quien le aceptase como moneda, no tiene nada de imposible, porque sabido es que se roban niños para venderlos y que hay quien los compra. El del jugador estaba enfermo, y expira mientras su padre le pone a una carta y le pierde. Va a buscarle para cumplir su horrenda promesa, y la pintura le representa entrando en la habitación, con el pelo erizado, las manos crispadas, los ojos como si fueran a salirse de sus órbitas, y cogiendo para entregarle al hijo que halla muerto. A la puerta un hombre de figura siniestra espera el fruto de su impía ganancia, y se dispone a tomar el niño; al lado de la cuna su madre llora. He leído muchas historias de crímenes y desolaciones, he visto muchos tristes cuadros, pero ninguno me ha dejado una impresión tan dolorosa como este.

Entre vosotros habrá desgraciadamente muchos jugadores, muchos que no estarían en la prisión si no hubiera barajas, pero yo espero que no habrá ninguno que no escuche con horror la historia que acabo de referiros; y sin embargo, ¿quién podrá estar seguro de no hacer cosas semejantes cuando la cólera y la desesperación lo saquen fuera de sí? El juego embriaga como el vino; el hombre responde de lo que hace antes, pero no de lo que hará después que bebe o juega.

Vosotros bien sabéis, o por experiencia propia o por haberlo visto, cómo se transforma el jugador así que coge la baraja: parece que entra en él un demonio que le atormenta, y le agita, y le arrastra, y derrama hiel en su corazón y fuego en su cabeza, haciéndole desdichado y culpable.

El que se embriaga con vino, al menos mientras bebe, goza; pero el que pierde la razón jugando, no goza nunca: su vicio parece un castigo, según le mortifica siempre.

¿Es más desgraciado el jugador cuando pierde que cuando gana? La respuesta no parece dudosa, y no obstante, yo dudaría al darla, porque he visto muchos gananciosos entregarse a excesos que los condujeron a las enfermedades y a la muerte, y a otros ser víctimas de la cólera o de la codicia de los mismos a quienes habían ganado. Hay, entre mil, un hecho horrendo que apenas podría creerse si no constara realmente en nuestros tribunales.

Se reunieron una noche a jugar algunos viciosos tenían preparada cena y vino abundante; los amos de la casa eran gente mala, como quien hospeda al vicio. Se comió, y sobre todo se bebió largamente; se sacó la baraja, y los convidados tuvieron bien pronto la doble embriaguez del vino y del juego. Después de las escenas acostumbradas en semejantes teatros; después de blasfemias, imprecaciones y amenazas, y alternativas varias de la suerte, uno se llevó el dinero de todos, y se disponía a marcharse, cuando el ama de la casa dijo a sus huéspedes *que no eran hombres si le dejaban irse con el dinero.* Cuando en estas o semejantes circunstancias, una mujer perversa dice a un malvado que no es hombre si no comete un crimen, rara vez el crimen deja de cometerse, y así sucedió. El más embriagado o el más colérico por haber perdido, lanzó al ganancioso por la escalera, que había empezado a bajar; al verle en el suelo, todos se arrojaron sobre él, dándole muerte. ¿Qué hacer del cadáver? Ni podía enterrarse en la casa, ni nadie se atrevía a sacarle fuera. Mas si llevarle entero ofrecía riesgo, descuartizándole no había dificultad en sacarle en pedazos, y es lo que propuso el amo de la casa. La idea fue aceptada; solamente que al tratar de ejecutarla, por falta de herramientas o de destreza, la operación no se hacía bien. Muy cerca vivía un honrado vecino que mataba cerdos y los descuartizaba; ocúrreles ir a llamarle, y van y le traen, sin saber el infeliz para qué, y amenazándole de muerte le obligan a que haga con uno de sus semejantes lo que tenía por oficio hacer con los animales, y a que guarde el horrible secreto. Pronto le llevó al sepulcro, porque murió de resultas de aquella horrenda escena. El cuerpo del asesinado fue saliendo en pedazos, que a mucha distancia unos de otros se ocultaron cuidadosamente; pero Dios sabía dónde estaban, y su providencia descubrió el crimen.

Si este hecho no constase legalmente en una Audiencia que no quiero nombrar, porque se honra poco el país donde tales cosas suceden, se diría que era algún cuento inventado para asustar a niños o entretener ociosos. No obstante, los que saben lo que son los garitos, cuanto en ellos pasa, y la fiebre iracunda que se apodera del jugador cuando bebe y pierde, comprenderán la posibilidad de semejantes horrores, y que el que juega no sale nunca ganancioso aunque la fortuna le favorezca. ¡Oh, hermanos míos! Si yo pudiera presentar a vuestros ojos todas las desgracias y todos los crímenes que del juego resultan; si pudierais ver todos los que se arruinan y hacen su desgracia y la de su familia, todos los que se deshonran y se pierden cometiendo delitos y atrocidades, y en fin, todos los que desesperados se quitan la vida, imposible me parece que este doloroso cuadro no os impresionase, y no pensarais, como yo pienso, que no hay arma que haga tanto daño como una baraja, ni vicio tan fatal como el del juego.

Por desgracia, lejos de que las cartas inspiren el horror que debieran, muchos de entre vosotros las introducen furtivamente en la prisión, y cuando esto no es posible, las suplen de mil maneras extrañas y hasta repugnantes, inventando modos de jugar cuando no hay ningún instrumento de juego. ¡Cuántas veces estáis en los patios o en las cuadras jugando, sin que pueda sospecharlo el que no sabe lo que inventa la ociosidad para hacerla menos pesada, y de qué remedios se valen los viciosos para satisfacer el vicio!

La baraja no solo sirve para jugar, sino para predecir lo futuro, y hay quien imagina que va a leer su suerte en un pedazo de cartón mal pintado y mugriento, manejado por alguna bribona o algún tuno que venden patrañas por dinero, y medran a costa de la credulidad que saben explotar. Arrepentíos del pecado y avergonzaos de la tontería de ir a preguntar a una baraja cuál ha de ser vuestra suerte. Se ofende a Dios con esta superstición, y en verdad hay pecados, y este es uno, que no se comprende cómo pueden cometerse por una persona que tenga su cabal juicio.

La ley castiga también como falta esta insensatez, y dice:

> Artículo 495.
>
> 6º. El que con objeto de lucro interpretase sueños, hiciere pronósticos o adivinaciones, o abusare de la credulidad de otra manera semejante, incurrirá en la multa de ½ a 4 duros.

El que manda echar las cartas para saber su suerte, ¿a quién se dirige? A la baraja, no, porque es una cosa sin vida, sin alma, y que nada sabe ni puede saber. Al que la maneja, no, por que es un ser como el que hace la pregunta, probablemente un poco más ladino y más culpable. A Dios, no, porque no ha de dar a una criatura viciosa y tal vez criminal el más alto de sus dones, el don de profecía, reservado a los grandes escogidos. Al diablo, no, porque no puede hacer nada contra la voluntad de Dios, que no ha de dejar que lea en el porvenir y ponga en conocimiento del pecador lo que no alcanza a saber el justo. ¿A quién se dirige, pues, el que manda echar las cartas? A su propia locura, que le hace ir a preguntar a quien sabe lo mismo que él, y dar crédito a patrañas indignas de ser creídas por ninguna persona cuerda.

Fijaos bien en dos consideraciones. La primera es el carácter y circunstancias de quien *echa las cartas*, y veréis que estos profetas de las prisiones son siempre criaturas degradadas, viciosas, ruines, egoístas, llenas de malos pensamientos y de malas obras, y más prontas a estafar que a prestar ningún servicio a sus compañeros de desgracia. La segunda es, que si tuvieran el poder que se atribuyen, lo habrían empleado en beneficio propio, hubieran sabido anticipadamente que su delito no quedaría impune, que los traería a la prisión, y no le habrían cometido. ¿Os parece que quien puede leer en lo futuro se ocuparía en decíroslo por dos cuartos, en vez de averiguar los números que han de salir premiados en la lotería y sacar el premio grande? Yo espero, hermanos míos, que no volveréis a rebajaros y poneros en ridículo dando crédito a patrañas que ofenden a Dios y son muchas veces causa de quimeras y desórdenes.

¡Cuántas veces una de estas predicciones trae esperanzas insensatas o temores vanos, dando lugar a determinaciones absurdas, o siembra cizaña y malquista a personas que vivían en paz! Y si estos inconvenientes son en todas partes graves, ¿cuánto más en la prisión, donde la imprudencia cuesta tan cara, y donde necesariamente hay que vivir en compañía de determinadas personas, aunque nos ofendan, aunque las ofendamos, aunque estén prevenidas contra nosotros, aunque lo estemos contra ellas? ¡Qué de embustes, de chismes, de desavenencias, de reyertas no hay a veces de resultas de haber echado las cartas! ¡Cuántas personas que estaban tranquilas y resignadas con su suerte, se agitan con una esperanza vana o con un temor insensato, y pierden su prudencia y dan lugar a reprensiones y a castigos! ¡Cuántas dejan de hacer razonados esfuerzos para mejorar su situación porque una carta les ha dicho que sin trabajo alcanzarán lo que desean, o que es imposible que lo alcancen!

La baraja que debéis consultar, hermanos míos, es vuestro corazón. Si hay en él buenos sentimientos, propósito firme de vivir honradamente y de no volver a la prisión, no volveréis a ella; si, por el contrario, persiste en el mal, si busca su bien en el daño de otro, si quiere hacer a los demás lo que no quisiera que le hiciesen, vuestro fin será triste, tal vez desastroso, yo os lo predigo, y no permita Dios que hagáis por que se cumpla esta profecía.

Carta XIX

DELITOS CONTRA EL ESTADO CIVIL DE LAS PERSONAS. ARTÍCULOS 392 AL 394. MATRIMONIOS ILEGALES. ARTÍCULOS 395 AL 404.

Hermanos míos:

La codicia suele ser el móvil *de los delitos contra el estado civil de las personas*, delitos preparados por la astucia y que hallan cómplices y encubridores en los que no comprenden todo el daño que hacen ni el castigo a que se exponen. Es raro que no haya herencia de por medio en estos delitos, que son una de las infinitas formas del fraude. Dice el Código:

> Artículo 392. La suposición de parto y la sustitución de un niño por otro, serán castigadas con las penas de presidio mayor y multa de 50 a 500 duros.
>
> Las mismas penas se impondrán al que ocultare o expusiere un hijo legítimo con ánimo de hacerle perder su estado civil.
>
> Artículo 393. El facultativo o empleado público que abusando de su profesión o cargo cooperare a la ejecución de alguno de los delitos expresados en el artículo anterior, incurrirá en las penas del mismo, y además en la de inhabilitación temporal especial.
>
> Artículo 394. El que usurpare el estado civil de otro, será castigado con la pena de presidio mayor.

Según os decía, la codicia es el móvil de estos delitos feos, como hijos de tal madre. En efecto, ¿cuándo se supone un parto? Cuando, por ejemplo, una mujer queda viuda de un hombre que tenía bienes de que no la dejó heredera. Entonces, para defraudar a sus herederos legítimos, finge haber quedado embarazada y supone el parto, buscando un recién nacido que hace pasar por hijo de su esposo difunto.

¿Cuándo se sustituye un niño por otro? Cuando se quiere privar a uno de ellos de la fortuna o condición que al otro se da.

¿Cuándo se expone un hijo legítimo para hacerle perder su estado civil? Cuando se quiere que otro herede los bienes de sus padres.

¿Cuándo se usurpa el estado civil de otro? Cuando ese otro tiene derecho a bienes de fortuna, porque nadie se dice, sin serlo, hijo de un pobre.

Esta especie de fraude tiene a veces circunstancias bien terribles para la víctima y en que no se para el culpable. Al niño a quien se priva de su estado civil, es decir, a quien se supone hijo de padres desconocidos o de otros que los suyos, no solo se le priva de la fortuna que lo pertenecía, sino, lo que es mucho peor, de las caricias de sus padres, de su apoyo, tal vez de la vida, que en la primera edad exige tantos cuidados y depende muchas veces del amor maternal. Robo verdaderamente impío, en que no piensan los que se prestan a estos criminales manejos, a estos cambios y ficciones hechos a veces con ligereza culpable, sin pensar las desdichas que acarrea al ofendido y que puede costar al ofensor doce años de presidio.

Todavía son más terribles las consecuencias de los matrimonios ilegales, que recaen no solo sobre los hijos, sino sobre la esposa, que es por lo común la engañada. Ved sobre esto lo dispuesto por la ley:

> Artículo 395. El que contrajere segundo o ulterior matrimonio sin hallarse legítimamente disuelto el anterior, será castigado con la pena de prisión mayor.
>
> En igual pena incurrirá el que contrajere matrimonio estando ordenado *in sacris*, o ligado con voto solemne de castidad.

Artículo 396. El que con algún otro impedimento dirimente, no dispensable por la Iglesia, contrajere matrimonio, será castigado con la pena de prisión menor.

Artículo 397. El que contrajere matrimonio mediando algún impedimento dispensable por la Iglesia, será castigado con una multa de 10 a 100 duros.

Si por culpa suya no revalidare el matrimonio previa dispensa en el término que los Tribunales designen, será castigado con la pena de prisión menor, de la cual quedará relevado cuando quiera que se revalide el matrimonio.

Artículo 398. El que en un matrimonio ilegal, pero válido según las disposiciones de la Iglesia, hiciere intervenir al párroco por sorpresa o engaño, será castigado con la pena de prisión correccional.

Si le hiciere intervenir con violencia o intimidación, sera castigado con la de prisión menor.

Artículo 399. El menor que contrajera matrimonio sin el consentimiento de sus padres, o de las personas que para el efecto hagan sus veces, será castigado con prisión correccional.

La pena será de arresto mayor si las personas expresadas aprobaran el matrimonio después de contraído.

Artículo 400. La viuda que casara antes de los 301 días desde la muerte de su marido, o antes de su alumbramiento si hubiera quedado en cinta, incurrirá en las penas de arresto mayor y multa de 20 a 200 duros.

En la misma pena incurrirá la mujer cuyo matrimonio se hubiere declarado nulo si casara antes de su alumbramiento o de haberse cumplido 301 días después de su separación legal.

Artículo 401. El adoptante que sin previa dispensa civil contrajera matrimonio con sus hijos o descendientes adoptivos, será castigado con la pena de arresto mayor.

Artículo 402. El tutor o curador que antes de la aprobación legal de sus cuentas contrajera matrimonio o prestare su consentimiento para que lo contraigan sus hijos o descendientes con la persona que tuviere o hubiere tenido en guarda, será castigado con las penas de prisión correccional y multa de 100 a 1.000 duros.

> Artículo 403. El eclesiástico que autorizare matrimonio prohibido por la ley civil, o para el cual haya algún impedimento canónico no dispensable, será castigado con las penas de confinamiento menor y multa de 50 a 500 duros.
>
> Si el impedimento fuere dispensable, las penas serán destierro y multa de 20 a 200 duros.
>
> En uno y otro caso se le condenará por vía de indemnización de perjuicios al abono de las costas de la dispensa mancomunadamente con el cónyuge doloso.
>
> Si hubiera habido buena fe por parte de ambos contrayentes, será condenado por el todo.
>
> Artículo 404. En todos los casos de este capítulo, el contrayente doloso será condenado a dotar, según su posibilidad, a la mujer que hubiere contraído matrimonio de buena fe.

Estas son las disposiciones de la ley, que en vano pretende indemnizar a la mujer engañada del daño causado por el que la burló. Apasionada de su seductor, muchas veces pretende en vano olvidarle, y si lo consigue, por más que sea inocente, el mundo podrá compadecerla como desgraciada, pero arroja sobre ella alguna cosa parecida a una mancha; de modo que sin que su virtud haya desmerecido nada, su honor vale menos. Esto no es justo, pero es, y la pobre mujer burlada se avergüenza y se oculta como si su desdicha fuera un crimen. Yo he conocido una infeliz sacrificada de este modo, y madre de cinco hijos, yo he visto su desolación al saber que estaba casado con otra el que había amado como esposo; yo he visto el abandono y la vergüenza de aquella familia con virtud y sin honra; yo he visto la lucha terrible entre el amor y el resentimiento, la cólera y la ternura, y cuánto padece una madre que al oír decir a un hijo que su padre es malvado, no puede responderle: «Mientes». Esta desventurada era tan buena, que no quiso llamar a su burlador ante los Tribunales; Dios le llamó pronto al suyo; Dios le habrá pedido cuenta más estrecha que los hombres de la mujer amante que sacrificó, de los inocentes hijos que ha dejado en el abandono y la ignominia. Este delito es una consecuencia de la deshonestidad. ¡Cuántos otros podrían decirle: «Tú eres nuestra madre»!

Carta XX

DETENCIONES ILEGALES. ARTÍCULOS 405 AL 407. SUSTRACCIÓN DE MENORES. ABANDONO DE NIÑOS. ARTÍCULOS 408 AL 413.

Hermanos míos:

El capítulo del Código que trata de las *Detenciones ilegales* es corto, pero larga la huella de desventuras que dejan tras sí los culpables de este delito. ¡Quién sabe las tristes consecuencias que puede tener para la persona detenida el verse arrebatada de entre los suyos y encerrada y maltratada o amenazada de muerte, viendo enemigos en todos los que lo rodean, sin saber a quién volver los ojos, ni cómo pedir socorro, ni cuándo tendrá fin su desdicha! ¡Quién sabe las angustias de su esposa o de su madre padeciendo las ansias de la incertidumbre y el terror a lo desconocido, esa tortura que sufre el alma cuando teme todas las desgracias y no se puede resignar con ninguna, porque ninguna sabe con certeza! Al desaparecer una persona, los que la aman temen para ella todos los peligros, la ven sufrir todos los dolores y morir de todas las muertes. No se puede comer, porque padecerá hambre, ni beber, porque tendrá sed, ni descansar, porque para ella no habrá descanso. Se la ve ahogada flotar sobre las aguas, precipitada de una altura, cubierta de heridas y bárbaramente asesinada, porque ha desaparecido, porque no se sabe de ella, porque todo puede suceder, porque todo ha sucedido, y hay ejemplos de todo lo que se cree o se teme.

Imposibles de prever son las desgracias que podrán resultar de sustraer un hombre a su familia y encerrarle con un objeto culpable, porque de la sorpresa, del susto, del temor, de la zozobra, vienen alteraciones en el espíritu y enfermedades en el cuerpo que amargan la vida y apresuran la muerte.

Vosotros sabéis qué triste es la pérdida de la libertad, aunque se tengan todas las garantías que os da la ley. ¡Cuán terrible no debe ser, si en lugar de seguridades existen fundados motivos de temor, y no hay ruido, ni palabra, ni acción que no parezca una amenaza o un peligro! Aunque el encerrado ilegalmente recobre su libertad, difícil es que recobre el sosiego que antes tenía, y que su desgracia no le deje una larga huella de dolores. El agresor no tiene en cuenta estas circunstancias, pero la ley no debe olvidarlas. He aquí sus disposiciones.

> Artículo 405. El que encerrare o detuviere a otro privándole de su libertad, será castigado con la pena de prisión mayor.
>
> En la misma pena incurrirá el que proporcionare lugar para la ejecución del delito.
>
> Si el culpable diere libertad al encerrado o detenido dentro de los tres días de su detención, sin haber logrado el objeto que se propusiera, ni haberse comenzado el procedimiento, las penas serán las de prisión correccional y multa de 20 a 200 duros.
>
> Artículo 406. El delito de que se trata en el artículo anterior será castigado con la pena de reclusión temporal:
>
> 1°. Si el encierro o detención hubiere durado más de veinte días.
>
> 2°. Si se hubiere ejecutado con simulación de autoridad pública.
>
> 3°. Si se hubieren causado lesiones graves a la persona encerrada o detenida, o se la hubiere amenazado de muerte.

> Artículo 407. El que fuera de los casos permitidos por la ley aprehendiere a una persona para presentarla a la autoridad, será castigado con las penas de arresto menor y multa de 5 a 50 duros.

Si el delito de encerrar a una persona es grave, ¡cuánto más no lo será sustraer a un pobre niño, sin misericordia por su debilidad y por su inocencia! Corazón bien empedernido debe tener el que no se conmueve con las lágrimas del triste; no piense en las de su madre desolada, y al escuchar aquella voz tan débil y tan dulce, y al ver aquellas manitas suplicantes, no sienta allá en el fondo de su alma alguna cosa parecida a la compasión, alguna voz que parezca decirle: «No aflijas a ese inocente». Un niño inspira interés a todo el mundo, y pocos hay tan mal nacidos que al verle atribulado pasen sin dirigirle una palabra de consuelo. Hasta los animales parece que comprenden el cariño que merece y que necesita. No solo el perro leal, sino el traidor gato, sufre paciente sus travesuras y se deja mortificar. Aquellas manos que no han hecho daño, aquella boca que no ha mentido, aquella frente por donde no pasó ningún mal pensamiento, aquellos ojos donde se refleja la inocencia; todo en el niño habla al corazón, y el corazón declara al que le oprime, al que le hace verter las primeras lágrimas de amargura, traidor al más noble sentimiento y reo de lesa inocencia. Hay por desgracia de esos traidores y de estos reos; hay protervos que ponen sobre un inocente para oprimirle su mano impía, impía, sí, porque una mujer ha dicho con razón que *un niño es cosa sagrada.*

El culpable de este delito es severamente castigado por la ley, que comprende la maldad que revela, el daño que hace y la necesidad de proteger al que débil y candoroso no puede protegerse a sí mismo. Ved las disposiciones del Código:

> Artículo 408. La sustracción de un menor de siete años, será castigada con la pena de cadena temporal.
>
> Artículo 409. En la misma pena incurrirá el que hallándose encargado de la persona de un menor no lo presentare a

> sus padres o guardadores, ni diere explicación satisfactoria acerca de su desaparición.
>
> Artículo 410. El que indujere a un menor de edad, pero mayor de siete años, a que abandone la casa de sus padres, tutores o encargados de su persona, será castigado con las penas de arresto mayor y multa de 20 a 200 duros.
>
> Artículo 411. El abandono de un niño menor de siete años será castigado con las penas de arresto mayor y multa de 10 a 100 duros.
>
> Cuando por las circunstancias del abandono se hubiere puesto en peligro la vida de un niño, será castigado el culpable con la pena de prisión correccional, a no ser que el hecho constituya otro delito más grave.
>
> Artículo 412. El que teniendo a su cargo la crianza o educación de un menor lo entregare a un establecimiento público o a otra persona sin la anuencia de la que se lo hubiere confiado, o de la Autoridad en su defecto, será castigado con una multa de 20 a 200 duros.
>
> Artículo 413. El que detuviere ilegalmente a cualquiera persona, o sustrajere un niño menor de siete años, y no diere razón de su paradero, o acreditare haberlo dejado en libertad, será castigado con la pena de cadena perpetua.
>
> En la misma pena incurrirá el que abandonare un niño menor de siete años, y no acreditare que lo dejó abandonado sin haber cometido otro delito.

Las penas son severas, pero proporcionadas a la gravedad del delito; yo sé que lo comprendéis así los que tenéis hijos, porque he visto muchas veces conmovido vuestro corazón por el noble sentimiento de amor de padres, y brillaba puro y santo en la prisión como una luz en la obscuridad. Yo os he visto dar mil pruebas de ternura y de abnegación en favor de vuestros inocentes hijos, y me he conmovido hasta derramar lágrimas, porque cualquiera virtud parece más sublime allí donde es más difícil tenerla. Que ese noble sentimiento os sirva de apoyo para levantaros del abismo donde caísteis; que sea la estrella que os guíe en la oscuridad de vuestra desdicha, porque, creedme, cualquier pensamiento bueno, cualquier impulso generoso que nos saca de nuestro interés y de nuestro egoísmo y nos hace hallar satisfacción en el bien de otro, puede ser como un camino que nos vuelva a la virtud, como una tabla que nos saque a la orilla en la tempestad de nuestras desdichas y de nuestras culpas.

Padres y madres que tenéis hijos, por el amor de ellos, por el respeto que su inocencia merece, que no aprendan de vosotros palabras malas, ni les deis malos ejemplos. ¿Quién de vosotros querría para ellos la suerte que os ha cabido, ni que vengan algún día adonde estáis ahora? Apartad de sus cabezas inocentes tamaña desgracia; no les enseñéis nada malo, ni consintáis que ninguno les dé lecciones de perversidad, más fáciles de grabar en el corazón que de borrar de él. Vosotros que los amáis, no queráis para ellos el mayor daño que podría causarles su más terrible enemigo, porque si los hacéis malos, los haréis desgraciados, los pondréis en peligro de que os maldigan, y si es terrible la maldición de un padre, no lo es menos la del hijo que ve en el autor de su existencia la causa de su desventura.

¿Qué sirve el bien material que reciban si descuidáis su alma, de quién depende el bien o la desventura que han de tener en la vida? No ama a su hijo, no sabe amarle, el que no le aparta, pudiendo, del mal ejemplo; el que pervierte o consiente que le perviertan; el que no procura por todos los medios hacerle bueno, que es el único modo de hacerle feliz; porque creedme, hermanos míos, no hay mentira mayor que la felicidad de los malos.

Aunque no fuera por amor de ellos, por interés propio deberíais procurar educar bien a vuestros hijos; que si son malos, no han de ser buenos para vosotros. ¿Pensáis que cuando aprendan a despreciar todas las cosas santas han de respetaros? ¿Pensáis que cuando se acostumbren a quebrantar todos los mandamientos de Dios, guardarán el de honrar padre y madre? ¿Pensáis que cuando adquieran el hábito de abusar de su fuerza para hacer mal, ampararán vuestra debilidad? ¡Ah! No. Vosotros cogeréis larga cosecha del mal que sembréis en su alma, seréis sus primeras víctimas, y no os quejéis, porque el que no da más que la existencia, y la envenena con el contagio del vicio o del crimen, no merece el nombre de padre. Que vuestros hijos os le den con amor y respeto; que os sostengan al fin de vuestra vida; que lloren vuestra muerte; que depongan en favor vuestro ante el tribunal de Dios; que contribuyan a borrar con sus virtudes vuestras culpas, y que en descargo de ellas podáis decir al Supremo Juez: «Enseñé a mis hijos mejor que mis padres me habían enseñado».

Carta XXI

ALLANAMIENTO DE MORADA. ARTÍCULOS 414 AL 416. AMENAZAS Y COACCIONES. ARTÍCULOS 417 AL 421.

Hermanos míos:

Antes de copiar los artículos del Código que tratan del *allanamiento de morada*, es decir, del que entra en casa ajena contra la voluntad del que vive en ella, bien será pararnos un momento a desvanecer el error en que algunos están, ya suponiendo que no debe respetarse el hogar doméstico, ya imaginando que en él es permitido entregarse a las mayores violencias sin que nadie, fuera de la Autoridad pública, tenga derecho a ponerles coto: yo he visto muchos ejemplos de estos dos errores.

Debe respetarse la casa ajena lo mismo que debe serlo la nuestra, porque no es razón que nadie reciba en la suya a persona que no le conviene, por cualquiera motivo que sea. Cada uno es dueño de rechazar o acoger a quien le parezca; es el único juez de las personas que en su casa perjudican, y el que entra en ella contra su voluntad, atropella su derecho, puede causarle grandes daños y merece ser castigado.

Pero el que en su casa comete excesos punibles, el que hiere o maltrata, el que cegado por una pasión cualquiera atiende solo a lo que imagina su conveniencia, como negándose a abrir en caso de incendio, y por el afán de guardar o de no exponer sus intereses, rechaza o retarda los auxilios que se le ofrecen, dando lugar a que el fuego tome cuerpo y se propague a los edificios inmediatos, en cualquiera de estos casos, y otros análogos, todos tienen derecho a allanar la morada del que en ella falta a su deber; que no ha de ser sagrada para nadie cuando él empieza por profanarla con su mal proceder. No hay derecho para hacer en casa el mal que la ley castiga fuera de ella, y cualquiera para evitarle puede entrar en la morada del contraventor. No es raro, si un hombre maltrata despiadadamente a su mujer o a su hija, que responda al que acude a poner coto a su ferocidad: «Estoy en mi casa y usted nada tiene que ver en ella». Error grave, porque todos tienen que ver en todas partes donde se comete una maldad que puede evitarse, y en estos casos el hombre honrado se halla revestido de una alta magistratura y va de parte de la razón y de la justicia. Partiendo de estos principios la ley dispone:

> Artículo 414. El que entrare en morada ajena contra la voluntad de su morador será castigado con arresto mayor y multa de 10 a 100 duros.
>
> Si el hecho se ejecutare con violencia o intimidación, las penas serán de prisión correccional y multa de lo a 100 duros.
>
> Artículo 415. La disposición del artículo anterior no es aplicable al que entra en la morada ajena para evitar un mal grave a sí mismo, a los moradores, a un tercero, ni al que lo hace para prestar algún servicio a la humanidad o a la justicia.
>
> Artículo 416. Lo dispuesto en este capítulo no tiene aplicación respecto de los cafés, tabernas, posadas y demás casas públicas, mientras estuvieren abiertas.

Inmediatamente después de este capítulo está otro cuyos artículos son de los más infringidos del Código; tratan *de las amenazas y coacciones*. Si no hubiera tolerancia en las prisiones para este delito, si se le aplicase el Código con todo rigor, ni bienes para pagar las multas, ni vida para cumplir los numerosos arrestos tendrían los contraventores.

Hay confinados y corrigendas que tienen siempre en su boca la amenaza, y a veces no se contentan con decir que matarán, sino que ofrecen matar con las circunstancias más crueles que pueden inventar el odio y la obscenidad. Este brutal desahogo de la cólera es tan repugnante como ridículo, porque sucede con el mal, como con el bien, que no son los que más hablan los que más hacen. Los vocingleros del crimen, los fanfarrones de perversidad son altamente perjudiciales, por el escándalo que producen, por el temor que inspiran, por la mala idea que de sí dan, y porque en algunos casos la amenaza es causa del crimen, creyendo el amenazador comprometido su amor propio en cumplir la atroz promesa. El amor propio entra en todas partes y vive como puede; cuando no tiene virtudes para alimentarse, se alimenta de vicios, y si no logra ostentar acciones buenas, hace gala de maldades. Así, por un lamentable extravío de ideas y de sentimientos, el amenazador se cree comprometido a poner por obra su amenaza, y hace como una especie de caso de honra el deshonrarse para siempre. La amenaza coloca entre el ridículo y el crimen: si no se cumple, da risa; si se ejecuta, da horror.

Los que tenéis el mal hábito de amenazar, procurad corregirle, y no caigáis en él los que no le habéis contraído. Es indigno de personas formales convertirse en una especie de ladradores de la ira que nadie escucha sin disgusto o sin desprecio. El vomitar por la boca, como otros tantos animales repugnantes, todos los malos deseos que pasan por el corazón, es cosa impropia de seres racionales, y rebaja aún a los que están muy abajo. Escuchad ahora las disposiciones de la ley:

> Artículo 417. El que amenazare a otro con causar al mismo o a su familia, en sus personas, honra o propiedad, un mal que constituya delito, será castigado:
>
> 1°. Con la pena inmediatamente inferior en grado a la señalada por la ley al delito con que amenazare, si se

hubiera hecho la amenaza exigiendo una cantidad o imponiendo cualquiera otra condición ilícita y el culpable hubiere conseguido su propósito; y con la pena inferior en dos grados, si no lo hubiere conseguido.

La pena se impondrá en su grado máximo si las amenazas se hicieren por escrito o por medio de emisario.

2°. Con las penas de arresto mayor y multa de 10 a 100 duros, si la amenaza no fuere condicional.

Artículo 418. Las amenazas de un mal que no constituya delito, hechas en la forma expresada en el número 1°. del artículo anterior, serán castigadas con la pena de arresto mayor.

Artículo 419. En todos los casos de los dos artículos anteriores se podrá condenar además al amenazador a dar caución de no ofender al amenazado, y en su defecto a la pena de sujeción a la vigilancia de la Autoridad.

Artículo 420. El que sin estar legítimamente autorizado impidiere a otro con violencia hacer lo que la ley no prohíbe, o le compeliere a ejecutar lo que no quiera, sea justo o injusto, será castigado con las penas de arresto mayor y multa de 5 a 50 duros.

Artículo 421. El que con violencia se apoderare de una cosa perteneciente a su deudor para hacerse pago con ella, será castigado con las penas de arresto menor y una multa equivalente al valor de la cosa, pero que en ningún caso bajará de 15 duros.

Este último artículo se funda en que la ley no puede consentir que nadie tome *la justicia por su mano*, porque ya os he dicho que la justicia así tomada es venganza; verdad que todos saben y se expresa con la frase vulgar de que *nadie es buen juez en causa propia*.

Volviendo a la amenaza, ya notaréis que puede dividirse en dos clases; una, de que os he hablado, desahogo de la cólera, que consiste en amenazar simplemente; otra, cálculo criminal del que amenaza para conseguir por el terror el objeto que se propone. El delito es grave y es bajo. Es grave, porque hace un mal inmenso, llevando el espanto, no solo a la persona amenazada, sino a todos los que saben el peligro en que se halla y temen para sí igual desgracia; es bajo, porque el robo es generalmente el objeto que se propone el criminal, y emplea un medio traidor y rastrero. Además, es insensato, porque es poco menos que imposible la impunidad de este delito.

La amenaza suele hacerse por medio de emisario y más frecuentemente por escrito. Se exige alguna cosa, por lo común dinero; se manda depositar en tal o cual parte, y es raro que por el emisario, por el papel o por la persona que recoge la cantidad exigida, no se descubra al criminal, que cae en poder de la justicia. Él no lo cree así, antes juzga que ofrece mucha comodidad y poco riesgo robar sin peligro de su persona ni otra arma que un papel lleno de amenazas. Tampoco tiene presente el terrible castigo a que se expone; porque si, por ejemplo, exige por emisario o papel una cosa cualquiera, amenazando de lo contrario poner fuego a una casa habitada, y consigue por este medio lo que pretendía, teniendo aquel delito pena de cadena perpetua a la de muerte, al amenazador se le impondrá la inmediata en su grado máximo, es decir, que tendrá veinte años de cadena; lo cual, si no es muy joven, significa cadena para toda la vida. Veis, pues, que el exigir dinero con amenazas es un gran delito, una gran bajeza y un gran disparate, porque la impunidad es difícil y la pena grave, máxime que el amenazador, confiado en que no ha de ser descubierto, se cuida poco de pensar que el castigo se ha de medir por la amenaza, y busca la que causando más temor sea más eficaz para conseguir su objeto.

Apartaos pues, hermanos míos, de un crimen que, llevando el terror a las familias, privándolas del precioso tesoro de la tranquilidad, atraería sobre vosotros una gran pena, causando vuestra desgracia. Es mentida esa seguridad que cree tener el culpable que desde su casa se sirve como arma de un papel, porque un papel es un terrible testigo que rara vez deja de denunciar al que con intento malo le escribió o le mandó escribir.

Y aquí, hermanos míos, no puedo menos de exhortar a aquellos de entre vosotros que sabéis escribir, para que no empleéis la pluma como un instrumento de delito; porque, os lo digo otra vez, el papel es un terrible testigo, que no perjura, que no es recusable, que no se contradice, que no se puede mover con amenazas ni con promesas, y que está siempre presente ante el juez que le interroga. El papel es arma que para producir efecto ha de salir de manos del que la emplea, y así que está en otras, puede volverse contra él, y se vuelve casi siempre. No bastan todas las precauciones ni toda la destreza: el que falsifica, el que amenaza, el que estafa, el que de un modo cualquiera hace daño sirviéndose de la pluma, es al fin descubierto, por mucha habilidad que tenga. A veces tienen mucha los criminales letrados; a veces hay que admirar en ellos prodigios de destreza y de perseverancia, pero la inutiliza el más ligero descuido que es imposible que dejen de tener, y al considerarlos no se puede menos de hacer la reflexión de que, si emplearan para el bien la mitad del trabajo que emplean para el mal, llegarían a adquirir una buena fortuna, en vez de entrar en la prisión que al fin es su paradero.

Volved de vuestro error los que tenéis propensión a dejaros guiar por los criminales letrados y admiráis su habilidad; son mil veces torpes, pues han empleado su destreza con tan poco tino, que hallando muchos caminos abiertos a su inteligencia, eligieron el que los llevó a presidio. ¿Qué esperáis para vosotros de la dirección de los que tan mal se han dirigido a sí propios? ¡Ah! Creedme, no hay habilidad que pueda competir con la honradez, y el que os aconseja que seáis honrados es el único que no os engaña, el único que os ama y os pone en camino de ser felices.

Carta XXII

IMPRUDENCIA TEMERARIA. ARTÍCULOS 480 Y 484.

Hermanos míos:

El mal se hace tan fácilmente, que es necesario tener cuidado para no hacerle, y esta necesidad constituye en todos un deber y un derecho. Un deber, porque estamos obligados a considerar si de nuestras acciones puede resultar perjuicio a otro; un derecho, porque los demás tienen obligación de no hacer nada que nos perjudique. Hay culpa de nuestra parte no solo cuando hacemos mal con intención, sino cuando resulta de nuestra falta de prudencia; porque hemos recibido la razón para emplearla y no para obrar como dementes que carecen de ella. Si hubiera una historia exacta de todas las desgracias que resultan de no meditar las acciones ni prever sus consecuencias, os asombraríais al ver que sin voluntad de hacerle se pueda hacer tanto daño, y comprendáis que la prudencia es un deber.

Todos tenemos derecho a no ser sacrificados al aturdimiento de un insensato. El que obra cediendo a un impulso cualquiera, sin tener para nada en cuenta el daño que de su acción puede resultar para sí o para los otros; el que no reflexiona el resultado probable o posible de lo que va a hacer; el que renunciando a su razón se constituye en una especie de demencia voluntaria, es un loco responsable y culpado. SÉ PRUDENTE, es precepto que las madres debían inculcar cuidadosamente en el corazón de sus hijos, ¡y cuántas penas evitarían y cuántos males a la sociedad si no le olvidaran!

¡Qué desastres en el mar, en los depósitos de pólvora, en los caminos, en las fábricas, en la caza, producidos por las armas de fuego, y por los incendios, y por los que corren a caballo o en carruaje, y por los que de mil maneras exponen su vida y la ajena con insensatez culpable! ¡Cuántas veces al escuchar la relación de una gran desgracia y preguntar su causa no se nos responde: *Una imprudencia. Un descuido. Una temeridad!*

Así, pues, la ley hecha para seres racionales con razón impone la prudencia como un deber, y con justicia castiga la *imprudencia temeraria.* Oíd lo que sobre esto dispone:

> Artículo 480. El que por imprudencia temeraria ejecutare un hecho, que si mediase malicia constituiría un delito grave, será castigado con la prisión correccional, y con el arresto mayor de uno a tres meses, si constituyera un delito menos grave.
>
> Estas mismas penas se impondrán respectivamente al que con infracción de los reglamentos cometiere un delito por simple imprudencia o negligencia.
>
> En la aplicación de estas penas procederán los Tribunales según su prudente arbitrio, sin sujetarse a las reglas prescritas en el artículo 74.
>
> Lo dispuesto en el presente artículo no tendrá lugar cuando la pena señalizada al delito sea menor que las contenidas en el párrafo 1°. del mismo, en cuyo caso los Tribunales aplicarán la inmediata a la que corresponda, en el grado que estimen conveniente.
>
> Artículo 484.
>
> 6°. Serán castigados con las penas de arresto de cinco a quince días, y multa de 5 a 15 duros, los que corrieren carruajes o caballerías con peligro de las personas, haciéndolo de noche o en paraje concurrido.

Pero no solo en los males causados involuntariamente, sino en los crímenes, y hasta en los crímenes premeditados, tiene una gran parte *la imprudencia temeraria.* Cuántas veces al oír las circunstancias con que se ha cometido un crimen nos asombramos de la insensatez del criminal, de su falta de precaución, de su ceguedad, y exclamamos: «¡Ese hombre estaba loco! ¿Cómo ha podido imaginar que no había de ser descubierto?».

En efecto; apenas hay crimen que no entre por más o menos la temeridad imprudente, que unida a los malos instintos conducen a él, y esto sucede hasta en los premeditados. La premeditación arguye maldad, no prudencia; y esto es tan cierto, que se ven criminales preparando su crimen durante meses y aun años, en los cuales no han echado de ver la insensatez que había en su maldad y cuántas precauciones sencillas y necesarias olvidaban y qué de pruebas iban acumulando contra ellos. Centenares de ejemplos podría citaros; escuchad uno notable, porque se trata de un criminal ilustrado.

El Conde de Bocarmé por heredar a un cuñado suyo trata de envenenarle. Desgraciadamente, no digo a un hombre de su posición, sino en otra menos elevada, no es difícil adquirir sustancias venenosas haciendo un pequeño sacrificio; pero él, en vez de comprar veneno, pensó en fabricarle. Buscó libros para aprender lo necesario, instrumentos y aparatos para practicar lo que leía; se puso en correspondencia con varias personas, a quienes hizo encargos, pidió noticias y datos y consultó dudas. Después, cuando logró extraer el activo veneno que necesitaba, quiso asegurarse de su eficacia, y le ensayó en perros y otros animales, que aparecían muertos en su casa o en su jardín, y todo esto por espacio de años. Cuando se le formó causa, fue grande el número de personas que declararon estas cosas, y no parece sino que se había propuesto comunicar su maldad a una porción de testigos irrecusables que depusieran contra él.

Seguro ya de la eficacia del tósigo, convidó a comer a su cuñado, y no echó el veneno en la comida, sino que derribándole y abusando de su debilidad, porque estaba casi impedido, le introdujo en la boca algunas gotas del líquido que le mató en pocos minutos. El crimen fue descubierto y probado con facilidad, porque, como os he dicho, el criminal parece que se había propuesto acumular pruebas que le condenasen; se le cortó la cabeza en la plaza de Bruselas, de donde era natural.

Entre muchos ejemplos que pudiera citaros, ved aquí uno de premeditación y de imprudencia. Una persona ilustrada, que por espacio de años piensa fríamente en cometer un crimen, y elige para llevarle a cabo medios que debían perderle necesariamente. ¿Qué concluir de aquí? Que la imprudencia temeraria hija del aturdimiento, la que no va unida a intención dañada, puede evitarse y se evita con la reflexión; pero la imprudencia temeraria del crimen no puede evitarse sino renunciando a él. No bastan días y meses y años de reflexionar; el criminal más inteligente obra como un necio; el más experimentado, como si careciese de experiencia; el más astuto descuida precauciones que tendría un niño. El que no vea la providencia de Dios en la imprudencia temeraria de los criminales, tiene que explicarla de algún modo, puesto que negarla es imposible. Tiene que ver como condición del crimen cegar a los que se preparan a cometerle, y que el resolverse a ser criminal es tanto como estar determinado a ser insensato, a exponer su vida sin precauciones, a faltar a todas las reglas de la prudencia, a no ver claro ni lo que le perjudica ni lo que lo conviene; es preciso resolverse, en fin, a marchar por un camino lleno de precipicios, y por donde nadie va sino con los ojos cerrados. Extraña resolución que por más malo que sea no puede tomar un hombre que comprende su interés.

Así, pues, no creáis que es una casualidad que tal o cual crimen se descubra, ni el que en una ocasión fue descubierto se prometa mejor fortuna para otra vez calculando mejor. Es una ley eterna que el crimen ciega, calcula mal; y se comprende, porque es una ley necesaria. ¿Qué sería de la sociedad si los que se proponen dañarla tomasen tan bien sus medidas que no pudiesen ser descubiertos? Bastaría una docena de malhechores para sacrificar una gran población robando, hiriendo o matando a sus habitantes, sin que la justicia pudiese castigar a los criminales; y las ciudades, y las aldeas y las naciones temblarían aterradas bajo el azote del crimen inteligente y precavido que tomaba bien sus medidas para no ser descubierto. Dad al criminal prudencia, circunspección, tino, conocimiento exacto de las cosas y las personas, y el crimen no puede descubrirse, y la ley es impotente y la sociedad imposible. Puede sentarse como evidente esta verdad: *La sociedad existe; luego los criminales son torpes e insensatos.*

Yo no puedo haceros la historia de los crímenes, de su descubrimiento y de su castigo; pero desgraciadamente en la prisión no falta quien refiera estas historias, y muchos cuentan la suya como alarde de maldad, o como distracción del tedio. Ya que por desgracia oís estas relaciones, notad bien en todas ellas el cómo ha sido descubierto el crimen, y veréis siempre torpeza, imprudencia, ceguedad en el criminal. Yo os ruego que observéis bien esta circunstancia, que penséis en ella, y ya que por mal vuestro podéis recibir semejantes lecciones, aprovechadlas al menos. No soy yo quien os las da, son las cosas, los hechos constantes, la realidad evidente. No soy yo quien para convenceros os refiero las historias que cumplen a mi propósito; ya que escucháis la suya a vuestros compañeros, aprended lo que os enseñan todas, y sacaréis como consecuencia forzosa que el crimen se descubre por falta de precaución en el criminal; y cuando veáis como un hecho constante su imprudencia, la miraréis como inevitable, necesaria, fatal.

Lo es, hermanos míos, por una ley santa de Dios que quiere decir: *Los ojos que se abren para el mal, verán poco.* ¡Qué no daría yo por grabar en vuestro corazón esta verdad! ¡Qué no daría yo por convenceros que la imprudencia temeraria del aturdimiento de que habla la ley, puede evitarse, pero que es inevitable la imprudencia temeraria del crimen! ¡Qué no daría yo por persuadiros de que, lo mismo que los licores, embriaga el crimen, y el que va a cometerle y cree poder tomar precauciones, es como si dijese: *Beberé hasta embriagarme, y entonces seré prudente!* ¡Qué no daría yo porque pudierais leer en el libro de la experiencia, que dice en todas sus páginas: CRIMINAL, TE PRECAVES EN VANO; DIOS HA SEPARADO EL CRIMEN DE LA PRUDENCIA! ¡ELIGE! ¡ES PRECISO SER BUENO O SER INSENSATO!

En nombre de vuestro interés, en nombre de los años que aún podáis vivir libres y dichosos, oíd la voz de la razón y de la experiencia. No creáis que es posible hacer mal y discurrir bien, ni ser precavido siendo delincuente, ni sostenerse donde todos caen, ni ser excepción de una regla que no las tiene, ni oponerse a una ley eterna, llevando al crimen, que es sugestión del demonio, la sabiduría, que es atributo de Dios.

Carta XXIII

DELITOS CONTRA EL HONOR. ARTÍCULOS 375 AL 391.

Hoy abrimos el Código por el título que dice: *Delitos contra el honor*. El honor es, hermanos míos, flor delicada, tan fácil de marchitar como difícil de volver a su primitiva belleza. ¿Qué es el honor? La buena idea que los otros tienen de nuestra moralidad, el convencimiento de que no hemos cometido ni podemos cometer ninguna acción baja, infame, culpable. Por desgracia, el honor de la ley y el de la opinión no siempre son uno mismo; la opinión más severa condena como deshonrosas muchas acciones que el legislador absuelve, y deber es de todos no menoscabar la buena fama de nadie, teniendo en cuenta los fallos de la opinión lo mismo que los de la ley, que a veces no son más fatales para el reo que los de la voz pública.

Los delitos contra el honor son los más fáciles de cometer, los que menos proyecto dan al delincuente, y los más difíciles de indemnizar. Puede restituirse la fortuna; pero, ¡qué difícil es devolver la honra que se robó!

Esto consiste, hermanos míos, en que no somos buenos; y al decir *somos*, no creáis que lo digo por modestia o por el deseo de que no os deis por ofendidos, no; lo digo porque en general todos los hombres, lo mismo los que están en las prisiones que los que viven fuera de ellas, tienen una triste facilidad para creer lo malo que de otros se dice, y escuchan el bien con desconfianza. Lo malo que una vez se cree parece que echa raíces en nuestro corazón, que se confunde con alguna cosa muy semejante que halla en él, de manera que es imposible extirparle del todo. ¡Con qué indiferencia oímos lo bueno de una persona que hemos condenado! Parece que el mal pensamiento llena todos los poros de nuestra alma, y el que debe rectificarle cuando llega, no halla ni un resquicio por donde introducirse. Cuando juzgamos mal, juzgamos con la seguridad del que no puede equivocarse, y cuanto nuestros juicios son más severos nos parecen más infalibles: las pruebas están en nuestro corazón, más propenso al mal que cree, que al bien que niega. Si al fin aparece la inocencia del que condenábamos, queda siempre en nuestros labios alguna palabra desdeñosa, y en nuestro corazón alguna duda ofensiva. La dificultad con que absolvemos está en razón directa de la facilidad con que condenamos, es igual; pero si nos equivocamos pensando bien, deshacemos inmediatamente la equivocación sin que quede vestigio alguno, y la equivocación que piensa mal deja tras sí larga huella. Parece que no tiene límites nuestro poder para manchar la ajena fama, y que podemos muy poco para lavar aquella mancha. Parece que tenemos una satisfacción en rebajar a los otros, que nos pesa el tener que confesar sus buenas cualidades, porque siendo muy imperfectos, nuestro amor propio quiere a toda costa negar la perfección de los que más que nosotros valen.

De esta desdichada propensión de cada uno resulta lo terrible que es el juicio de todos, lo inexorable de los fallos de la opinión pública, lo irreparable de los males que hacemos al extraviarla, y el deber en que estamos de no llevar a su tribunal ninguna declaración falsa o equivocada: los testigos acusadores los oye con avidez; los de descargo apenas se escuchan.

Cuidad, pues, mucho, hermanos míos, de no decir de nadie, faltando a la verdad, nada que pueda perjudicar a la buena fama de otro, y así Dios os preserve de que ninguno calumnie la vuestra. Ahora ved las disposiciones del Código:

Artículo 375. Es calumnia la falsa imputación de un delito de los que dan lugar a procedimientos de oficio.

Artículo 376. La calumnia propagada por escrito y con publicidad se castigará:

1°. Con las penas de prisión correccional y multa de 100 a 1.000 duros, cuando se impute un delito grave.

2°. Con las de arresto mayor y multa de 50 a 500 duros si se imputa un delito menos grave.

Artículo 377. No propagándose la calumnia con publicidad y por escrito, será castigada:

1°. Con las penas de arresto mayor en su grado máximo y multa de 50 a 500 duros, cuando se imputare un delito grave.

2°. Con el arresto mayor en su grado mínimo y multa de 20 a 200 duros, cuando se imputare un delito menos grave.

Artículo 378. El acusado de calumnia quedará exento de toda pena probando el hecho criminal que hubiere imputado.

La sentencia en que se declare la calumnia, se publicará en los periódicos oficiales, si el calumniado lo pidiere.

Artículo 379. Es injuria toda expresión proferida o acción ejecutada en deshonra, descrédito o menosprecio de otra persona.

Artículo 380. Son injurias graves:

1°. La imputación de un delito de los que no dan lugar a procedimientos de oficio.

2°. La de un vicio o falta de moralidad, cuyas consecuencias pueden perjudicar considerablemente la fama, crédito o interés del agraviado.

3°. Las injurias que por su naturaleza, ocasión y circunstancias fueren tenidas en el concepto público por afrentosas.

4°. Las que racionalmente merezcan la calificación de graves, atendido el estado, dignidad y circunstancias del ofendido y del ofensor.

Artículo 381. Las injurias graves hechas por escrito y con publicidad, serán castigadas con la pena de destierro en su grado medio al máximo, y multa de 50 a 500 duros.

No concurriendo aquellas circunstancias, se castigarán con las penas de destierro en su grado mínimo al medio, y multa de 10 a 100 duros.

Artículo 382. Las injurias leves serán castigadas con las penas de arresto mayor en su grado mínimo, y multa de 20 a 200 duros, cuando fueren hechas por escrito y con publicidad.

No concurriendo estas circunstancias, se penarán como faltas.

Artículo 383. Al acusado de injuria no se admitirá prueba sobre la verdad de las imputaciones, sino cuando estas fueren dirigidas contra empleados públicos sobre hechos concernientes al ejercicio de su cargo.

En este caso será absuelto el acusado si probare la verdad de las imputaciones.

Artículo 384. Se comete el delito de calumnia o injuria, no solo manifiestamente, sino por medio de alegorías, caricaturas, emblemas o alusiones.

Artículo 385. La calumnia y la injuria se reputarán hechas por escrito y con publicidad, cuando se propaguen por medio de papeles impresos, litografiados o grabados, por carteles o pasquines fijados en los sitios públicos, o por papeles manuscritos comunicados a más de diez personas.

Artículo 386. El acusado de calumnia o injuria encubierta o equívoca, que rehusare dar en juicio explicación satisfactoria acerca de ellas, será castigado como reo de calumnia o injuria manifiesta.

Artículo 387. Los editores de los periódicos en que se hubieren propagado las calumnias o injurias insertarán en ellos, dentro del término que señalen las leyes o el Tribunal en su defecto, la satisfacción o sentencia condenatoria, si lo reclamare el ofendido.

Artículo 388. Podrán ejercitar la acción de calumnia o injuria los ascendientes, descendientes, cónyuge y hermanos del difunto agraviado, siempre que la calumnia o injuria trascendiere a ellos, y en todo caso, el heredero.

Artículo 389. Procederá asimismo la acción de calumnia o injuria cuando se hayan hecho por medio de publicaciones en país extranjero.

Artículo 390. Nadie podrá deducir acción de calumnia o injuria causados en juicio, sin previa licencia del juez o Tribunal que de él conociere.

Artículo 391. Nadie será penado por calumnia o injuria sino a querella de la parte ofendida, salvo cuando la ofensa se dirija contra Autoridad pública, corporaciones o clases determinadas del Estado.

El culpable de injuria o de calumnia contra particulares quedará relevado de la pena impuesta mediando perdón de la parte ofendida.

Para los efectos de este artículo se reputan Autoridad los Soberanos y Príncipes de naciones amigas o aliadas, los agentes diplomáticos de las mismas, y los extranjeros con carácter público, que, según tratados, convenios o prácticas, debieron comprenderse en esta disposición.

Para proceder en los casos expresados en el párrafo anterior, ha de preceder excitación especial del Gobierno.

Algunas personas extrañan que el acusado de calumnia sea absuelto si prueba el hecho criminal que imputara, y que el acusado de injuria no pueda dar un descargo igual, ni se le admita prueba, siendo condenado aun cuando no falte a la verdad. Reflexionando un poco, se comprende la justicia de la ley, que no puede ni debe consentir que denuncie otro hechos que ella no persigue. Si yo digo que Pedro es ladrón, y él me acusa de calumnia y yo le pruebo que he dicho verdad, la ley me absuelve y le condena, porque la sociedad está interesada en que se castiguen los ladrones, porque es justo que sean castigados, y no lo sería que lo fuese el que pone en claro su maldad. Pero si yo llamo a Pedro tuerto o jorobado, convirtiéndole en objeto de mofa; si digo que es un miserable, un indecente que por no gastar falta a lo que debe a sus amigos y a sí mismo; si le hecho en cara la mala conducta de su mujer, de su madre o de su hija, aunque todas estas cosas sean ciertas y las pruebe,

¿qué bien reporta a la sociedad de que se publiquen con escándalo y mortificación de alguno y sin provecho de nadie? ¿Quién soy yo para hablar cuando la ley calla? ¿Qué derecho tengo a burlarme de un defecto físico o moral, a echar en cara una desgracia, a meterme en la vida privada de otro, faltando a la caridad y a la justicia? De la injuria no puede resultar sino escándalo para las faltas o los vicios, es decir, un medio de propagarlos, y para las desgracias nuevo motivo de pena: la ley es justa rechazando la injuria y no admitiendo prueba para ella.

Y no habéis de calcular el daño que hace la injuria por la gravedad que tiene al salir de nuestros labios, porque de boca en boca se aumenta, y ninguna cosa crece tan a prisa como lo malo que de cualquiera se ha dicho. ¿Habéis visto en una montaña nevada una bola de nieve desprenderse de lo alto y rodar creciendo de tal modo, que antes de llegar al llano arrastra y destruye cuanto halla en su camino? Así la injuria. Salió tal vez de vuestros labios como una chanza, y a poco la veis convertida en la imputación de un crimen, porque rueda por el mundo como la bola de nieve por la montaña, creciendo a su paso con la envidia, la maledicencia, el odio, con todas las pasiones malas que se unen a ella al pasar, dándoles proporciones increíbles. No calumniéis ni injuriéis, hermanos míos, yo os lo ruego; ningún provecho os resulta, y hacéis grandísimo daño. La palabra que acusa es una chispa arrojada en un polvorín; la reparación, una antorcha que cae en el agua.

Carta XXIV

DELITOS CONTRA LA HONESTIDAD. ARTÍCULOS 358 AL 362.

Hermanos míos:

Al abrir el Código por el título que dice: *Delitos contra la honestidad*, sucede algo parecido a lo que os decía en otra carta: las tristes ideas que despierta en el ánimo no están en armonía con la severidad de las penas, que, exceptuando uno o dos casos, no son graves. ¿Por qué así? Porque el pensamiento va de los artículos de la ley al delito que castiga, y le mira como origen de tantos otros, y como la causa de infinitas maldades y desventuras. La deshonestidad es un delito que, aun prescindiendo del castigo que Dios le impondrá, y aun suponiendo que burle el de la ley, no queda nunca impune. El deshonesto arruina su fortuna para comprar los favores de una mujer despreciable dispuesta a dejarle por otro que la pague más. Arruina sus fuerzas con los excesos y su salud contrayendo enfermedades repugnantes y dolorosas, que si no le matan, anticipan su vejez, y le hacen más bien un objeto de desprecio que de lástima. El deshonesto, excitado por el demonio de la lascivia, no tiene tranquilidad ni sosiego, vive en una excitación febril, sus sentidos como un aguijón emponzoñado le arrastran de un exceso a otro, y antes agota las fuerzas que satisfaga el apetito. Los desórdenes deshonestos producen debilidad de cuerpo y alma, y el hombre gastado en los vicios de la crápula no tiene fuerza para nada, ni en su brazo, ni en su cabeza, ni en su corazón. Hijo, aflige a sus padres y acaso los deshonra; esposo, hace la desgracia de su mujer y tal vez la precipita en el mismo camino que él sigue; padre, da vida a seres débiles o enfermos que le maldecirán un día, que no le ampararán en su vejez, ni le consolarán en sus trabajos, porque les deja por herencia la pobreza, la debilidad, el mal ejemplo.

Como el hombre deshonesto no vive más que por los sentidos, que se gastan pronto, si no sucumbe a los excesos, estos le acarrean una vejez despreciable y desdichada, porque no sabe qué hacer de una existencia que ha perdido el único atractivo que para él tenía. Pero es raro que el hombre deshonesto cuente muchos años, y vosotros recordaréis que entre vuestros compañeros y vuestros amigos, tanto en presidio como fuera de él, pocos de los que se entregan desenfrenadamente a este vicio llegan a viejos, y de él son víctimas muchos, tal vez la mayor parte de los que salen de la prisión para el cementerio.

Ningún vicio va solo, y la deshonestidad tiene un largo acompañamiento, porque al debilitar el cuerpo y el amor al trabajo, al conducir a la casa de las malas mujeres donde siempre hay hombres malos, conduce al juego, a la embriaguez, a las reyertas, y a concertarse para buscar recursos en el robo, y a los golpes, y a las heridas, y al presidio o al cadalso. ¡Cuántos hombres se han perdido por el trato con mujeres malas! ¡Cuántos deben a sus consejos y a sus instigaciones el cautiverio en que gimen y la cadena que arrastran!

Y si la deshonestidad hace tanto daño a los hombres, ¡cuánto mayor no es el que causa a las mujeres, en las que es también más repugnante! La mayor parte de sus crímenes, la mayor parte de sus desgracias irreparables, vienen de la deshonestidad, puerta fatal por donde entran tantas desdichas.

Solo la ignorancia y la ceguedad más lamentable pueden conducir a una mujer al olvido del pudor. Si la joven que se abandona viera el cuadro de lo que infaliblemente ha de sucederle, no era posible que aceptase la vida de la mujer deshonesta, peor mil veces que la muerte. Cualquier favor se agradece, pero los que hace una mujer con mengua de su pudor, en vez de inspirar gratitud, son motivo de desprecio. El seductor se burla de la mujer seducida, la abandona, la desdeña, la escarnece; el olvido de los servicios que le ha prestado, de los sacrificios que por él ha hecho, no es cosa vituperable. Aunque hambriento le haya dado de comer, desnudo le haya vestido, enfermo le haya cuidado, perseguido le proporcionase asilo, a nada está obligado para con ella, *porque es su querida*. Los beneficios que le obligarían con un enemigo, no le imponen deber alguno con la que le ama; el día que quiere la abandona, nadie le pregunta por qué, y si alguno se lo preguntare, responde: *Porque me he cansado de ella*; el mundo tiene la respuesta por buena, y dice al hombre: *es natural*; y a la mujer: *te está bien empleado*. Parece que hay dos leyes de moral: una equitativa y justa que tienen los hombres entre sí; otra inicua para las mujeres que los aman y son débiles con ellos. Pueden ser injustos, infames y crueles sin ser acusados de infamia ni de crueldad; pueden ser criminales sin que nadie les pida cuenta de su crimen. Que un hombre engañe a una mujer, ¿qué tiene eso de malo? ¿Para qué le creyó? Que la deshonre, ¿qué hay que decirle? Ella es la que debe mirar por su honor. Que la abandone, ¿qué hay que extrañar? Ya se sabe que los hombres son inconstantes. Que la desespere y ella se arroje por la ventana al mar o a la prostitución. ¿Y qué? ¿Es suya la culpa si se enamoran de él mujeres necias que siguen amando cuando ya no son amadas? Si robara a una familia un duro, sería un hombre despreciable; pero si le roba su honra, si le roba a una joven la felicidad de toda la vida, si la sepulta en el dolor o en el oprobio, es un hombre honrado, porque las cuestiones de mujeres son cuestiones aparte, que se rigen por otras leyes y otros principios que los de eterna justicia.

La mujer que es débil con un hombre, será por él desgraciada, y su dolor, en vez de excitar compasión, moverá a risa. Si alza la voz para demandar justicia, todos se volverán contra ella, todos, hasta los hijos del amor a que sacrificó su virtud. Esta es la ley, mujeres desdichadas, ley dura y terrible, pero a que no podéis sustraeros; ley que os dice: «Sé honesta, si no quieres ser infeliz». Con razón se llama a una prostituta *una mujer perdida*. Perdida está en efecto la triste, y cuando abandonada por su seductor, o huyendo de su insufrible tiranía, olvidó todo miramiento y se abandonó por completo, aquel día se *perdió* verdaderamente para la felicidad lo mismo que para la virtud. Las mujeres deshonestas son desgraciadas, profundamente desgraciadas, porque es condición de la mujer necesitar cariño para ser feliz, y la que es liviana solo inspira repulsión y desprecio.

Nunca se conmueve mi corazón tan tristemente como al entrar en un hospital de mujeres, donde se curan las enfermedades consecuencia de la prostitución. Allí las enfermas no suelen quejarse; saben que a nadie inspiran lástima, y procuran sofocar el dolor físico, lo mismo que el dolor moral, con chanzas obscenas, y con blasfemias y con carcajadas que dan lástima como las de un loco. Quieren embriagarse en el vicio, no les queda otro recurso; quieren escupir sobre las cosas santas parte del desprecio que inspiran; quieren negar lo que para ellas está vedado, reírse del mundo para vengarse del dolor que les causa. ¡Pobres mujeres! Son y se sienten desdichadas, y lo confiesan cuando llega a su lado alguna de esas almas que tienen bastantes lágrimas de compasión para sofocar el fuego siniestro que brilla en la pupila de la prostituta. ¿Quién puede mirar sin una profunda lástima aquel ser tan infeliz y tan degradado que lleva su extravío hasta hacer gala de lo que debía causarle vergüenza? ¿Quién no se aflige al ver aquella mujer que fue inocente y fue pura, que pudo ser respetada, y hoy para ganar pan, arroja su cuerpo al muladar del vicio que le envenena, vende por algunos reales a un hombre repugnante el derecho de recibir de él una enfermedad asquerosa; y pasa continuamente de los brazos de la lujuria a la cama del hospital, donde a nadie inspira compasión, donde a todos inspira desprecio y asco, donde se la cura para que vuelva a servir, como a un animal que enferma, y curado puede ser útil? Digo mal, esta comparación no da todavía idea de lo que inspira en el hospital la mujer deshonesta, cuando sus mismas compañeras se burlan de sus dolores, y cuando el practicante, al cortar o quemar sus carnes, le dirige, por vía de consuelo, alguna obscena chanza. Si no muere joven, ¡qué cosa más digna de compasión que su vejez anticipada y su fin, que nadie llora!

La mujer criminal es sin duda más odiosa, pero no hay nada tan despreciable como la mujer deshonesta; no hay hombre, por vil que sea, que no se juzgue superior a ella y la desdeñe. Como la primera necesidad de su naturaleza es inspirar amor y sentirlo; como, por más que haga, la mujer no puede ser feliz sino queriendo y siendo querida, la mujer deshonesta es profundamente desgraciada: cuando dice otra cosa miente, y mentira son su alegría cuando parece alegre, su contentamiento cuando canta y su satisfacción cuando se ríe. Si pudiera verse el corazón de las mujeres impúdicas que por algún tiempo parecen dichosas, se vería su desgracia como una llaga incurable cubierta con un paño lujoso: y digo por algún tiempo, porque si su felicidad fuera posible, nunca duraría más que su hermosura, que dura bien poco.

Yo quisiera, hermanas mías, que os convencierais de esta verdad, para mí evidente: que la mujer, cualesquiera que sean su clase y circunstancias, no puede ser feliz si deja de ser honesta, y que aun prescindiendo del castigo que pueden imponerle la ley de Dios y las leyes de los hombres, debe conservar su honestidad por cálculo, por egoísmo, como una cosa necesaria al bienestar de toda su vida. ¡Oh, mujeres! Conservad el pudor como vuestro más precioso tesoro, agarraos a vuestra honestidad como a la única tabla que puede salvaros en todas las tempestades de la vida. Con ella, por más azarosa que sea vuestra existencia, podréis llegar a puerto seguro; sin ella, naufragáis sin remedio. Y vosotras, infelices, que habéis caído, apresuraos a levantaros, apresuraos a salir de ese abismo inmundo; siempre es tiempo de volver al buen camino, nunca es imposible la virtud, ni hay mancha tan negra que no pueda lavarse con las lágrimas del arrepentimiento. Tal vez os asusta vuestra debilidad, comparada con los obstáculos con que tenéis que luchar, y decís atribuladas: *¿Cómo hemos de hacer?* Levantaros por el corazón, ya que por el corazón habéis caído; curaros amando las heridas que amando recibisteis; salvaros por el amor de Dios del amor de los hombres que os ha perdido. Mirad a la Magdalena: el amor mundano la hizo pecadora; amó a Jesucristo, y fue la santa que hoy adoramos en los altares.

Os he dicho que la honestidad es una puerta por donde pueden entrar todas las maldades en el corazón de la mujer, y muchas de entre vosotras refiriendo su historia confirmarían esta triste verdad. ¿Cuántas estáis en la prisión por haber escuchado las engañosas palabras de un hombre que obtuvo vuestros favores sin ser vuestro esposo? Muchas, acaso el mayor número. Aquella falta os condujo a otras, a delitos tal vez; que la mujer que se ve despreciada, en peligro está de ser despreciable, y va por el mundo como barco sin timón que el viento arroja sobre todos los escollos. ¡Pobres mujeres! Si fuisteis víctimas una vez, no lo seáis dos. Sed cuerdas y honestas al salir de la prisión, para no volver a ella, para que el mundo no vuelva a arrojaros la piedra de su desprecio, para que el Salvador pueda deciros como a la mujer adúltera: «VETE Y NO PEQUES YA MÁS».

Veamos ahora las penas que impone el Código a los delitos contra la honestidad:

> Artículo 358. El adulterio será castigado con la pena de prisión menor.
>
> Cometen adulterio la mujer casada que yace con varón que no sea su marido, y el que yace con ella sabiendo que es casada, aunque después se declare nulo el matrimonio.
>
> Artículo 359. No se impondrá pena por delito de adulterio sino en virtud de querella del marido agraviado.

> Este no podrá deducirla sino contra ambos culpables, si uno y otro vivieren, y nunca si hubiere consentido el adulterio, o perdonado a cualquiera de ellos.
>
> Artículo 360. El marido podrá en cualquier tiempo remitir la pena impuesta a su consorte, volviendo a reunirse con ella.
>
> En este caso se tendrá también por remitida la pena para el adúltero.
>
> Artículo 361. La ejecutoria en causa de divorcio por adulterio surtirá sus efectos plenamente en lo penal cuando fuere absolutoria.
>
> Si fuere condenatoria, será necesario nuevo juicio para la imposición de las penas.
>
> Artículo 362. El marido que tuviere manceba dentro de la casa conyugal, o fuera de ella con escándalo, será castigado con la pena de prisión correccional.
>
> La manceba será castigada con la de destierro.
>
> Lo dispuesto en los artículos 359 y 360 es aplicable al caso presente.

Como veis, es grande la diferencia que para el castigo establece la ley entre el marido que falta a su mujer, y la mujer que falta a su marido. Esta diferencia depende en parte de la naturaleza de las cosas, y en parte de la opinión.

De la naturaleza de las cosas, porque por más que se pretenda igualar los dos sexos, el pudor es una cosa más natural en la mujer, porque es una cosa más necesaria; porque si la mujer en lugar de recatarse solicitase como el hombre, serían tales el desenfreno y la corrupción de costumbres, que la especie se degradaría, acaso llegaría a extinguirse; porque la mujer puede dar al hombre como hijos suyos el fruto del adulterio, cosa que el hombre no puede hacer. Porque la mujer es la que moraliza o desmoraliza el hogar doméstico: si ella es viciosa, difícil es que sus hijos no lo sean; el mal ejemplo del padre nunca es tan pernicioso. El padre puede comunicar el bien o el mal que hace, la madre lo inocula, y es una vana declamación querer igualar cosas que la naturaleza ha hecho diferentes.

Como os he dicho, parte de la diferencia que establece la ley está en la naturaleza de las cosas, y parte en la opinión. El hombre puede afligir a su esposa cuando la falta, pero no puede deshonrarla; la mujer faltando al marido deshonra, es la depositaria del honor de los dos, y por consiguiente del de la familia, de modo que el marido ofendido o engañado, en vez de ser objeto de compasión, lo es de desprecio. Por más que esto sea absurdo, es, y la ley no puede sobreponerse enteramente a la opinión, que es la más imperiosa de todas las leyes humanas. Lo más que la ley ha podido hacer, y lo ha hecho, es suavizar la dureza de las penas contra el adulterio, que en muchas legislaciones era castigado con la muerte.

Al adúltero le parece tal vez que lo que él toma como un pasatiempo, al hacer propia la mujer ajena, no es cosa que merece castigarse con cuatro o seis años de prisión; pero que se ponga en el lugar del esposo ofendido, que mire a su mujer en brazos de otro, y le parecerá que es bien suave la pena que la ley impone al que le roba a un tiempo el amor de su compañera, la confianza que tenía en la madre de sus hijos, la seguridad de que son suyos los que estrecha contra su corazón y alimenta con el sudor de su frente, la paz de su casa, y el honor de su nombre que corre escarnecido de boca en boca.

Los que estáis en la prisión por adúlteros, y os parece excesivo el castigo que sufrís, escuchad a vuestros compañeros casados cuando llegan a saber que su esposa les es infiel, oídlos rugir como leones, y prorrumpir en imprecaciones horrendas, y golpear los muros, y agitar sus cadenas, y jurar por el infierno que la primera cosa que harán al recobrar su libertad es matar al que los ha ofendido; y cuando los veáis así, decidles que es muy dura la pena impuesta por el Código a la ofensa que quieren vengar. Ignoro lo que os responderán, pero de seguro será alguna cosa que os haga guardar silencio como quien no tiene razón. Y notad que la esposa infiel del presidiario tiene al cometer su delito causas atenuantes que vosotros no podéis alegar. Su marido le dio el ejemplo del mal; la ha dejado en el abandono, y, lo que es peor, ha arrojado sobre ella el borrón de pertenecer a un hombre que está en presidio; y en la miseria y en la ignominia, corre mucho peligro la virtud de una mujer. Tenedlo presente, esposos ofendidos, y el día que salgáis, pensad que si vuestras esposas cayeron en el precipicio, las pusisteis a la orilla, y no adoptéis la regla de moral, tan cómoda como perversa, de que el hombre, aunque falte a todo, tiene derecho a que no se le falte en nada.

En cuanto a las mujeres, ¿a qué hablarles de las penas que les impone el Código por delitos de deshonestidad, cuando el mundo y su propio corazón se las impone mucho más severas? Para que la mujer deshonesta sea desdichada, no ha menester que la ley la castigue; el desprecio de sus amigos, de sus parientes, de su esposo, de sus hijos, de su mismo seductor, del mundo entero, se encargan de no dejar impune un delito que, perseguido o no por la justicia, envenena la existencia de la mujer que le comete.

¡Oh, mujeres! No faltéis a vuestros maridos aunque os falten; sedles fieles, si no por ellos, por vosotras. No es como el Salvador el mundo, que con sus manos impuras arrojará sobre vosotros la piedra de su desprecio inexorable. No es como el Salvador el mundo que no admite a vuestro delito ninguna circunstancia atenuante. No es como el Salvador el mundo, que por débiles os oprime, exigiendo de vosotras prodigios de fortaleza. Sed fieles siempre, para no ser escarnecidas nunca, para honrar a vuestros padres, para ser honradas de vuestros hijos, para que su cariño os consuele, para que os respeten el mundo y el mismo esposo extraviado, a quien vuestra virtud puede atraer, a quien vuestro corazón puede perdonar; que el corazón de la mujer buena no es rencoroso, y se olvida fácilmente de todo, menos de la necesidad que tiene de amar y de ser amada. ¡Oh, mujeres! Sed honestas; si no, creedme, estáis perdidas.

Carta XXV

DELITOS CONTRA LA HONESTIDAD. ARTÍCULOS 363 AL 374 Y 482.

Artículo 363. La violación de una mujer será castigada con la pena de cadena temporal.

Se comete violación yaciendo con la mujer en los casos siguientes:

1°. Cuando se usa fuerza o intimidación.

2°. Cuando la mujer se halla privada de razón o de sentido por cualquier causa.

3°. Cuando sea menor de doce años cumplidos, aunque no concurra ninguna de las circunstancias expresadas en los dos números anteriores.

Artículo 364. El que abusare deshonestamente de persona de uno u otro sexo, concurriendo cualquiera de las circunstancias expresadas en el artículo anterior, será castigado, según la gravedad del hecho, con la pena de prisión correccional a prisión menor.

Artículo 365. Serán castigados con las penas de arresto mayor a prisión correccional y reprensión pública, los que de cualquier modo ofendieren el pudor o las buenas costumbres con hechos de grave escándalo o trascendencia no comprendidos expresamente en otros artículos de este Código.

En caso de reincidencia, con la de prisión correccional a prisión menor y reprensión pública.

Artículo 482. Incurren en las penas de uno a cinco días de arresto, de uno a diez duros de multa y reprensión:

1°. Los que públicamente ofendieren el pudor con acciones o dichos deshonestos.

2°. El que exponga al público, y el que, con publicidad o sin ella, expenda estampas, dibujos o figuras que ofendan al pudor y a las buenas costumbres.

¡Desgraciada la sociedad donde las penas impuestas al violador parezcan graves, donde sea necesario imponerlas con frecuencia, o donde, siendo merecidas, no se impongan! ¡Miserable, cruel, infame mil veces el hombre que en ellas incurre! Hay delitos sobre los que no se puede discurrir; se sienten, y basta. Yo entrego a vuestro sentimiento el crimen de violación; juzgadle los que tenéis hermanas, esposas, hijas, los que tenéis conciencia, ¿qué digo conciencia? Los que tenéis entrañas. Yo he visto morir a una niña de resultas de la brutal violencia de un monstruo; yo he visto conmovidos a los practicantes del hospital que la curaban. Cuando expiró, todos pedían para su asesino la pena de muerte.

En cuanto a las faltas, en esta línea como en todas, son el camino de los delitos, como los delitos conducen a los crímenes. No hay artículos del Código tan infringidos como los que prohíben el escándalo de acciones y palabras deshonestas. La obscenidad en las palabras es para muchos una costumbre tan inveterada, que las pronuncian maquinalmente y sin unir a ellas idea alguna. Pero la dan de sí muy menguada, y previenen y mucho en contra suya a todos los que oyen semejante lenguaje. El hombre mal hablado no es respetado por sus inferiores, ni sus superiores le aprecian; su padre se aflige al oírle; sus hijos se ríen y aprenden a despreciarle al oír su lenguaje; todas las personas sensatas le miran como una cosa que mancha y de que conviene estar lejos. Si comete una falta, todo el mundo informa mal de él, porque nadie tiene de él buena idea; si le acontece una desgracia, hay disposición a pensar que fue merecida. Como el corazón solo le ve Dios y los hombres oyen las palabras, por ellas juzgan muchas veces, y sabido es que para pensar mal no necesitan grandes pruebas. El hombre mal hablado, sienta o no lo que dice, hace siempre un grave daño con el escándalo que produce, con el pésimo ejemplo que da, con el hábito que forma en los que le escuchan de oír sin gran repugnancia las cosas malas, que es el primer paso en el camino de hacerlas.

Por el contrario, el hombre comedido en su lenguaje a todo el mundo previene en favor suyo; si tiene una desgracia, se le compadece y se le ayuda; si un desliz, no hay nadie que no deponga en su favor, porque se tiene buena idea de él. «Nunca se le oía una palabra más alta que otra; nunca se le oía una mala palabra», y este elogio es un apoyo que le presta la opinión dispuesta a absolverle, y una causa atenuante en la conciencia del juez que le ha de juzgar.

Además, el lenguaje indecente aleja de las personas sensatas y aproxima a las criminales y viciosas, de cuya compañía solo puede venir mal a quien la frecuenta, y no podéis imaginaros, hermanos míos, cuánto adelantaríais para obrar bien, si pudierais acostumbraros a no hablar mal.

Y si esto es en los hombres, ¿qué será para las mujeres? ¿Hay cosa más repugnante y despreciable que una mujer mal hablada? ¿Qué idea da de sí? ¿Qué interés puede inspirar? ¿Qué crédito puede prestarse a nada que diga? ¿Cómo se puede evitar la repulsión que inspira y la idea de que es capaz de todo lo malo, y que no puede haber nada bueno en el corazón de la mujer cuya boca es obscena y maldiciente? Las malas palabras, lo mismo que la deshonestidad, tienen gravedad mayor y peores consecuencias en la mujer que en el hombre, y el que dice *mujer malhablada,* dice *mujer perdida.* Y perdida está en la prisión y en el mundo la mujer que no mide sus palabras; no le faltarán disgustos y desgracias, y si presa, castigos, y si libre, nuevas condenas.

La mujer debe tener más cuidado aún con lo que dice que con lo que hace, porque tiene más propensión a excederse con las palabras que con los hechos. Su mano vacila para hacer mal, pero no sus labios para decirle. Toda su vehemencia, toda su exaltación se concentra en su palabra, y cuando una pasión la agita, vomita en cinco minutos más imprecaciones, más blasfemias, más amenazas, que diría un hombre en media hora. ¡Cuántas mujeres no se han perdido *por la lengua!* Sin salir de la prisión, recordad lo que pasa en ella, y veréis que casi todos los castigos se imponen por hablar, y que los jefes y los empleados para hacer el elogio de una presa dicen: «Nunca se la oye».

Si hablarais bien, si no hablarais mucho, las que tenéis este defecto, que bien sé que no sois todas; si fuerais prudentes en vuestras palabras, ¡qué cerca estaríais de serlo en vuestras acciones, y cuánto ganaríais para vuestra felicidad y vuestro sosiego! De una mala acción, aunque equivocadamente, aún puede prometerse el culpable algún provecho; ¿pero cuál es el que resulta de una mala palabra, miserable desahogo de un mal deseo impotente, arma que hiere siempre al que la emplea? Si la mujer mal hablada no tiene razón, aumenta su culpa añadiendo a la injusticia el exceso en el modo de pedir, y busca, y muchas veces consigue, que le den un golpe en lugar de lo que pretende. Si tiene razón, la pierde desde el momento que la hace valer con altanería y palabras feas; que la razón de una mujer no se reconoce ni se atiende sino acompañada de suavidad y dulzura. La fuerza de la mujer está en la dulzura, en la suavidad, en la prudencia, en ser resignada y paciente. Impone su voluntad suplicando, triunfa de rodillas. Las amenazas de una mujer hacen reír a los hombres, y hay pocos que no se conmuevan con sus lágrimas.

¡Qué bien está una mujer recogida, sumisa y silenciosa, hablando con moderación lo necesario, y quejándose sin levantar mucho la voz, como quien confía en la fuerza de su justicia y no en la de sus pulmones! ¡Cómo se la atiende, y cómo se la escucha, y cómo interesa, y qué fácil es que alcance lo que desea la que pide sin exigir! Y por el contrario, ¡qué repulsión inspira la mujer deslenguada y altanera que con voces y denuestos pretende imponer su voluntad! ¡Qué mala idea se forma de ella, y cómo inspira la de negarle justicia aunque la tenga, por el modo de pedirla, y cómo en lugar de convencer irrita al que pretende aplacar! Y a la verdad no es extraño que la mujer mal hablada y colérica repugne, porque es muy repugnante. La cólera transforma de tal modo a una mujer, aparece tan odiosa, y hasta materialmente tan fea, que yo pienso que si se le presentara un espejo y se mirase en él, esto bastaría para calmarla, porque no había de querer aparecer a los ojos de nadie tal como se veía.

Convenceos, hermanas mías, de que la honestidad y la moderación en las palabras es tan precisa como en las acciones; que la mujer que no pone coto a su lengua, está perdida. Así como su felicidad depende de su virtud, su fuerza y su poder dependen de su prudencia y de su dulzura. Volvamos a las penas que impone el Código a los delitos contra la honestidad.

> Artículo 366. El estupro de una doncella mayor de doce años y menor de veintitrés, cometido por Autoridad pública, sacerdote, criado doméstico, tutor, maestro o encargado por cualquier título de la educación o de la guarda de la estuprada, se castigará con la pena de prisión menor.
>
> En la misma pena incurrirá el que cometiere estupro con su hermana o descendiente, aunque sea mayor de veintitrés años.
>
> El estupro cometido por cualquiera otra persona interviniendo engaño, se castigará con la pena de prisión correccional.
>
> Cualquiera otro abuso deshonesto cometido por las mismas personas y en iguales circunstancias, será castigado con la prisión correccional.
>
> Artículo 367. El que habitualmente o con abuso de autoridad o confianza promoviere o facilitare la prostitución o corrupción de menores de edad, para satisfacer los deseos de otro, será castigado con la pena de prisión correccional.

¡Cuántas maldades y cuántas desdichas recuerda este artículo del Código! ¡Cuántos hombres malvados, cuántas mujeres infames ofreciendo su perversidad al vicio y vendiéndole las inocentes que han engañado! ¡Cuánta pobre niña que el abandono, la casualidad, la miseria o su mismo candor, ponen en manos de los proveedores del vicio, que con engaños las llevan a esas casas de maldición donde son impíamente sacrificadas, a esas casas sobre cuya puerta podría ponerse para las pobres víctimas la leyenda de la puerta del infierno!

¡Dejad toda esperanza las que entráis!

¿Qué pueden esperar, en efecto, las tristes? Servir de juguete a hombres corrompidos; contraer enfermedades repugnantes; ser curadas como un animal para volver a uncirlas al carro de la prostitución, y volver a enfermar para volver al hospital de nuevo. Pasar así, alternativamente, de manos de la lujuria a las del practicante; beber hiel y desprecio hasta embriagarse y enloquecer, y bailar y cantar sobre el sepulcro de su felicidad y de su honra; y después de esta existencia, una temprana muerte, o una vejez prematura, infame y miserable. Esta es la obra de los hombres y de las mujeres perversas que hacen el tráfico infame de vender al vicio el candor de la inocencia.

Vosotros los que estáis en la prisión, aunque seáis culpados, no estáis tan abajo como las viles criaturas de que os voy hablando; aun tenéis derecho para despreciarlas, aun podéis mirarlas con horror pensando que pueden robaros vuestras hijas inocentes y puras, para venderlas por dinero y arrojarlas al más asqueroso de los muladares. Despreciad, hermanos míos, delito tan infame, y si alguno os le echa en cara, acusadle de calumnia diciendo: «No soy tan vil».

> Artículo 368. El rapto de una mujer ejecutado contra su voluntad y con miras deshonestas será castigado con la pena de cadena temporal.

En todo caso se impondrá la misma pena, si la robada fuere menor de doce años.

Artículo 369. El rapto de una doncella menor de veintitrés años y mayor de doce, ejecutado con su anuencia, será castigado con la pena de prisión menor.

Artículo 370. Los reos de delito de rapto que no dieren razón del paradero de la persona robada, o explicación satisfactoria sobre su muerte o desaparición, serán castigados con la pena de cadena perpetua.

Artículo 371. No puede procederse por causa de estupro sino a instancia de la agraviada o de su tutor o padres o abuelos.

Para proceder en las causas de violación y en las de rapto ejecutado con miras deshonestas, bastará la denuncia de la persona interesada, de sus padres, abuelos o tutores, aunque no formalicen la instancia.

Si la persona agraviada careciese por su edad o estado moral de personalidad para comparecer en juicio, y fuere además de todo punto desvalida, careciendo de padres, abuelos, hermanos, tutor o curador que denuncien, podrán verificarlo el procurador síndico o el fiscal por fama pública.

En todos los casos del presente artículo el ofensor se libra de la pena casándose con la ofendida, cesando el procedimiento en cualquier estado de él en que se verifique.

Artículo 372. Los reos de violación, estupro o rapto serán también condenados por vía de indemnización:

1°. A dotar a la ofendida, si fuere soltera o viuda.
2°. A reconocer la prole, si la calidad de su origen no lo impidiere.
3°. En todo caso a mantener la prole.

Artículo 373. Los ascendientes, tutores, curadores, maestros, y cualquiera persona que con abuso de autoridad o encargo cooperasen como cómplices a la perpetración de los delitos comprendidos en los tres artículos precedentes, serán penados como autores.

Los maestros encargados en cualquier manera de la educación o dirección de la juventud, serán además condenados a la inhabilitación perpetua especial.

> Artículo 374. Los comprendidos en el artículo precedente y cualesquiera otros reos de corrupción de menores en interés de tercero, serán condenados con las penas de interdicción del derecho de ejercer la tutela y ser miembros del consejo de familia, y de sujeción a la vigilancia de la Autoridad, por el tiempo que los Tribunales determinen.

Estas son las disposiciones del Código relativas a los delitos contra la honestidad, delitos cuyo castigo está menos en la ley que en la opinión y en la fuerza de las cosas. La mujer es irremisiblemente castigada por ellos; el hombre lo es también, aunque de una manera menos pronta y ostensible: el que trata con muchas mujeres, encuentra alguna mala que venga cumplidamente a las buenas que él engañó; y luego está la naturaleza con sus leyes, que como son de Dios, alcanzan a todos. Ellas castigan los excesos del hombre deshonesto; si es mendigo, en el hospital; si es príncipe, en su palacio. Podrá cubrir de soldados sus fronteras y de navíos el mar, mas no evitar que los excesos de la lujuria debiliten su cuerpo, su voluntad, su inteligencia, y le acarreen enfermedades y vejez prematura y temprana muerte.

Además de los males de que la deshonestidad es responsable, ¡a cuántos crímenes conduce de una manera más o menos indirecta! ¡Cuántos suicidios, cuántos asesinatos, cuántos inocentes muertos al abrir los ojos a la luz por la misma que les dio el ser! ¡Cuántas lágrimas y cuánta sangre vierten y hacen verter, los que dejándose dominar por sus groseros instintos, no se contienen en los límites de la razón y de la virtud!

Cuando se comparan las pasiones a los mares tempestuosos, la deshonestidad debía compararse a ese mar que se llama *muerto* porque son de tal calidad sus aguas, que ningún pez puede vivir en ellas. Así la lujuria; cuando se apodera de una existencia, aniquila, mata la fuerza, la energía para toda clase de trabajos, lo mismo los corporales que los del espíritu, donde seca la fuente de las fecundas ideas y de los grandes pensamientos. Apartaos de la lujuria, de ese pantano pestilente cuyas emanaciones son la muerte del cuerpo y la del alma.

Carta XXVI

DAÑOS. ARTÍCULOS 471 AL 478.

Hermanos míos:

Al hacernos cargo del capítulo del Código que trata *de los daños*, debemos considerar tres cosas. La culpa del delincuente; el perjuicio que sufren el ofendido y la sociedad, y el camino en que entra el dañador, ejercitando sus malos instintos, depravando sus sentimientos para que hallen gusto en causar daño, sustituyendo a la conciencia un aturdimiento culpable que hace del hombre una cosa más parecida a una máquina de destrucción que a un ser racional, habituándose a la reprobación de las personas sensatas hasta el punto de complacerse en provocarla, familiarizándose con la idea de hacer lo que está prohibido y de resistir a la ley.

Hay dos clases de dañadores: los que hacen daño con determinado objeto, y los que hacen daño nada más que por hacerle. En los primeros hay más culpa; en los segundos, más insensatez, y una disposición al mal que, si no se contiene, podrá ir muy lejos.

La complacencia en el mal es una copa envenenada en que no se puede beber muchas veces sin matar la virtud. No es raro que los grandes criminales hayan empezado por ser dañadores insensatos, que ensayaron sus fuerzas desgajando árboles, enturbiando el agua de la fuente, obstruyendo su conducto, embadurnando las fachadas de los edificios, apedreando monumentos, mutilando estatuas y destruyendo por gusto de destruir. La complacencia en el mal, sino se ataja pronto, va muy allá, y si llega a convertirse en hábito, forma monstruos de los que al principio no fueron más que insensatos. El que se entretiene en hacer daño, juega al borde de un abismo, en donde caerá infaliblemente si no se aparta muy pronto.

El daño para la sociedad o para el perjudicado puede ser pequeño, mas para el dañador es siempre grande, porque le pone en un peligroso camino en que es más fácil marchar a prisa que retroceder, y porque la satisfacción culpable tiene una medida que se llama *más allá*. Notadlo hasta en las diversiones de los niños. Los que se entretienen inocentemente, pueden entretenerse del mismo modo y estar días y meses y años jugando a la pelota, con el peón o al escondite. Pero si empiezan a hacer travesuras de mal género, a divertirse haciendo daño, para que la diversión lo sea, es preciso que el daño vaya en aumento; si no, se hace monótona, y una misma diablura repetida del mismo modo pierde su chiste; para que tenga gracia es preciso variarla, aumentarla sobre todo. Un grupo de muchachos al volver de la escuela pasa un arroyo y ve a una mujer lavando. Enturbian el agua y se entretienen en ver cómo la mujer rabia. Al otro día y al otro hacen lo mismo; pero llega uno en que esto les cansa, no les divierte, y determinan ensuciar o destruir la ropa tendida, o emprender a pedradas con la mujer. Pasan por la iglesia donde se celebra algún acto piadoso; el primer día por burla y para turbarle, dan voces a cierta distancia, luego más cerca, después a la puerta, y por fin el más atrevido asoma la cabeza y grita dentro.

Esto, que puede observarse en las travesuras de los niños, sucede con las maldades de los hombres, porque está en la esencia del mal que el *vivir* sea *crecer*.

Si lo veis así, y así debéis verlo porque es la verdad, ningún daño os parecerá pequeño, porque es el principio de otro mayor, este de otro, hasta llegar a una gran maldad, a menos que un propósito firme de enmendarse no rompa esta cadena. Ved ahora las disposiciones de la ley:

Artículo 474. Son reos de daño, y están sujetos a las penas de este capítulo, los que en la propiedad ajena causaren alguno que no se halle comprendido en el capítulo *del incendio y otros estragos.*

Artículo 475. Serán castigados con la pena de prisión menor los que causaren daño cuyo importe exceda de 500 duros:

1º. Con la mira de impedir el libre ejercicio de la Autoridad o en venganza de sus determinaciones, bien se cometiere el delito contra empleados públicos, bien contra particulares que como testigos o de cualquiera otra manera hayan contribuido o puedan contribuir a la ejecución o aplicación de las leyes.

2º. Produciendo por cualquier medio infección o contagio en ganados.

3º. Empleando sustancias venenosas o corrosivas.

4º. En cuadrilla y en despoblado.

5º. En un archivo o registro.

6º. En puentes, caminos, paseos u otros objetos de uso público o comunal.

7º. Arruinando al perjudicado.

Artículo 476. El que con alguna de las circunstancias expresadas en el artículo anterior causare daño cuyo importe exceda de 5 duros, pero que no pase de 500, será castigado con la pena de prisión correccional.

Artículo 477. El incendio o destrucción de papeles o documentos cuyo valor fuere estimable, se castigará con arreglo a las disposiciones de este capítulo.

Si no fuere estimable, con las penas de prisión correccional y multa de 50 a 500 duros

Lo dispuesto en este artículo se entiende cuando el hecho no constituya otro delito más grave.

Artículo 478. Los daños no comprendidos en los artículos anteriores, cuyo importe pase de 10 duros, serán castigados con la multa del tanto al triplo de la cuantía a que ascendieren, no bajando nunca de 15 duros.

> Esta determinación no es aplicable a los daños causados por el ganado y los demás que deben calificarse de faltas con arreglo a lo que se establece en el libro tercero.
>
> Las disposiciones del presente capítulo solo tendrán lugar cuando al hecho considerado como delito no corresponda mayor pena al tenor de lo determinado en el artículo 437 (es decir, cuando el dañador, utilizando o sustrayendo el fruto del daño, se haga reo de hurto).

Notad que en las disposiciones de la ley están comprendidas las dos clases de dañadores de que os he hablado: los que hacen daño por diversión, y los que lo hacen por cálculo. Los primeros suelen ejercitar sus fuerzas para el mal en *puentes, caminos, paseos u otros objetos de uso público o comunal,* como dice la ley, y ya hemos visto que emprenden una peligrosa senda, los segundos han dado en él muchos pasos, y el dañador que lo es por venganza o para impedir la ejecución o aplicación de las leyes, no necesita más que vencer el miedo, para convertirse en un verdadero criminal, pasando de la destrucción de las cosas al ataque de las personas, y aunque no llegue a tanto, son inmensos los perjuicios que causa. ¿Cuántas veces un testigo no se atreve a declarar la verdad y una autoridad no hace justicia, por temor de ver quemadas sus mieses, sus olivares o descepadas sus viñas? ¿Cuántas veces queda impune un delito o tal vez se persigue a un inocente, no se averigua el hecho o no se lo aplica la ley, porque el que ha de esclarecerle y castigarle teme que del cumplimiento de su deber venga su ruina? Gran maldad es poner a un hombre en situación de que su virtud necesite ser heroísmo; gran cobardía, destruir los bienes de la persona que se teme; gran vileza, salir como una siniestra ave nocturna, y con pensamientos más negros que la oscuridad, ampararse de las tinieblas para llevar a cabo una obra inicua de destrucción.

La ley aprecia otra circunstancia que agrava el delito del dañador, y es cuando el daño *arruina al perjudicado*. Como el delincuente no piensa bien el mal que hace, no mira tampoco a quién lo hace, porque si lo mirara, cuesta trabajo creer que no se detuviera en su mal propósito. ¿Comprendéis bien, hermanos míos, todo lo odioso y culpable que es abrumar a un débil, afligir a un afligido, robar a un pobre? ¿No os parece que el viejo vestido del pobre y sus pocas monedas deberían ser una cosa sagrada? ¿No os parece que el robo de la pobreza es una cosa así como un robo sacrílego? ¡Ojalá que no haya entre vosotros ningún reo de tamaña impiedad, ninguno que no se detenga ante la idea de privar de pan al que lo gana con el sudor de su frente! ¡Ojalá que al hacer daño miréis a quién vais a hacerlo, para que en el día de la justicia infalible, y ante el tribunal de Dios, podáis implorar su misericordia, diciendo con verdad: «Fui muy culpado, Señor; pero nunca afligí al afligido, ni despojé al pobre»!

Carta XXVII

INCENDIO Y OTROS ESTRAGOS. ARTÍCULOS 467 AL 473.

Hermanos míos:

Si yo fuera pintor y tuviera que pintar *al incendiario*, le pintaría de cuerpo endeble como quien no le ha robustecido con el trabajo; con los miembros flacos y torcidos como su voluntad; con la marcha incierta del que va por mal camino; con el cuerpo contraído como quien tiene en el alma pensamientos que necesita ocultar; con el aire inquieto como quien anda buscando para su delito un instrumento y teme hallar un castigo; con la frente estrecha como cárcel reducida donde no puede aposentarse ningún buen pensamiento; con la mirada aviesa del que teniendo ideas torcidas no osa mirar derecho; con las orejas separadas como quien las alarga para escuchar el ruido de alguno que le persigue con justicia; con el rostro de color extraño, mezcla del reflejo de las llamas y de la palidez del miedo; con las manos descarnadas, que al moverse parece que se arrastran, la una empuñando la mecha, o introduciéndose la otra en el bolsillo ajeno. ¿No os parece que una figura como esta podría dar idea del incendiario? ¿No os parece difícil imaginar enérgico, noble, inteligente, franco y leal el aspecto del que, haciendo daño sin provecho para sí, premedita el crimen con fría calma, rastrera alevosía, y, débil y cobarde, halla medio de ser fuerte para el mal, y busca el fuego, ese monstruo que devora, esa fuerza que destruye, ese ímpetu que aniquila, ese poder misterioso, impalpable e irresistible, enigmático y ciego, que como una furia obediente a la voz del infierno, lleva por mensajero al espanto, deja huellas de desolación, respira ayes, bebe lágrimas, ordena a la muerte que le alce un trono sobre cenizas, y descansa, cuando ya no tiene nada que aniquilar? ¿Qué va a hacer el incendiario cuando con mano impía aplica la mecha? Va a destruir los montes, las mieses y con ellas el sustento y la esperanza de los que no contaban con otra cosa para vivir. Va a arrojar en brazos de la desesperación, y quién sabe si en los del crimen, a las víctimas que arruina. Va a reducir a cenizas edificios y papeles cuya pérdida es irreparable, y la fortuna de los que la habían adquirido con el fruto de su trabajo. Va a poner en peligro la vida de los que intentan atajar el estrago obra de su iniquidad. Va a causar la espantosa explosión de materias inflamables que dejará el suelo cubierto de ruinas y de víctimas. Va a rodear de llamas el lecho del enfermo que no puede huir, del niño que opone al peligro su lastimero llanto, de la mujer que estrecha contra su corazón al hijo de sus entrañas y muere con él abrasada. Va... ¿Quién sabe adónde va el incendiario, quién sabe adónde puede llegar su obra impía, quién sabe los daños, los terrores, las muertes que puede causar? ¡Y qué muerte la del que muere quemado!

Mientras arden los plantíos, o las mieses, o los edificios, y todo el que tiene en su corazón alguna cosa que le distinga de las fieras, se mueve a piedad; mientras para contener el estrago se afanan los activos, se arriesgan los valientes, se sacrifican los mejores; mientras se une al siniestro ruido de los techos desplomados y de las vigas que caen ardiendo los alaridos de los que mueren entre las llamas, ¿dónde está el incendiario? ¿Qué hace? ¿En qué piensa? ¿Qué espera? ¿Qué siente?

Yo intenté explicaros cómo podría pintarse antes de cometer su crimen, pero, ¿quién le retrataría, quién puede imaginar su aspecto cuando le consuma y ve sus horribles consecuencias? Ya contemple su obra de iniquidad, ya huya, aterrado, ya llore, ya ría, ni sus lágrimas de plomo ardiendo, ni su risa infernal pueden pintarse, ni es posible adivinar ni saber lo que pasará por el corazón de un hombre que ha podido pensar y llevar a cabo tamaña iniquidad.

¿Pero sabía todo el daño que iba a causar? ¿Reflexionó en las consecuencias todas que podría tener su acción perversa? Ya sabemos que el que reflexiona no es delincuente, y que el crimen es una culpable y espantosa irreflexión. Si esto es verdad para todos los criminales, lo es mucho más para el incendiario, que menos que ningún otro sabe hasta dónde podrá llegar su obra horrenda. El que emplea el hierro o el veneno, sabe a quién mata o a quién hiere; pero el que elige el fuego por arma, ¿cómo ha de saber el daño ni las víctimas que hará? ¿Por ventura las llamas obedecen a su voz, ni se detendrán cuando él diga: «bastante», ni distinguirán para consumirlos a los que aborrece de los que le son indiferentes o de los que ama? El fuego, arma ciega de un hombre cegado por su maldad, el fuego, como el crimen, destruye, devora, aniquila, siembra terror, desolación y espanto, caminando sin detenerse hasta que encuentra la valla de alguna insuperable dificultad.

¡Cuánta diferencia hay de la premeditación a la reflexión! El incendiario suele premeditar su crimen, pero no le reflexiona. ¿Cómo, si le reflexionara, había, sin provecho propio, de hacer daño sin saber a quién, ni cuánto, ni cómo? Nunca que el hombre obra mal, obra en razón. ¿Pero no parece el colmo del delirio, hacer un daño inmenso, incalculable, sin esperanza de provecho alguno? ¿Qué utilidad saca el incendiario de su crimen? Yo os desafío a que me citéis uno solo a quien haya aprovechado.

Mirad con horror, hermanos míos, extravío tan culpable, miradle como cosa indigna, no solo de un hombre honrado, sino de un hombre cabal; y si por desgracia hubiere entre vosotros alguno condenado por incendiario, que vuelva en sí como quien ha cometido algún exceso después de beber uno de esos brebajes que trastornan. Que vuelva en sí, y comprenda que alguna pasión ofuscó su entendimiento lanzándole donde no se arroja ninguna persona que piensa. Que vuelva en sí, y considerando lo que ha hecho y por qué lo ha hecho, sienta su culpa, conozca su error, y haga el propósito firme, si no de ser virtuoso, al menos de ser razonable, de calcular mejor lo que le conviene, de no cometer un crimen que hace dudar si el criminal debe llevarse a una prisión o a una casa de locos.

Ahora ved las disposiciones de la ley, cuyo severo castigo debe hacer temblar al incendiario:

> Artículo 467. El incendio será castigado con la pena de cadena perpetua a la de muerte:
>
> 1°. Cuando se ejecutase en cualquier edificio, buque, o lugar habitados.
>
> 2°. Cuando se ejecutare en un arsenal, astillero, almacén de pólvora, parque de artillería o archivo general del Estado.
>
> Artículo 468. Se castigará el incendio con la pena de cadena temporal:
>
> 1°. Cuando se ejecutare en cualquier edificio o lugar destinado a servir de morada, que no estuviere actualmente habitado.
>
> 2°. Cuando se ejecutare dentro de poblado, aun cuando fuere en un edificio o lugar no destinado ordinariamente a la habitación.
>
> 3°. Cuando se ejecutare en mieses, pastos, montes o plantíos.
>
> Artículo 469. El incendio de objetos no comprendidos en los dos artículos anteriores será castigado:
>
> 1°. Con la pena de presidio correccional, no excediendo de 10 duros el daño causado a tercero.
>
> 2°. Con la pena de presidio menor, pasando de 10 y no excediendo de 500 duros.
>
> 3°. Con la de presidio mayor excediendo de 500 duros.

> Artículo 470. En caso de aplicarse el incendio a chozas, pajar o cobertizo deshabitados, o a cualquier otro objeto cuyo valor no excediere de 50 duros, en tiempo o con circunstancias que manifiestamente excluyan todo peligro de propagación, el culpable no incurrirá en las penas señaladas en este capítulo, pero sí en las que mereciere por el daño que causare con arreglo a las disposiciones del capítulo siguiente.
>
> Artículo 471. Incurrirán respectivamente en las penas de este capítulo los que causen estragos por medio de sumersión o varamiento de nave, inundación, explosión de una mina o máquina de vapor, y en general por la aplicación de cualquier otro agente o medio de destrucción tan poderoso como los expresados.
>
> Artículo 472. El que fuere aprehendido con mecha o preparativo conocidamente dispuesto para incendiar o causar alguno de los estragos expresados en este capítulo, será castigado con la pena de presidio menor.
>
> Artículo 473. El culpable de incendio o estragos no se eximirá de las penas impuestas en este capítulo, aunque para cometer el delito hubiere incendiado o destruido bienes de su pertenencia.

A las circunstancias que hacen tan odioso y tan insensato el delito del incendiario, hay que añadir la severidad de las penas, que, como veis, son graves. ¿Podrán no serlo tratándose de un delito que manifiesta tanta perversidad en el que le comete, que amenaza a la sociedad con males tan graves, que parece decir: «Por satisfacer mi mal deseo voy a hacer daño, mucho daño, y no importa a quién, ni cómo, ni cuánto; quiero vengarme de un hombre, voy a quemar su mies aunque ardan las de otros con quienes no tengo enemistad, voy a quemar su casa aunque ardan las de sus vecinos que nada me han hecho y haya desastres y muertes»?

Por fortuna habrá entre vosotros muy pocos, tal vez no haya ninguno culpable de este delito, y los que no sois capaces de cometerle comprenderéis mejor toda su gravedad. Pero esta circunstancia es común a todos; la disposición que conduce a cometer el crimen, dispone a disculparle, y cual si empañara la conciencia propia, necesita reflejarse en la ajena, donde como en un espejo se ve con toda claridad.

Penetrémonos bien de esto; estudiemos nuestras faltas en los otros, porque en nosotros mismos no podemos verlas bien. El efecto que nos producen las ajenas producirán en los demás las propias. Cuanto más lejos estéis de cometer un delito, le juzgaréis con más imparcialidad; por el horror que os causa puede medirse la distancia que de él os separa. Recusaos como jueces sospechosos del delito propio; habéis vivido con él, fuisteis sus compañeros y no podéis juzgarlo con imparcialidad. Estudiaos en los otros; aprended lo que debéis parecer por lo que os parecen, lo que inspiráis por lo que sentís; ved vuestra culpa en la suya, y no importa que sea muy diferente. Las montañas muy elevadas, estén en la región que quieran, se parecen todas en que se respira mal en ellas, en que hace mucho frío, en que no tienen frutos ni flores: así las culpas. Cuando crecen mucho, cuando llegan a ser delitos o crímenes, tienen todos afinidades y semejanzas, un horrible aire de familia, porque se parecen los delincuentes en hacer a otro lo que no quisieran que les hiciesen; en buscar el placer causando dolor; en la locura de pensar que puede alcanzarse la felicidad propia por medio de la desgracia ajena, y vivir bien haciendo mal.

Carta XXVIII

LESIONES CORPORALES. ARTÍCULOS 441 AL 447.

Hermanos míos:

Al abrir el Código por el capítulo que dice: *Lesiones corporales*, es bien doloroso pensar que por este delito están en presidio hombres honrados, que no debieran haber venido a él, ni hecho nunca daño a nadie, sino se hubiesen dejado arrebatar de la cólera. ¿La cólera es una fiera indomable? No: sus garras no crecen sino porque permitimos que las ejercite.

Hay un error tan grave como fatal, que consiste en llamar imposible a lo que es difícil, y decir: «No puedo contenerme; es superior a mis fuerzas dejar de hacer tal o cual cosa». ¿El que no puede reprimir sus movimientos de cólera, será como la pantera o el tigre que se arrojan sobre su presa? ¿Os parece que el hombre en ninguna situación de la vida puede compararse a una fiera? Con su inteligencia para comprender el deber, con su libre albedrío para llenarlo, ¿puede rebajarse nunca hasta los animales que no tienen razón ni conciencia? ¿El juez de la tierra ni el Supremo Juez, pueden admitirle como excusa una degradación imposible? El hombre caído, rebajado, culpable, es siempre el hombre, con su razón para comprender el mal, con su voluntad para practicar el bien.

Grave error pensar que la cólera ni ninguna otra pasión es un impulso irresistible del que no se puede triunfar, que nace grande y poderoso, y desde el momento que se presenta tiene toda la energía que ha de tener, y precipita y arrastra. La cólera, como todo lo que existe en nuestra alma, nace, crece, se fortifica con el ejercicio, y se debilita en la inacción. La cólera del que la contiene mengua; la del que le da rienda suelta aumenta hasta un punto en que es ya muy difícil de contener. Recordad la historia de esta pasión desdichada los que estáis en la prisión por ella, y veréis que no fue su primer paso el que os hizo cometer el delito; antes había dado otros muchos, y como no la atajasteis, prosiguió su mal camino. En vez de contener sus ímpetus primeros, les dejasteis libre paso, en el ejercicio de malos deseos, de malas palabras, de amenazas, y acaso de malas acciones, aunque no tan graves como la que os llevó a presidio. La cólera es como el fuego; hay que sofocarla para que no crezca, y el que le deja desahogos, será ahogado por ella.

Procurad contener los ímpetus de la cólera en vosotros, en vuestros hijos, en todas las personas con quienes podáis influir. Aunque os parezcan inofensivas y lo sean por el momento, no consintáis esas desdichadas expansiones de la cólera, que si se desahoga se ejercita, y todo lo que se ejercita crece. El niño que pega a la piedra en que se lastimó, toma su primera lección de venganza, y quién sabe adónde podrá llevarle algún día.

Me duele en el alma la suerte de los que estáis en la prisión por lesiones; en general vuestro delito no ha sido premeditado, no hay perversidad en vuestra alma, y honrados y tranquilos hubierais vivido a ser dueños de vuestras pasiones como todo ser racional puede y debe serlo. Pero no llaméis a vuestro delito *un mal momento*, no; las malas acciones que se hacen en un momento se preparan toda la vida, son precipicios en que no cae el que de ellos está lejos. Habéis fortificado los impulsos de la cólera con el hábito de no contenerla, y la pasión y la costumbre reunidas son un enemigo formidable y harto difícil de vencer. Separadlos; id poco a poco adquiriendo la costumbre de no ceder a los movimientos de la ira; empezad conteniéndoos aunque fuere en cosas muy pequeñas, aunque sea solamente diciendo nueve palabras malas en lugar de diez, y si esto hacéis, habréis alcanzado mucho, que la victoria más difícil sobre nosotros mismos no es la más grande, sino la primera.

Otra cosa habéis de hacer, yo os lo ruego en nombre de Dios y de vuestro interés: no tengáis armas. La cólera las busca a veces, las forja de cualquier objeto, pero tanto peor si las halla cerca y afiladas. ¿Para qué vais armados? ¿No veis que las armas se vuelven siempre contra el que las lleva? ¿No veis que la navaja, esa arma fatal, tiene en presidio a muchísimos hombres que sin ella gozarían de dichosa libertad? ¿Para qué lleva navaja el que no hace profesión de malhechor, ni se propone robar con violencia, ni vivir en lucha con la ley? ¿Para qué lleva navaja el que no piensa acometer ni que ninguno le acometa? ¿Para qué se arma el que no tiene enemigos, ni lo es de nadie? Por una perversa y desdichada costumbre que tiene tantos hombres en presidio y en la eternidad. Un día de fiesta se reúnen unos cuantos aficionados a beber; no se quieren mal, acaso son amigos. Beben de más, y como no saben muy bien lo que dicen, dicen cualquier disparate, contéstanlo otros y arman una disputa. La cosa no pasa de voces o de algún bofetón, si no hay navajas; pero si las hay, habrá heridas y sangre y acaso muertes. Lo mismo que sucede con la embriaguez del vino, acontece con la causada por una pasión cualquiera: no sería fatal, si no hallase pronta la navaja para secundar sus iras. Apenas hay crimen en que la navaja no figure como instrumento. Que los malhechores la lleven, triste consecuencia es de su horrible y desastrado oficio; ¿mas por qué han de llevarla los que no hacen profesión de criminales? ¿Por qué no han de apartarla de sí con horror los que no quieren arriesgar su libertad, su vida y su honra a los azares de la ira, del vino, o de una provocación inesperada? ¡Oh, hermanos míos! No arméis la cólera, que harto terrible es aun desarmada, y escuchad las disposiciones de la ley.

Artículo 341. El que de propósito castrare a otro, será castigado con la pena de cadena temporal en su grado máximo a la de muerte.

Artículo 342. Cualquiera otra mutilación ejecutada igualmente de propósito, se castigará con las penas de cadena temporal.

Artículo 343. El que hiriere, golpeare o maltratare de obra a otro será castigado como reo de lesiones graves:

1°. Con la pena de prisión mayor, si de resultas de las lesiones quedare el ofendido demente, inútil para el trabajo, impotente, impedido de algún miembro o notablemente deforme.

2°. Con la de prisión correccional, si las lesiones produjeren al ofendido enfermedad o incapacidad para trabajar por más de treinta días.

Si el hecho se ejecutare contra alguna de las personas que menciona el artículo 332 (padre, madre o hijo, sean legítimos o adoptivos, cualquier otro de sus ascendientes o descendientes legítimos o su cónyuge) o con alguna de las circunstancias señaladas en el número 1°. del artículo 333 (alevosía; por precio o promesa remuneratoria; por medio de inundación; incendio o veneno; premeditación conocida; ensañamiento, atormentando deliberada e inhumanamente el dolor del ofendido) las penas serán: las de cadena temporal en el caso del número 1°. de este artículo, y la del presidio menor en el del número 2°. del mismo.

Artículo 344. Las penas del artículo anterior son aplicables respectivamente al que sin ánimo de matar causare a otro algunas de las lesiones graves, administrándole a sabiendas sustancias o bebidas nocivas, o abusando de su credulidad o flaqueza de espíritu.

Artículo 345. Las lesiones no comprendidas en los artículos precedentes que produzcan al ofendido inutilidad para el trabajo por cinco días o más, o necesidad de la asistencia de facultativo por igual tiempo, se reputan menos graves, y serán penadas con el arresto mayor, el destierro o multa de 20 a 200 duros, según el prudente arbitrio de los Tribunales.

> Cuando la lesión menos grave se causare con intención manifiesta de injuriar o con circunstancias ignominiosas, se impondrán conjuntamente el destierro y la multa.
>
> Artículo 346. Las lesiones menos graves inferidas a padres, ascendientes, tutores, curadores, sacerdotes, maestros o personas constituidas en dignidad o Autoridad pública, serán castigadas siempre con prisión correccional.
>
> Artículo 347. Si resultaren lesiones en una riña o pelea, y no constare su autor, se impondrán las penas inmediatamente inferiores en grado al que aparezca haber causado alguna al ofendido.

Yo sé que en muchos de los que estáis en la prisión por lesiones, en la mayor parte acaso, hay culpa, pero no depravación. Vuestro delito no fue alevoso, ni premeditado, ni consecuencia de una vida viciosa y criminal; sino de la cólera, que cuando no se tiene el hábito de sofocarla, llega un momento en que ella sofoca y arrastra, como os arrastró. Por lo mismo que vuestra conciencia no está extraviada, debe pesaros y debéis comprender el mal que hicisteis, tal vez irremediable. ¿Con qué puede compensarse al que de resultas de una herida queda demente, o deforme o inútil para el trabajo, ni cómo se indemniza a nadie de los dolores que ha sufrido? Pensad en las desdichadas consecuencias que vuestra cólera mal reprimida tuvo para el ofendido y para su familia, en cuya suerte acaso influisteis de una manera funesta causándole daños irremediables. Debéis formar dos firmes propósitos: reparar hasta donde os sea dado el mal que hicisteis, y no contagiaros en la prisión con los que, más culpables que vosotros, tienen el hábito del mal que vosotros no tenéis. Fuisteis hombres honrados; podéis volver a serlo; podéis sacar a salvo vuestra virtud y vuestra honra del peligro en que se halla, porque, es preciso confesarlo, vuestra virtud peligra. Mas por muchos peligros que corra, la virtud no muere sino de suicidio; vive siempre si no se mata, si no la matamos pereciendo con ella; porque el hombre que está muerto para la virtud y para la honra, ¿para qué vive? Vuestra virtud vivirá si no la matáis, que es de su divina esencia el poder habitar en todas partes, y brillar más allí donde es más difícil.

Hombres honrados que la cólera cegó, conservad en la prisión la distancia que en el mundo os separaba de los criminales. No aceptéis desesperados una comunidad impía; no inmoléis ante un ídolo inmundo una vida de honra; no arrojéis en el muladar del crimen el nombre sin mancha de vuestro padre; no olvidéis sus lecciones y su ejemplo, para seguir el ejemplo y las lecciones de los que intentan atraeros al abismo en que cayeron; no os alistéis bajo la asquerosa y ensangrentada bandera del vicio y del crimen; no desertéis la noble causa de la virtud y de la honra.

Mientras llega el día en que sea posible daros una prisión separada, apartaos del vicio y del crimen, no le deis oídos, que la voluntad del hombre puede aislarlo del mal que le rodea, siempre que aparte de él los ojos y le rechace de su corazón. Apartaos, hermanos míos; no queráis aturdir vuestra desgracia, que la desgracia que se aturde se aumenta; reflexionad en ella, que es el único modo de utilizarla. Vosotros que erais honrados ayer, que podéis serlo mañana, no forméis causa común con los que han dicho a la vergüenza: «Adiós para siempre»; y han dicho al oprobio: «Serás nuestro compañero». No participéis de sus culpables e insensatas alegrías. ¡Desdichado del que en la prisión está alegre! ¡Desdichado del que se escarnece a sí propio! ¡Desdichado el que da al infortunio un gesto de alegría y le pone una máscara odiosa, infernal barrera entre el dolor y la compasión! ¡Oh, hermanos míos! Estad resignados, pero tristes; el dolor es la dignidad de la desgracia. Las cosas muy diferentes no deben confundirse aunque se mezclen; no os confundáis con los criminales endurecidos, y así Dios os tenderá su mano poderosa, y atravesaréis la prisión como una prueba terrible de la que saldréis purificados.

Carta XXIX

INFANTICIDIO. ABORTO. ARTÍCULOS 336 AL 340.

Las fieras en sus cavernas cuidan amorosamente a sus hijos; los pájaros cruzan los aires en busca de sustento para ellos, y por ampararlos acometen y luchan con el que los amenaza; si débiles no triunfan, amantes se inmolan; se dejan despedazar, pero no abandonan a sus hijuelos queridos; las ballenas en el mar los defienden hasta perder la vida. Todo animal tímido u osado, débil o fuerte, hermoso u horrendo, inteligente o de escaso instinto, manso o feroz, ama tiernamente a su hijo, le ampara, le cuida, se priva del sustento por sustentarle, se deja matar por él... ¡Solo la mujer le mata!

¿Quién es la mujer? ¿Quién es esa criatura que huella una ley santa respetada por todos los seres vivientes; que pone la mano impía donde la pantera no osa poner sus garras; que no recibe las lecciones de ternura que le dan las fieras; que turba las divinas armonías del amor maternal con el grito desgarrador del inocente hijo que inmola? ¿Quién es el ser incomprensible que destruye el fruto de sus entrañas? Es la compañera del hombre, con su frente pura, su dulce mirada, su voz suave, sus palabras cariñosas, su carácter tímido y apacible, su corazón amante; es aquella alma toda abnegación y ternura, que se olvida de sí, que piensa en los otros, que tiene excusa para todas las faltas, lágrimas para todas las penas, consuelo para todos los dolores; que cierra los ojos a la ingratitud y al engaño, que adivina la desgracia y le abre los brazos; pronta al sacrificio, fácil al perdón, respira sentimiento, vivo de amor, necesita el cielo y cree en Dios. ¿Y es esta la criatura que mata a su hijo? Esa es, la misma. La culpa y el error pusieron la mano sobre su frente, y el ángel se convirtió en monstruo.

La sociedad que siembra errores, coge crímenes y desgracias. El error es una mina que socava la conciencia, la casualidad o la culpa la cargan, y el egoísmo determina la explosión. Desde el momento en que se separa el honor de la virtud; desde el momento en que hay para apreciar las acciones otra medida que el bien o el mal que de ellas resulta al prójimo y su conformidad con la ley de Dios, la conciencia se turba, se ofuscan los ojos del alma, se inclina la frente a la tiranía de la opinión, y se inmola al falso honor la verdadera honra.

Si la sociedad ajustara la reprobación a la culpa; si fuera inexorable con la madre que inmola a su hijo, terriblemente severa con la que le expone, y más tolerante con la mujer débil que, si fue culpable siendo madre sin ser esposa, no es tan criminal que abandone a su hijo; si la opinión estableciese una escala de culpas proporcionada a la de los delitos, habría un crimen menos, la humanidad no contemplaría estremecida a la mujer que mata al hijo de sus entrañas, y la ley no tendría que castigar el infanticidio. ¡Desdichada tolerancia la que mueve a castigar con blandura a la mujer que inmola a su hijo; desdichada sociedad donde el exponerlo no es un delito y donde las mujeres aprenden que la virtud es una cosa distinta de la honra! ¿No bastan las pasiones y los malos instintos para llenar el mundo de crímenes y de dolores, sin que la opinión con sus rigores injustos y su tolerancia culpable, cree una atmósfera en que el vicio respira bien, y en que el delito germina, y crece y se propaga?

Y no penséis, mujeres culpables de infanticidio, que los extravíos de la opinión disculpan vuestro crimen; no hacen más que explicarle, porque sin los errores que bebisteis en la turbia fuente de la opinión pública, vuestro crimen sería inexplicable, estabais fuera de la humanidad y era menester venderos a los que compran fieras para mostrarlas al público, y que el domador después de enseñar la hiena traidora, y el tigre feroz, y la pantera implacable, al llegar a vuestra jaula os señalara con su vara candente, diciendo: «¡LA MADRE QUE MATA A SU HIJO!».

Yo he leído la ley que castiga el infanticidio antes que supiese de una mujer infanticida, y creí que esta ley no tenía aplicación, que no podía tenerla, que estaba abolida por el santo amor de madre. No imaginé posible que una mujer pudiera destruir al hijo de sus entrañas, aquel pobre niño que nace llorando para inspirar compasión, que nace débil para inspirar cariño, que necesita del amparo de todos para que todos sientan el noble impulso de ampararle; que nada puede, que nada sabe, que sufre, que es inocente, que es puro, que es sagrado, que antes de que vean sus ojos extiende las manitas buscando a la que le dio el ser; que abre la boca buscando la vida en su pecho, que calla en el momento que le coge... y entonces ella... su madre...

Llorad lágrimas de sangre las que habéis inmolado a vuestros hijos; lloremos todas como las hijas de Jerusalén, y puedan nuestras lágrimas reunidas imprimir la gravedad de vuestro delito en la opinión de los hombres, y borrar su huella ante el Tribunal de Dios. Si no, su fallo será más terrible que el de la ley humana. Dice así:

> Artículo 336. La madre que por ocultar su deshonra matare al hijo que no haya cumplido tres días, será castigada con la pena de prisión menor. Los abuelos maternos que para ocultar la deshonra de la madre cometieren este delito, con la de prisión mayor.
>
> Fuera de estos casos, el que matare a un recién nacido incurrirá en las penas del homicidio.
>
> Artículo 337. El que de propósito causare un aborto, será castigado:
>
> 1º. Con la pena de reclusión temporal, si ejerciere violencia en la persona de la mujer embarazada.

> 2º. Con la de prisión mayor, si aunque no la ejerza, obrare sin consentimiento de la mujer.
>
> 3º. Con la de prisión menor, si la mujer lo consintiere.
>
> Artículo 388. Será castigado con prisión correccional el aborto ocasionado violentamente, cuando no haya habido propósito de causarlo.
>
> Artículo 339. La mujer que causare su aborto o consintiera que otra persona se le cause, será castigada con prisión menor.
>
> Si lo hiciere para ocultar su deshonra, incurrirá en la pena de prisión correccional.
>
> Artículo 340. El facultativo que abusando de su arte causare el aborto o cooperare a él, incurrirá respectivamente en su grado máximo en las penas señaladas en el artículo 337.

La ley, como veis, no es severa con la madre que mata a su hijo por ocultar su deshonra; la pena que le impone es leve, comparada con la gravedad del delito. ¿Supone que hay en él siempre cierto grado de obcecación y de extravío, o deja a la conciencia que le castigue con severidad mayor? En la antigüedad hubo un pueblo en que a la mujer que mataba a su hijo recién nacido, se la obligaba a tenerlo muerto entre sus brazos por espacio de tres días. La pena era terrible, ¿pero era injusta?

Tratando de un crimen como el infanticidio, que pisa y atropella el más santo de los afectos; tratándose de una madre, de un hijo, se apela instintivamente al sentimiento, y parece como una mengua, como un agravio a la humanidad, recurrir a la razón y al cálculo, para apartarla de extravío tan perverso; pero aunque repugne, preciso es también hablar a la razón y al cálculo, auxiliares poderosos que tantas veces extraviados se vuelven en contra del interés bien entendido.

La madre culpable que dice: «Mataré al hijo fruto de mi debilidad para ocultarla», ¿calcula bien? ¿Consigue su objeto? ¿Es posible que le consiga? ¡Oh! No. Quiere salvar la honra por medio del crimen y es criminal y queda deshonrada; que es el crimen mal redentor para libertar a nadie del cautiverio de la ignominia. ¿Cuántas mujeres débiles habéis conocido que logren ocultar las consecuencias de su debilidad? Yo no he conocido ninguna. Las criadas, las vecinas, las amigas, las envidiosas, el mundo, en fin, suspicaz y maldiciente, descubre el secreto que la débil mujer en su ceguedad cree impenetrable, y por más precauciones que tome, y por más esfuerzos que haga, la deshonra sigue a la debilidad como la sombra al cuerpo; y si la mujer culpable logra evitar las penas de la ley, no se sustrae jamás a las de la opinión, que la señala con el dedo y sin apelación la condena. Recordad todas las mujeres débiles que por no parecerlo han sido criminales, y veréis que ninguna ha salvado esa deshonra a la cual hizo el sacrificio horrendo del hijo de sus entrañas, y veréis que aunque no hubiera culpa, habría locura en querer separar el honor de la virtud. La mujer que la pierde, deshonrada está por más que haga.

A la debilidad precede la pasión, que de suyo es imprudente, y que como los niños, cuando tiene los ojos cerrados, imagina que no la ve nadie. Mucho antes que la mujer apasionada sea débil, el mundo cree que lo ha sido, y espía con suspicacia maligna las consecuencias de su debilidad, y ávidamente recoge cuantos indicios o señales pueden conducirle a condenar sin apelación. Además, la mujer débil tiene que poner a muchas personas en el secreto de su debilidad si quiere ocultarla, y el secreto, que en todo es tan difícil de guardar, lo es mucho más en los de esta clase, porque las personas virtuosas no se prestan a culpables manejos, y los criminales son malos depositarios de la honra. Así, puede tenerse como una verdad de las más incuestionables que para la mujer el honor sin virtud es una quimera, que cuando es débil todo lo denuncia, todos lo adivinan, y cuando comete un crimen por salvar su honra, es criminal y queda deshonrada.

Estas verdades son evidentes lo mismo cuando consuma el infanticidio que cuando procura el aborto, pero al cometer este último delito, expone además su salud y hasta su vida. Solo la ignorancia puede persuadir a una mujer embarazada a que procure el aborto, porque su vida está tan íntimamente unida a la de su hijo, que no puede atentar a la una sin arriesgar la otra. La mujer que procura el aborto por medios violentos, puede estar segura de que, aborte o no, perderá la salud para siempre cuando menos, y es muy posible que pierda la vida. Conservarse sana y robusta destruyendo violentamente el hijo que lleva en sus entrañas, es para la mujer otra quimera como conservar la honra, perdida la virtud.

La que es madre sin ser esposa, no hay que disimularlo, ha dado un gran paso hacia su perdición; pero no está perdida, y el mundo, hasta ese mundo tan inexorable con las debilidades de la mujer, está dispuesto a perdonar la de aquella que sufre su vergüenza como una expiación; que no añade al pecado de un amor ilegítimo el delito de abandonar el fruto de este amor; que sin desafiar la opinión tiene cuenta con la conciencia y con los mandamientos de Dios; que cumple con los deberes de madre, que hace vida recogida, que trabaja para su hijo, siendo fiel a aquel amor que la extravió, pero que no la envilece si es único. El mundo, a pesar de lo severo de sus fallos, se siente inclinado a perdonar los extravíos de la pasión, y solo es inexorable con los del vicio. La desventurada culpable sea buena madre, sea amante fiel, no se abandone creyéndose perdida, halle en el arrepentimiento, en el amor de Dios y en el amor de su hijo un escudo contra la ignominia, y todavía puede sacar a salvo su dignidad, todavía la opinión estará pronta a perdonarla con la fórmula de: *Tuvo esa debilidad, pero no se le ha conocido más amor que el de ese hombre;* todavía su mismo seductor viendo su constancia, su recogimiento, su intachable conducta, y atraído por el amor de su hijo, es posible que consienta en ser su esposo.

¿Cómo el extravío de la razón y de la conciencia llega hasta el punto de buscar el remedio de un mal en otro mucho mayor? Observad en el mundo cómo se remedian los males. Al que enferma de resultas de un gran esfuerzo, se le recomienda la quietud; al que sufre una irritación se le dan refrescos; al que padece por haberse excedido en la comida, se le tiene a dieta: siempre se busca la curación poniendo al doliente en condiciones distintas de aquellas que le acarrearon la enfermedad. En el mundo moral y con las enfermedades del alma sucede lo propio. El remedio de los males producidos por la culpa y el vicio está en la virtud opuesta, y no le busquéis en otra parte porque será en vano. La mujer que pretende remediar una debilidad con un delito, hace lo mismo que si quisiera curarse una enfermedad producida por el mucho vino, embriagándose con aguardiente.

Entre la debilidad y el crimen hay un abismo; no le salvéis impelidas por el error infernal de que la perversidad puede ser un medio de salvar la honra. Mujeres mil veces desventuradas, culpables y ciegas, que habéis inmolado a los hijos de vuestras entrañas, llorad hasta el último día de vuestra vida, y aunque sea larga, no han de tener lágrimas bastantes para llorar tan horrible pecado. Que se unan a ellas las que vertió la bendita entre todas las mujeres, y la sangre del Redentor, para que en el día de la justicia alcancéis misericordia. Que los inocentes sacrificados por vuestra ceguedad culpable, en vez de alzarse contra vosotras, os den el amor que les negasteis, el amparo que en vosotras no hallaron; que como un coro de ángeles lleguen al trono de Dios, y cuando el Juez supremo diga: «MUJER, TE PIDO CUENTA DE LA SANGRE DE TU HIJO», ellos alcen un cántico divino, diciendo: «Perdónala, Señor, que es mi madre».

Carta XXX

HOMICIDIO.
ARTÍCULOS 332 AL 335.

Hermanos míos:

Hay entre vosotros una frase, entre otras, que prueba el extravío de vuestras ideas, cómo se encadenan los malos razonamientos y las malas acciones, cómo el que discurra mal está en peligro de no obrar bien, y el que delinquió discurre malamente, cómo la culpa lleva al error y el error a la culpa, y cómo la conciencia turbada, turba la razón. Soléis llamar *condena limpia* la del hombre que ha matado a otro, si no ha mediado interés ni alevosía. En el crimen hay muchos grados, muchos por desgracia: el que mata por robar, por precio, o con alevosía, es infinitamente más culpable que el simple homicida; ¿pero adónde llega vuestro culpable extravío, hombres que llamáis *limpia* a una condena escrita con sangre? ¿Creéis por ventura que hay una mancha más difícil de lavar que la de la sangre de vuestro hermano, hijo de Dios, redimido por Jesucristo e inmolado a vuestra cólera feroz? ¿Creéis que basta cerrar los ojos a la luz de la verdad, los oídos al buen consejo, la conciencia a las amonestaciones del deber y el pecho a la compasión, para que dar muerte a un hombre no sea el mayor de los crímenes? La verdad quemará los ojos que no quisieron abrirse a ella, y desgarrará los oídos que no la escucharon. La conciencia se convertirá en remordimiento para turbar la paz del alma que la rechazó, y no hallará compasión el que la ha negado.

En la tempestad de las pasiones, la conciencia puede sumergirse un momento; pero acaba por flotar como un cuerpo ligero y os pedirá cuenta de la sangre que habéis derramado. Lográis aturdiros mientras os sentís fuertes, mientras ningún peligro os amenaza; pero si os embarcáis para cruzar los mares, si la fiebre enciende vuestra frente, si la enfermedad amenaza vuestra existencia, estremecidos sentiréis que os salpica la sangre derramada, y aterrados escucharéis a vuestra víctima que pide justicia y venganza, y la veréis en el borde del sepulcro, en el delirio y en la tempestad.

Los que estáis tranquilos no confiéis en vuestra tranquilidad; los que os aturdís, no penséis que ha de durar siempre vuestro aturdimiento: un infortunio, un terror cualquiera, bastan para despertar la conciencia aletargada, y es terrible el despertar de la conciencia cuando está manchada con sangre y su sueño fue largo. La conciencia, amigo cariñoso del inocente, es para el culpable un terrible acusador, y el que no ha querido recibirla en su corazón como un rocío suave, la sentirá sobre su cabeza como una lluvia de plomo ardiendo. Yo oí un día reñir a dos hombres; ambos eran culpables. Después de denostarse mutuamente, el uno deseó al otro miserias, infortunios, enfermedades de las más terribles, y muerte desastrosa. El provocado de este modo, contestó brevemente: «Permita Dios que mueras sin confesión y con remordimiento». Me estremecieron estas palabras, y nunca la expresión de la cólera me pareció tan horrible.

Os lo repito una y mil veces, desconfiad de vuestra aparente tranquilidad, porque la paz de una conciencia que está manchada con sangre no dura siempre, y se parece a esas aguas tranquilas en cuyo fondo hay plantas entretejidas, y donde se ahogan hasta los que saben nadar.

Los retratos hechos por medio de la fotografía son tan comunes, que muchos de vosotros los habrán visto y aun se habrán retratado. La imagen queda impresa en el metal preparado para recibirla; miráis y nada veis, o percibís solamente manchas informes que en nada se asemejan a vuestra fisonomía. Mas aquella impresión, expuesta a la acción de ciertos agentes, va tomando la forma del rostro que reflejó la luz, y a poco veis vuestro retrato. Así, la imagen del crimen no se percibe o se percibe confusamente en ciertas conciencias; pero expuestas a la acción del dolor, del miedo o de una emoción fuerte cualquiera, viene a retratarse en el alma, y la agita y la tortura.

No dejéis al remordimiento su horrible iniciativa; buscadle antes que os busque; salidle al encuentro, que es el medio de que os haga menos daño. ¡Homicidas! No volváis a pronunciar la frase impía e insensata de que vuestra condena está *limpia*: manchada está con sangre, y manchados estáis vosotros hasta que os purifiquéis en el arrepentimiento.

El homicida que cree que su crimen no le rebaja; el que mira con cierto desdén a los que son menos culpables que él; el que lleva erguida la manchada frente que debía inclinarse bajo el peso de la culpa, tiene el caos en su conciencia, tinieblas en su razón, confunde las ideas, los deberes, los derechos; no sabe lo que es virtud, ni lo que es vicio, ni lo que es honra, ni lo que es infamia, y ostenta una dignidad de tigre que da horror y da vergüenza; vergüenza, sí, porque la humanidad se degrada más cuando defiende el mal que cuando le hace, y es el último término del envilecimiento decir a la inteligencia, destello de Dios: «Ven a defender, ven a justificar la perversidad humana».

El valor moral del hombre se mide por el bien o el mal que hace; el verdadero honor por su virtud; su infamia por el daño que ha causado. El hombre que ha hecho más bien, es el más grande, el más honrado; el que ha hecho más mal, el más pequeño y más vil. Aplicaos, homicidas, esta medida única, exacta, no intentéis la imposible alianza del crimen y la honra, no busquéis en el delito la dignidad que solo podréis hallar en el arrepentimiento, y por el mal que hicisteis, formad el cálculo de lo que sois. Todos los que han hecho más daño que vosotros, os son inferiores; todos los que han hecho menos, valen más. Os lo repito, no hay otra medida; el hombre más perjudicial es el más despreciable, el más manchado; no habléis, pues, de *condena limpia* los que estáis en la prisión condenados por los artículos del Código que voy a copiar:

> Artículo 332. El que mate a su padre, madre o hijo, sean legítimos, ilegítimos o adoptivos, o a cualquier otro de sus ascendientes o descendientes legítimos, o a su cónyuge, será castigado como parricida:
>
> 1°. Con la pena de muerte, si concurriere la circunstancia de premeditación conocida, o la de ensañamiento aumentando deliberadamente el dolor del ofendido.
>
> 2°. Con la pena de cadena perpetua a la de muerte, si no concurriere ninguna de las dos circunstancias expresadas en el número anterior.
>
> Artículo 333. El que mate a otro, y no esté comprendido en el artículo anterior, será castigado:
>
> 1°. Con la pena de cadena perpetua a la de muerte, si lo ejecutare con alguna de las circunstancias siguientes:
>
> Primera. Con alevosía.
>
> Segunda. Por precio o promesa remuneratoria.
>
> Tercera. Por medio de inundación, incendio o veneno.
>
> Cuarta. Con premeditación conocida.
>
> Quinta. Con ensañamiento, aumentando deliberada o inhumanamente el dolor del ofendido.
>
> 2°. Con la pena de reclusión temporal en cualquier otro caso.
>
> Artículo 334. En el caso de cometerse un homicidio en riña o pelea, y de no constar el autor de la muerte, pero sí los que causaron lesiones graves, se impondrá a todos estos la pena de prisión mayor.

> No constando tampoco los que causaron lesiones graves al ofendido, se impondrá a todos los que hubieren ejercido violencia en su persona, la de prisión menor.
>
> Artículo 335. El que prestare auxilio a otro para que se suicide será castigado con la pena de prisión mayor; si lo prestare hasta el punto de ejecutar él mismo la muerte, será castigado con la pena de reclusión temporal en su grado mínimo.

Reflexionemos un momento sobre el texto de la ley, y nos convenceremos de que la ley es misericordiosa, de que el espíritu de caridad ha penetrado en ella, de que perdona más bien que castiga. ¿Qué pena merece el que mata? La conciencia de la humanidad, la del mismo culpable responde: LA MUERTE. Todo hombre que no ha matado sabe que merece morir; el homicida para defenderse niega el hecho; el derecho de imponerle la última pena no le niega si su razón está cabal. El Talión, es decir, un castigo igual al daño que se hizo, está en la conciencia de la humanidad, en la del ofendido, y en la del ofensor, en todos; es la justicia, severa, pero es la justicia. Todo lo demás que os digan son sofismas y extravíos, nacidos en unos de la compasión, en otros de la vanidad, en muchos del error de hacer caso de razonamientos, de filosofía, de escuela, los casos de conciencia. Apelad a la vuestra, homicidas, y os dirá que debéis la vida, no a la justicia, sino a la misericordia. Sobre la sangre que pedía sangre cayeron las lágrimas de la compasión, y con ellas se ha escrito vuestro indulto consignado en la ley, borrando los artículos de un terrible derecho. Ya habéis visto las disposiciones del Código, ya habéis visto las circunstancias que ha de tener el homicidio para que el homicida sea entregado al verdugo. La pena de muerte ha sido abolida para los criminales, no se aplica ya más que a los monstruos.

Pero la sociedad, que perdona al homicida, espera de él arrepentimiento y enmienda; no cree que pueda ser reincidente, ni que consagre al mal la vida que le ha dejado.

¿Cuál es el hombre a quien el recuerdo de haber matado a otro hombre no hace entrar en sí mismo? ¿Cuál es el hombre que habiendo hecho el más grande o irreparable de los males no comprenda que ha cometido la más terrible de las culpas? ¿Cuál es el hombre que imagine que Dios, autor de la conciencia, no ha de tener justicia, ni hacer distinción entre el que derramó sangre y el que ha enjugado lágrimas? ¿Los hombres procuran dar a cada uno según sus obras, y el Hacedor Supremo confundiría al justo y al malhechor? ¿Los hombres hacen cumplir sus leyes, y no tendría sanción penal la ley de Dios, escrita en todos los corazones, grabada en todas las conciencias; esa ley que hace estremecer al hombre a la vista de la sangre vertida, e inspira horror hacia el que la vertió? ¿El que enfrena el Océano e impone silencio a la tempestad, no hará callar al blasfemo, no podrá detener el brazo que se alzó para el mal, no le dirá al borde de la tumba: aquí acaba el reino de la iniquidad y empieza el de la justicia? Implorad su misericordia, homicidas; la necesitáis, creedme. No esperéis a la última hora; no esperéis a recibir del miedo vil el noble impulso que debe daros vuestra conciencia. Decid a Dios y a los hombres: «Hemos pecado», antes que la muerte venga a arrancaros por el terror la confesión terrible. ¿Esperaréis al delirio de la agonía para entrar en razón? ¿Repararéis en una hora de debilidad los males hechos en una vida de crímenes? ¿Qué diríais vosotros del que habiéndoos ofendido por maldad solo os pidiera perdón por miedo? Dios solo sabe los secretos de su misericordia, pero la razón y la conciencia humana dicen: «¡Ay de los que pretendan lavar en una hora de miedo una vida de iniquidad! ¡Ay de los que no imploran a Dios sino al borde del sepulcro, ni leen las verdades de su ley santa sino al resplandor de las llamas del infierno que temen!». Leedlas, homicidas a la luz de vuestra razón y vuestra conciencia. Medid por lo grande del mal que habéis causado la magnitud de vuestro delito. No volváis, insensatos, a llamar *limpia* una condena escrita con sangre, porque, os lo digo una y mil veces, manchada está y manchados estáis vosotros hasta que os purifiquéis en el arrepentimiento.

De las circunstancias agravantes que convierten al homicida en monstruo hemos hablado ya; el asunto repugna, no es de los que pueden tratarse dos veces. En cuanto al parricidio, ¿qué persona de corazón intentará pintarle con palabras? Se pinta en el estremecimiento que causa, en el horror que inspira y en el silencio pavoroso que no halla voces con que decir tanta maldad, y en los turbados ojos que se apartan de ella.

Si los celos dieran su cólera, y la envidia su veneno; si se destilasen todas las iniquidades y todos los dolores humanos, y prestara el infierno su luz y el demonio su mano y su protervia, no habría con qué bosquejar el más impío de los crímenes. El corazón amante, aquel que tiene lágrimas para todas las penas, disculpa para todos los extravíos, perdón para todos los delitos; al llegar al crimen horrendo se estremece y se contrae y se aparta, y dice: «¡PARRICIDA! DIOS TE PERDONE, PORQUE LOS HOMBRES NO PUEDEN».

Carta XXXI

DELITOS CONTRA LA PROPIEDAD. ARTÍCULOS 449 AL 459.

Hermanos míos:

Triste asunto el de esta carta y de las siguientes, porque emplearemos más de una en hacernos cargo de las disposiciones del Código relativas a *los delitos contra la propiedad*. Triste necesidad la de hablar de un delito tan feo que rara vez confiesa sin abochornarse el que le ha cometido, y tan frecuente que llena las prisiones. Triste condición la del que no respeta la propiedad ajena; desdichado modo de vivir el suyo, que cerrándole las puertas de las personas honradas le abre las del presidio.

Cuando el culpable intenta apoderarse de lo que no le pertenece, ojalá que el objeto robado se convirtiera en carbones encendidos y le abrasara la mano. ¡Cuántos dolores le evitaría el dolor que sentía entonces! Todos los delitos ciegan y arrastran al que a ellos se entrega, pero como el robo, ninguno: su pendiente es la más resbaladiza de todas, y al fin está la cadena perpetua o el cadalso.

El culpable empieza estafando o hurtando un objeto de poco valor; le parece bien aquella ganancia sin trabajo, se anima, y vuelve a hurtar, porque tiene muchas necesidades, y no puede vivir con lo que viven los hombres honrados de su clase. Necesita pagar cómplices o encubridores, y beber y divertirse con sus compañeros. La ociosidad es cosa cara, y para distraerla hay que comprar vicios que nunca son baratos, aunque lo parezcan. Además, la ociosidad del criminal no se entretiene como la de un ocioso cualquiera. El que vive sencillamente se distrae con cosas sencillas; pero el que vive en el delito necesita diversiones costosas, placeres acres. Al perder la inocencia, se pierde la facultad dichosa de gozar inocentemente. ¿Por qué los niños se entretienen con nada? Porque son inocentes, y por la misma razón los criminales necesitan mucho para distraerse. Acostumbrados a las impresiones fuertes de sus culpables y arriesgadas aventuras, no pueden hallar gusto en los goces sencillos del hogar doméstico y de la vida tranquila.

Un labrador que está toda la semana trabajando, goza el domingo en hablar a la puerta de la iglesia; en dar una vuelta y ver cómo van los sembrados; en tener a su hijo en brazos y notar que ya se ríe y le llama; en ver jugar al aire libre uno de esos juegos en que se ejercita el cuerpo y no se pervierte el alma. ¿Cómo ha de tener estos goces sencillos el malhechor que revuelve en su pensamiento los medios de apoderarse de la propiedad ajena, y calcula cómo sustraerse a la justicia? Su alma poderosamente excitada ha menester estímulos poderosos para distraerse, y por eso busca el vino, las prostitutas y la baraja. La necesidad que tiene el criminal del vicio para llenar los intervalos que hay entre crimen y crimen, es una de sus mayores desdichas y de sus peligros mayores. Y digo necesidad, porque es una ley del que obra mal no poder distraerse sino malamente. No habréis conocido a ningún malhechor que pueda gozar en los placeres sencillos e inocentes; si se le ofrecen, se hastía, se aburre, no les halla gusto, como no se le encuentra en los alimentos sanos el que está acostumbrado a excitar su paladar con mostaza o guindilla y aguardiente.

El mayor escollo del criminal son sus diversiones, escollo que no le es dado evitar sino renunciando al crimen. ¡El crimen! Terrible enfermedad que necesita mucha distracción, y que no puede tener ninguna que deje de agravar el mal. Entre un crimen y otro, se busca necesariamente el vicio para que entretenga, para que aturda, y para que sostenga el alma en la excitación febril que necesita el que ha de vivir haciendo daño y en lucha con la conciencia y con la ley. Del juego, y de las malas mujeres y del vino, salen las pendencias y los crímenes, y la ruina de la salud y la pérdida del dinero: así veis que en manos del que roba se detiene poco, y por más que haga, vive pobre y muere miserable.

El que roba no suele empezar por ser un malvado, pero llega infaliblemente a serlo, si no hace un grande esfuerzo para apartarse del camino que emprendió. Sus necesidades crecen, porque el vicio pide más cuanto más se le da, y los encubridores hacen lo mismo. La repugnancia a hacer mal va desapareciendo con el hábito de hacerlo, y con la necesidad de no parecer cobarde y ser un objeto de irrisión para los compañeros, cuyo aprecio se mide por la maldad, y que calculan el valor de un hombre por el daño que puede hacer.

De la estafa o del hurto se pasa al robo; del empleo de la astucia al de la fuerza, que es más expedita. El que va a robar lleva una arma; necesita intimidar. Su objeto no suele ser matar con ella; pero si halla la menor resistencia, si teme ser descubierto, mata, es preciso que mate y haga víctimas para no serlo. Sus acciones están encadenadas, son todas consecuencia una de otra: del hurto al asesinato, la necesidad va poniendo eslabones que enlazan fatalmente una falta leve, tal vez, con el delito más grave. Es posible romper esa cadena por un esfuerzo de la voluntad; es posible decir: «yo no robaré más» y cumplir el propósito; pero el que no le hace o no le cumple, el que continúa por el mal camino, se verá arrastrado adonde nunca creyó llegar; hará lo que hacen todos, y su voluntad será como un barco sin timón que el huracán estrella sobre las rocas. El que vive en el delito y no se esfuerza por salir de él, no es señor de sus acciones, ni de sí mismo; se hizo esclavo del más cruel de los tiranos. Sí, el delito es tirano que tiene su yugo cortante como una cuchilla.

El que vive de lo que roba y con los que roban, ¿sabe él por ventura lo que hará? No por cierto, no depende de su voluntad.

Sabe al empezar el día que le empleará mal, que hará daño, pero no cuánto ni cómo: a la manera que su navaja ignora contra quién la abrirán ni en qué pecho se hundirá, él ignora también dónde puede llevarle la necesidad de dinero, y sus compañeros, y las circunstancias y el peligro. Es como una arma cargada que la casualidad dispara sin que ella sepa hacia dónde ni sobre quién; lo único que sabe de seguro es que concluye siempre por dispararse contra el que la emplea. El que vive del robo, muere por el robo: el criminal es una especie de suicida que empieza sacrificando a los otros y concluye por sacrificarse a sí mismo. Repasad en vuestra memoria los malhechores que se han obstinado en vivir mal, y veréis que todos mueren en la prisión o en el cadalso.

Ahora ved las disposiciones del Código:

> Artículo 449. El que defraudare a otro en la sustancia, cantidad o calidad de las cosas que le entregare en virtud de un título obligatorio, será castigado:
>
> 1º. Con la pena de arresto mayor, si la defraudación no excediera de 20 duros.
>
> 2º. Con la de prisión correccional excediendo de 20 duros y no pasando de 500.
>
> 3º. Con la de prisión menor excediendo de 500 duros.
>
> Artículo 450. Incurrirá en las penas del artículo anterior el que defraudare a otros usando de nombre fingido, atribuyéndose poder, influencia o cualidades supuestas, aparentando bienes, crédito, comisión, empresa o negociaciones imaginarias, o valiéndose de cualquier otro engaño semejante que no sea de los expresados en los artículos 251 y 252 (es decir, fingirse Autoridad, empleado público o profesor, o disfrazarse con vestido o insignias clericales).
>
> Artículo 451. Las penas señaladas en el artículo 449 se impondrán en su grado máximo:
>
> 1º. A los plateros y joyeros que cometieren defraudación alterando en su calidad, ley o peso los objetos relativos a su arte o comercio.

2°. A los traficantes que defraudaren usando de pesas o medidas falsas en el despacho de los objetos de su tráfico.

3°. A los que defraudaren con pretexto de supuestas remuneraciones a empleados públicos, sin perjuicio de la acción de calumnia que a estos corresponda.

Artículo 452. Son aplicables las penas señaladas en el artículo 449:

1°. A los que en perjuicio de otro se apropiaren o distrajeren dinero, efectos o cualquiera otra cosa mueble que hubieren recibido en depósito, comisión o administración, o por otro título, que produzca obligación de entregarla o devolverla.

2°. A los que cometieren alguna defraudación abusando de firma de otro en blanco, y extendiendo con ella algún documento en perjuicio del mismo o de un tercero.

3°. A los que defraudaren haciendo suscribir a otro con engaño algún documento.

4°. A los que en el juego se valieren de fraude para asegurar la suerte.

Las penas se impondrán en su grado máximo en el caso de depósito miserable[1] o necesario.

Artículo 453. Son también aplicables las penas señaladas en el artículo 449 a los que cometieron defraudación, sustrayendo, ocultando o inutilizando en todo o en parte algún proceso, expediente, documento u otro papel de cualquiera clase.

Cuando se cometiere el mismo delito sin ánimo de defraudar, se impondrá a sus autores una multa de 20 a 200 duros.

Artículo 454. Los delitos expresados en los cinco artículos anteriores serán castigados con la pena respectivamente superior en un grado, si los culpables fueran reincidentes en el mismo o semejante especie de delito.

[1]Se llama depósito miserable al que se hace a consecuencia de un desastre, como del cargamento de un buque arrojado sin tripulación sobre la playa, de los muebles de una casa incendiada cuyos dueños están ausentes, etc.

Artículo 455. El que fingiéndose dueño de una cosa la enajenare, arrendare, gravare o empeñare, será castigado con una multa del tanto al triplo del importe del perjuicio que hubiere irrogado.

En la misma pena incurrirá el que dispusiere de una cosa como libre, sabiendo que estaba gravada.

Artículo 456. Incurrirán en las penas señaladas en el artículo precedente:

1º. El dueño de una cosa mueble que la sustrajere de quien la tenga legítimamente en su poder con perjuicio del mismo o de un tercero.

2º. El que otorgare en perjuicio de otro un contrato simulado.

Artículo 457. Incurrirán asimismo en las penas señaladas en el artículo 455 los que cometieren alguna defraudación de la propiedad literaria o industrial.

Los ejemplares, máquinas u objetos contrahechos, introducidos o expendidos fraudulentamente, se aplicarán al perjudicado, y también las láminas o utensilios empleados para la ejecución del fraude, cuando solo pudieren usarse para cometerle.

Si no pudiere tener efecto esta disposición, se impondrá al culpable la multa del duplo del valor de la defraudación, que se aplicará al perjudicado.

Artículo 458. El que abusando de la impericia o pasiones de un menor le hiciere otorgar en su perjuicio alguna obligación, descargo o transmisión de derecho por razón de préstamo de dinero, créditos u otra cosa mueble, bien aparezca el préstamo claramente, bien se halle encubierto bajo otra forma, será castigado con las penas de arresto mayor y multa del 10 al 50 por 100 del valor de la obligación que hubiere otorgado el menor.

Artículo 459. El que defraudare o perjudicare a otro usando de cualquier engaño que no se halle expresado en los artículos anteriores de esta sección, será castigado con una multa del tanto al duplo del perjuicio que irrogare; en caso de reincidencia, con la del duplo y arresto mayor en su grado medio al máximo.

El fraude castigado por la ley en esta sección es el que se ejecuta por medio de engaño, abusando de la confianza que el defraudador inspira, de la casualidad que pone en sus manos medios de hacer daño, o de la mala situación o poco seso del perjudicado.

El vendedor que engaña al comprador en la cantidad o calidad de lo que le vende; el que finge ser un gran señor, o un hombre inteligente, o el empresario de un camino supuesto, o de una fábrica imaginaria o de una mina que no existe, y con pretexto de una empresa explota la credulidad del que le compra acciones o le hace anticipos; el que bajo pretexto de activar un negocio estafa al interesado cantidades que dice entregar a los que han de resolverle y que en realidad se apropia: estos y los demás culpables señalados por la ley, y los que no señala pero incluye en la misma categoría por cometer delitos análogos, son reos de estafa o de engaño, de bajeza, y de tontería también, porque eligen para enriquecerse un camino que más bien hace presidiarios que ricos.

Los vendedores que prosperan, siempre he visto que son los que pesan bien y dan buen género, porque cuentan con numerosos parroquianos, y se acreditan. Por el contrario, pronto se apercibe el comprador del tendero que roba en el peso y cantidad de lo que vende, y aunque la ley no le castigase, le castiga el público, que huye de su tienda.

¿Qué embaucador que por sacar dinero finge ser lo que no es, deja de ser descubierto y despreciado por la opinión, que le castiga con más severidad que la ley?

¿Quién si con engaño obtiene una firma o abusa de la que halla en blanco, no se ve envuelto en las redes que tendió?

¿Quién vende, arrienda o grava una cosa ajena, que no vea aparecer pronto el verdadero dueño?

¿Qué jugador es tramposo que al cabo no se descubran sus trampas y se le apliquen, si no las penas del Código, las que pronuncian contra él sus compañeros irritados, que con desprecio lo llaman con los nombres más viles y con cólera le maltratan, y a veces le dan la muerte?

¡Oh, hermanos míos! Si la honradez no fuera un deber, debería ser un cálculo, porque, con verdad os lo digo, ni veo ricos entre los que se apoderan de la propiedad ajena, ni dichosos entre los que buscan su bien haciendo daño. A riesgo de pareceros molesta, quiero repetíroslo muchas veces: el delito es un mal cálculo, una culpable equivocación, y el camino que con más seguridad y más pronto conduce a la desgracia.

Carta XXXII

DELITOS CONTRA LA PROPIEDAD. ARTÍCULOS 438 AL 439.

Hermanos míos:

Pocos artículos tiene el capítulo del Código penal que trata *de los hurtos*; pero, ¡qué de desastres no traen a la memoria, y cuántos desdichados culpables a las prisiones! El que hurta da un gran paso hacia su perdición inevitable, porque se pone en camino del robo que conduce a la cadena y al cadalso.

Conviene que os fijéis bien en la diferencia que existe entre hurto y robo, porque es grande la que hay en las penas, y porque muchos creen que estos dos delitos solo se distinguen por el valor de la cosa tomada contra la voluntad de su dueño, y que hurto es el robo de un objeto que vale poco: hay en esto equivocación. El robo se distingue del hurto, no por el valor de la cosa tomada, sino por el modo de tomarla. Veamos los artículos de la ley:

> Artículo 436. El que tuviere en su poder llaves falsas, ganzúas u otros instrumentos destinados conocidamente para ejecutar el delito de robo, y no diere descargo suficiente sobre su adquisición o conservación, será castigado con la pena de presidio correccional.
>
> En igual pena incurrirán los que fabriquen o expendan dichos instrumentos.
>
> Artículo 437. Son reos de hurto:
>
> 1°. Los que con ánimo de lucrarse, y sin violencia o intimidación en las personas ni fuerza en las cosas, toman las cosas muebles ajenas sin la voluntad de su dueño.

2°. Los que con ánimo de lucrarse negaren haber recibido dinero u otra cosa mueble que se les hubiere entregado en préstamo, depósito o por otro título que obligue a devolución o restitución.

3°. Los dañadores que sustraigan o utilicen los frutos u objetos del daño causado, cualquiera que sea su importancia, salvo los casos previstos en los artículos 487 y 489, en los números 22, 24 y 26 del artículo 495 y en los artículos 496 y 498.

Estos artículos son:

Artículo 487. El dueño de ganados que entraren en heredad ajena, y causaren daño que exceda de 2 duros será castigado con la multa, por cada cabeza de ganado:

1°. De 3 a 9 reales si fuere vacuno.

2°. De 2 a 6 si fuere caballar, mular o asnal.

3°. De 1 a 3 si fuere cabrío, y la heredad tuviere arbolado.

4°. Del tanto del daño a un tercio más si fuere lanar o de otra especie no comprendida en los números anteriores.

Esto mismo se observará si el ganado fuere cabrío y la heredad no tuviere arbolado.

Artículo 489. El que aprovechando aguas de otro, o distrayéndolas de su curso causare daño que exceda de 2 duros y no pase de 25, será castigado con la multa del tanto al triplo del daño causado.

Artículo 495. Incurrirá en la multa de medio duro a 4:

22. El que entrare con carruaje, caballerías o animales dañinos en heredades plantadas o sembradas.

24. El que entrare en heredad ajena cerrada o cercada.

26. El que infringiere las ordenanzas de caza o pesca en el modo o tiempo de ejecutar una u otra.

Artículo 496. El dueño de ganados que entraren en heredad ajena, y causaren daño que no pase de 2 duros, será castigado con una multa con arreglo a la escala del artículo 487 en su grado mínimo.

En caso de reincidencia, se impondrá el grado medio, a no intervenir circunstancia atenuante.

Artículo 498. El que aprovechando aguas de otro o distrayéndolas de su curso, causare daño que no exceda de 2 duros, será castigado con una multa del tanto al duplo del daño causado.

Excepto en estos casos en que el dañador se considera como reo de falta y se le imponen las multas que acabáis de ver, en los demás, el dañador que sustrae o utiliza el fruto u objeto del daño causado, comete un delito y es castigado como reo de hurto.

Artículo 438. Los reos de hurto serán castigados:

1°. Con la pena de presidio menor, si el valor de la cosa hurtada excediere de 500 duros.

2°. Con la pena de presidio correccional si no excediere de 500 duros y pasare de 5.

3°. Con arresto mayor a presidio correccional en su grado mínimo si no excediere de 5 duros.

Artículo 439. El hurto se castigará con las penas inmediatamente superiores en grado a las respectivamente señaladas en el artículo anterior:

1°. Si fuere de cosas destinadas al culto y se cometiere en lugar sagrado o en acto religioso.

2°. Si fuere doméstico o interviniere grave abuso de confianza.

3°. Si el reo fuere reincidente en la misma o semejante especie de delito.

Ya veis que se puede tomar una cantidad, por crecida que sea, sin ser reo más que de hurto, siempre que no haya violencia ni intimidación en las personas, ni fuerza en las cosas.

El que, por ejemplo, ve abierta la puerta de una casa, entra y toma mil duros que halla sobre una mesa y se los apropia, es reo de hurto; pero si fuerza la puerta o la abre con llaves falsas, o fuerza o abre igualmente el lugar o mueble donde está la cosa tomada, o intimida o violenta a su dueño para que se la entregue, aunque la cosa valga muy poco, aunque no valga casi nada, es reo de robo.

En el capítulo del robo trataremos de estas y otras circunstancias más extensamente; pero he querido anticiparos esta aclaración aunque haya de repetirla, porque importa mucho que la tengáis presente, para no confundir cosas que la ley no confunde ni castiga del mismo modo. ¡Cuántos de vosotros no estaríais en la prisión, o estaríais por mucho menos tiempo, si hubierais comprendido la diferencia que hay de hurto a robo, y del castigo que se le impone! ¡Cuántos de vosotros estáis perdidos acaso para siempre o sufrís duramente, y pasáis por una prueba terrible, por no haber hecho la debida distinción, por no haber sabido el texto de la ley o parádose a reflexionar que es muy distinta la culpa, y debe serlo el castigo, del que se apodera de una cosa astutamente, al que la toma violentando o intimidando a su dueño! ¡Me duele, hermanos míos, que la ignorancia y la falta de reflexión os hayan llevado en vuestro mal hecho mucho más allá de donde hubierais ido, a haber pensado y sabido bien lo que ibais a hacer! ¡Me duele veros sufrir una pena que a vuestro parecer no guarda proporción con el delito y otra prueba más de lo fácil que es resbalar y caer muy hondo en separándose del camino de la virtud, y de cuánto mejor y más cómodo es ir por él, que arriesgarse en las vías tortuosas de la maldad, semejantes a los senderos en las rocas escarpadas, que cuanto más se sube, es más fácil caer y más peligrosa la caída!

Pero que el reo de hurto no descanse en que la pena de su delito es menos grave, ni se duerma con la esperanza de que ha de quedar impune. No es nunca leve la pena que empaña el honor, y cierra las puertas de las personas honradas y abre las de la prisión. El hurto rebaja, envilece, es compañero del vicio, y pone en relación con criaturas perversas que le encubren, explotan al delincuente y se apropian la mayor parte del fruto de su delito. Los objetos hurtados se venden por cualquier cosa, casi por nada; que la mercancía del crimen se da siempre al desbarate.

La cosa hurtada parece que quema las manos del que la hurtó, teme que le descubra y se apresura a despacharla por cualquier precio, de modo que el culpable que se arriesga, no es el que verdaderamente se lucra; el verdadero ganancioso es el que le compra por nada lo que él ha adquirido a tan alto precio; al precio de su virtud, de su honra, de la tranquilidad de su ánimo, y tal vez de la libertad y de la vida, porque hay más que andar desde la inocencia al primer delito, que del primer delito al último crimen, y con menos fuerza que se necesita para salir del mal camino, hubiera bastado para no entrar en él.

El poco provecho que saca el que roba o hurta del fruto de su maldad es tan sabido, que todos habréis oído decir cuando una cosa se da a menos precio: «Parece robada». ¿Y tenéis por buen cálculo ponerse en tanto riesgo para conseguir tan poco fruto, y tomarse un trabajo de que otro se ha de aprovechar sin fatiga? Su interés propio es lo primero que olvida el delincuente, que no lo sería si le recordara y le comprendiera bien; no lo sería si viese la vida de miseria que le espera, y que el delito es una especie de lotería en que al que echa, más tarde o más temprano le cae el castigo.

Pero en el castigo no se piensa, al contrario, siempre hay esperanza de sustraerse a él y de quedar impune. Dicen que hay un árbol cuya sombra es mortal para el que bajo ella se duerme: a ese árbol podría compararse la impunidad; el que se duerme en sus brazos, despierta en los del verdugo. Es menos desdichado el delincuente detenido por el castigo, en sus primeros pasos, que el que marcha sin que nadie le ataje, porque como caminar siempre sin tropiezo es imposible, tropieza y cae cuando está más arriba y el precipicio más hondo.

Así, en medio de vuestra desgracia, todavía debéis teneros por menos desgraciados los que estáis en la prisión por hurto, considerando que si no os hubieran detenido en el mal camino, habríais pasado más adelante. Paraos, hermanos míos; aún es tiempo; reflexionad un poco, y volved atrás. El hurto no ha sacado, no sacará nunca a nadie de la miseria. Descubierto, conduce a la prisión; impune, conduce al robo y a la cadena o más allá. Os engaña cuando os promete alguna utilidad verdadera; no le pidáis bienes que no puede daros, y que no hallaréis nunca sino en la honradez, en el trabajo y en el arrepentimiento.

Carta XXXIII

DELITOS CONTRA LA PROPIEDAD. ARTÍCULOS 431 AL 435.

Hermanos míos:

Es cosa de notar que los delitos contra la propiedad sean los más frecuentes, siendo los que más avergüenzan al que los comete, y de aquellos cuya culpabilidad está más grabada en la conciencia de todos. El niño que aún no sabe hablar, creyéndose propietario de cualquier objeto que se pone en su manita, llora y se irrita si quieren quitárselo, y le defiende hasta donde puede; si habla ya, dice: «Es mío», como la razón más poderosa para que se respete. Hasta los animales tienen idea de propiedad y sentimiento de lo injusto que es atacarla. Las abejas no van a comer la miel de otro enjambre; las hormigas no intentan apoderarse del granero que no es suyo, y las aves no se ponen en el nido que no han hecho. Un perro que se apodera de un hueso y le mira como de su propiedad, le defiende con la energía del que defiende su derecho, y el que le ataca, con la falta de seguridad del que obra contra justicia y lo sabe, tanto, que no siendo mucho más fuerte el ladrón, queda la victoria siempre por el propietario. Un gato bufa al que intenta quitarle lo que le han dado; pero si roba alguna cosa, ¡qué corrido va con ella, y cómo se esconde y la suelta apenas ve que le persiguen!

Los animales tienen el instinto de la propiedad, porque aun entre ellos se necesita. Es preciso que respeten mutuamente el nido en que crían, el agujero en que acopian, la cueva en que se guarecen, la presa que han asegurado, el árbol, el arbusto o la planta en que viven, la hierba o la mata a que primero han llegado. De otro modo las especies sucumbirían haciéndose cruda guerra en vez de buscar sustento. Así, el respeto a la propiedad es necesario, no solo en las sociedades humanas, sino entre todos los vivientes; y los que vociferan y argumentan contra el derecho de propiedad, y le miran como una invención fatal e injusta, son filósofos charlatanes que no han observado la naturaleza, ni estudiado las necesidades de los seres vivientes, ni las leyes de que no pueden apartarse. Estas necesidades no las ha confiado Dios a la razón veleidosa del hombre, que a veces quiere discutir lo que no es susceptible de discusión, y confunde muchas cosas que son de sentimiento por ponerlas en tela de juicio. Las necesidades verdaderas tienen para satisfacerse instintos; es decir, impulsos espontáneos, fuertes, seguros, que la razón modera y explica, pero que no aniquila ni crea. Si un objeto que puede dañarle se acerca a nuestros ojos, los cerramos por instinto, sin que preceda raciocinio alguno sobre la necesidad de cerrarlos. Por instinto ponemos las manos al caer, y las extendemos delante del pecho si algún peligro les amenaza. Siempre que hay necesidad urgente, hay un instinto para satisfacerla.

El cuerpo social, lo mismo que el cuerpo humano, tiene sus necesidades imprescindibles, y para satisfacerlas, verdades sentidas instintivamente y sin previo raciocinio: el derecho de propiedad es de este número, porque no podría existir pueblo alguno si fuera preciso ir convenciendo con razonamientos a cada uno de sus individuos que debían respetar los bienes ajenos: este convencimiento lo traemos todos al mundo; nace con nosotros, porque es una necesidad social.

Los filósofos charlatanes de que hablaba antes, esos que llaman a la propiedad injusticia, invención fatal y hasta robo, podrían aprender mucho entre vosotros. El mayor número de los desdichados habitadores de la prisión están en ella por no haber respetado los bienes ajenos, y en ninguna parte se defienden con más energía los propios. Bien veis cómo se irrita el que robó si es robado; con qué energía acusa al que le despoja, cómo hace valer las razones que no tuvo presentes, invocando la justicia que holló. ¿Con qué derecho se le priva *de lo que es suyo*? ¿Quién es nadie para apoderarse de lo que no le pertenece? Clama contra tamaña maldad, sienta principios de justicia eterna, sanas máximas de moral; da al que le ha ofendido los nombres más degradantes, y pide para él severo castigo, sin notar que al pedirle sanciona el propio, y que las razones que emplea en su defensa se vuelven contra él.

Bien sabéis que no exagero nada; bien sabéis cómo acusa el que robó al que le roba, y qué escenas tan violentas hay a veces en la prisión, cuando algún confinado o corrigenda se ven despojados de lo que les pertenece. Y no es solo esto; si se les figura que su alimento o su vestido no son como deben de ser, o que se les priva de una parte del fruto de su trabajo, no vacilan en acusar a los empleados, en denunciarlos a la autoridad superior calificándolos con las palabras más injuriosas, diciendo que se les priva de lo que les pertenece, que se les roba, e invocando, porque les favorece, esa justicia que no quisieron reconocer cuando los perjudicaba. ¿Quién diría que aquellos hombres que con tanto calor defienden su propiedad, no habían de respetar la de otro? ¿Quién diría que habían de hollar los mismos principios que sustentan con tal fuerza, y que teniendo idea tan clara del deber ajeno olvidasen el propio? ¿Quién diría que no echaban de ver que cada palabra en defensa de su justicia era una acusación de su conducta?

En la prisión, como en el mundo, suelen tener menos tolerancia los que más la necesitan de los otros para sus faltas, y no parece sino que exigimos las virtudes ajenas por la medida de los vicios propios. Tal inconsecuencia no se ve nunca tan manifiesta como en los que, habiendo atacado la propiedad ajena, son atacados en la propia. ¿En qué consistirá esto? ¿Cómo será que otros vicios llegan a oscurecer la virtud opuesta en el ánimo del que a ellos se entrega, que no se escandaliza de la deshonestidad el deshonesto, ni de la embriaguez el borracho, mientras que el ladrón se pronuncia tan enérgicamente contra el robo y conserva tan clara la idea de propiedad? Esto consiste, hermanos míos, en que Dios graba en nuestro corazón más profundamente las verdades que son más importantes; y como el derecho de propiedad es muy necesario, está escrito en nuestra conciencia de tal modo, que nadie pueda borrarle. Lo reclaman con la misma energía el bandolero en su cuadrilla, el obrero en su taller, el confinado en su prisión, y el sabio en su cátedra, porque en todas partes es igualmente preciso, pues sin el respeto a la propiedad la sociedad sería el caos y poco después la nada.

Veamos ahora las disposiciones legales contra los que roban *con fuerza en las cosas*.

> Artículo 431. Los malhechores que llevando armas robaren en iglesia o lugar sagrado, incurrirán en la pena de presidio mayor en su grado medio a cadena temporal en igual grado, si cometieren el delito:
>
> 1°. Con escalamiento.
> Hay escalamiento cuando se entra por una vía que no sea la destinada al efecto.
>
> 2°. Con rompimiento de pared o techo, o fractura de puertas o ventanas.
>
> 3°. Haciendo uso de llaves falsas, ganzúas u otros instrumentos semejantes para entrar en el lugar del robo.
>
> 4°. Introduciéndose en el lugar del robo a favor de nombres supuestos o simulación de Autoridad.
>
> 5°. En despoblado y en cuadrilla.
>
> En caso de reincidencia serán castigados con la pena de cadena temporal en su grado medio al máximo.
>
> En las mismas penas incurrirán respectivamente los que con iguales circunstancias robaren en lugar habitado.
>
> Cuando en este último caso no mediare reincidencia y el valor de los objetos robados no llegare a 100 duros, la pena será la de presidio mayor.

Artículo 432. Los que sin armas robaren en iglesia o lugar habitado con alguna de las circunstancias del artículo anterior, serán castigados con la pena de presidio menor en su grado máximo a presidio mayor en su grado medio.

Artículo 433. El robo cometido con armas o sin ellas en lugar no habitado, se castigará con la pena de presidio menor en su grado máximo a presidio mayor en su grado medio, siempre que concurra alguna de las circunstancias siguientes:

1º. Escalamiento.

2º. Rompimiento de paredes, techos, puertas o ventanas.

3º. Fractura de puertas interiores, armarios, arcas u otra clase de muebles u objetos cerrados o sellados.

4º. La de haber hecho uso de llaves falsas, ganzúas u otros instrumentos semejantes para entrar en el lugar del robo.

Artículo 434. En los casos del artículo anterior, se bajará en un grado la pena respectivamente señalada, cuando el valor del robo no excediere de 100 duros, a no ser que con él se causare la ruina del ofendido.

El robo que no excediere de 5 duros, se castigará con presidio correccional.

Artículo 435. En los casos de los dos artículos anteriores, el robo de objetos destinados al culto, cometido en lugar sagrado, o en acto religioso, será castigado con pena de presidio mayor.

Al copiar estos artículos del Código penal, considerando a cuántos de vosotros se han aplicado, me aflijo profundamente por vuestra culpa y por vuestra pena, en que tal vez no hubierais incurrido a saber que era tan grave. ¡Cuántos de vosotros cedisteis a una mala tentación, sin reflexionar en la diferencia que había de entrar a robar por la puerta o por una ventana, cogiendo el objeto robado de encima de una mesa, o descerrajando una arca para sacarle llevando una navaja o yendo con un palo, penetrando en una casa que nadie habita, o consumando el delito en una habitada! ¡No tuvisteis presentes estas circunstancias distintas que la ley castiga de un modo tan diferente, y os veis envueltos, pobres hermanos míos, sin saber cómo, en una condena grave por un delito que a vuestro parecer no lo es! Me duele en el alma veros en la prisión durante largos años a muchos de vosotros, que estáis por no haber reflexionado un poco, por no haber comprendido la gravedad del delito que ibais a consumar. Triste consecuencia de ir por el camino del mal, tener que pesar, y medir, y calcular, y mirar atrás y adelante, y a los lados, pues por todas partes hay peligros, empleando para evitarlos mucho estudio y reflexión que al fin y al cabo no basta. Un sabio, hablando de lo caros que cuestan los modos de pecar, con razón dijo: *la virtud es más barata.* ¡Cuánto menos cuesta ir por el buen camino, que tomar las precauciones que necesita el malo y que no impiden la caída! El que tiene el firme propósito de no quitar nada a nadie, excusa de estudiar la diferencia que hay de hurto a robo, ni las circunstancias que agravan la pena, ni verse perdido por no haberlas tenido presentes. Para ser malo, y evitar, aunque sea por muy poco tiempo, el castigo, se necesita saber mucho; el bueno no ha menester más ciencia que aquella máxima grabada por Dios en el corazón de todos. NO HAGAS A OTRO LO QUE NO QUISIERAS QUE TE HICIESEN A TI. El que no la olvida y la practica, sabe cuanto necesita para su bien; poco le importa estudiar las leyes penales, ni las penas que imponen, ni qué circunstancias las agravan.

Aunque sea rudo e ignorante, no le envolverán los sabios, ni sabrán más que él en la ciencia que más importa, en la de la moral que hace dichoso y que hace bueno. El que quiera caminar seguro por entre los peligros y ver claro en la oscuridad, practique el NO HAGAS A OTRO LO QUE NO QUISIERAS QUE TE HICIERAN A TI. Este precepto es la estrella que nos guía desde muy alto, desde donde no alcanzan los extravíos de la tierra, la brújula en los desiertos del mar, el faro en la tempestad, o más bien el puerto seguro desde donde podemos mirar con tranquila conciencia todas las borrascas humanas.

Pero el que de este precepto se aparte, que sepa y piense a qué castigo se expone y distinga la diferencia que hay en la culpabilidad de acciones que a su parecer poca o ninguna tenían. Que al cometer el delito, no le agrave por ignorancia o aturdimiento, y reflexione que la ley que más tarde o más temprano se aplica al que la infringe, establece una gran diferencia, para el castigo, según el modo de apoderarse de las cosas ajenas, diferencia en que el delincuente no repara por mal suyo.

Al hurto, es decir, a la acción de apoderarse para apropiársela de una cosa ajena sin intimidar ni violentar a su dueño, ni forzar puerta ni ventana, ni mueble alguno, por grande que sea el valor de la cosa sustraída, no se le impone más pena que la de presidio menor, es decir, de cuatro a seis años. Si el valor de la cosa hurtada pasa de 5 duros y no excede de 500, tiene la pena de presidio correccional, de siete meses a tres años; si el valor de la cosa hurtada no excede de 5 duros, la pena es de arresto mayor a presidio correccional en su grado mínimo, es decir, de seis meses de arresto a siete de presidio correccional. ¡Qué diferencia de estas penas a las impuestas al robo!

El que se apodera de una cosa ajena para apropiársela, aunque no lleve armas, y aunque no sea en lugar habitado, siempre que entre por una ventana o por el tejado, o rompa una pared, o abra la puerta con llaves falsas, ganzúas o cualquiera otro instrumento, o la fuerce, o fracture puertas interiores o muebles, tiene la pena de seis a nueve o diez años de presidio. Si mediando cualquiera de estas circunstancias, o la de hacer el robo con otros tres malhechores y en despoblado, o en lugar sagrado o habitado, introducirse fingiendo nombre o Autoridad, además va armado, la pena será de presidio mayor en su grado medio a cadena temporal en su grado medio, es decir, de nueve o diez años de presidio a quince o diez y siete de cadena, y en caso de reincidencia pueden ser veinte, que para el que no sea muy joven, equivale a cadena perpetua.

Estremece que un hombre que tiene la mala tentación de apoderarse de lo que no le pertenece, y la mala costumbre de llevar alguna arma, vaya con ella a un lugar habitado, cuando sabe que no hay gente, y forzando la puerta o un mueble, consume el robo sin pensar que se le pueden imponer diez y siete años de cadena. Espanta ver que una criatura racional pueda arrojarse de una manera tan ciega a un abismo tan profundo. ¡Oh! Hermanos míos, medid bien su profundidad y no caigáis en él los que aún no habéis caído, y los que podéis salir, apartaos con horror.

Yo sé que las circunstancias de *escalamiento, fracturas, armas y lugar habitado* son circunstancias que el culpable no tuvo presentes al consumar el delito, y cuya gravedad no comprende después de haberle cometido, viéndose envuelto en una larga condena como en el torbellino de una nube que ha venido no sabe por dónde, y que descarga sobre su cabeza no sabe por qué.

Reflexionemos un momento, y veremos que la ley no es ninguna fuerza ciega, ni como esos ídolos cuyo carro marcha sobre cuerpos de hombres destrozándolos.

La ley tiene, y con razón, como una circunstancia muy agravante la de llevar armas, costumbre fatal y culpable, precaución inútil, porque las armas del que las lleva para hacer daño, se vuelven siempre contra él. ¿Para qué lleva armas el que va a robar? Para emplearlas en caso que le convenga. Es decir, que el que va a robar con armas tiene todas las apariencias de ir resuelto a hacer uso de ellas contra cualquiera que sea obstáculo a su mal intento. Esto supone un alto grado de audacia y de maldad, y un grave peligro para el hombre pacífico que la ley necesita defender con más fuerza allí donde le ve más atacado. La ley dice al ladrón: «¿Te armas para ser más fuerte contra mí?». Pues desde el momento en que estás armado, no puedo considerarte como al que solamente ataca la propiedad; te veo dispuesto a atacar la vida. Veo en peligro la del hombre pacífico, y le defiendo amenazándote con mis rigores si entras armado en su morada para robarle. Yo no consiento armas sino para defender la justicia; el que con ellas la ataca, sobre ellas cae y se hiere.

Esto significa el artículo de la ley que dice: «Los malhechores que llevando armas robaren, etcétera». Yo apelo a vuestra conciencia; ¿no os parece que tiene razón la ley? ¿No os parece mucho más peligroso y mucho más culpable el ladrón armado que el inerme? ¿No os parece que no debe confundirse en el castigo a los que tan distantes están en la culpa? Repasad en la memoria los ladrones que nunca han llevado armas, y veréis que no lo son de oficio, y aunque por excepción alguna vez lo sean, no tienen nunca la perversidad ni la audacia de los ladrones armados. ¿Cómo podía confundirlos la ley?

Apelo igualmente a vuestra conciencia para las otras circunstancias agravantes. ¿No es más culpable y más peligroso el que se reúne con otros tres para robar que el que roba solo? ¿No delinque más el que acomete a su víctima en despoblado, donde nadie puede ampararla, y es más grande su peligro y menor el riesgo del agresor? ¿El que está en despoblado, no es natural que diga: «En la población me amparan todos los habitantes, pero aquí donde no hay nadie, necesito que sea más fuerte el amparo de la ley y que castigue con más rigor al que me acometa»? Pues esto que dice el acometido y que diría el agresor si se hallara en su lugar, lo dice también la ley, que no es otra cosa que la expresión de la conciencia general.

Cualquiera de vosotros vive en su casa del fruto de su trabajo, tomando en ella las precauciones que exige la prudencia, porque ya se sabe que los hombres no son santos. Si tiene dinero o alguna cosa de valor, la guarda bajo de llave, cuida de la puerta, y cuando sale la deja asegurada. Necesita ir a sus negocios, a sus ocupaciones, a su trabajo; su habitación queda sola, y alguno que acecha se aprovecha de su ausencia para forzar la puerta, para entrar por la ventana o por el techo, y le roba. El infeliz que se ve privado del fruto de tantos afanes, del único recurso con que contaba para pagar la contribución, para satisfacer una deuda apremiante, para alimentar a su familia, ¿qué dirá? Dirá que no se puede vivir en un país en que los ladrones tienen el culpable atrevimiento de asaltar las casas; en que es preciso estar de guardia en ellas para que no sean robadas; en que no hay nada seguro, y en que la ley no reprime severamente la criminal osadía del malhechor que sin temor ni respeto a nada, asalta, fuerza, derriba y no se detiene ante ningún obstáculo. Dirá que no puede ganar su vida si ha de estar de centinela eternamente para rechazar los ladrones. Dirá que él no tiene medios de convertir su casa en un castillo y ponerla a prueba de ladrones osados, como si dijéramos a prueba de bomba. Dirá que los que en tal aprieto le ponen no pueden compararse al que astuto se aprovecha de un descuido para hurtar.

Esto dirá el robado, y esto diría el ladrón si en su lugar se viera; esto diréis todos si en conciencia reflexionáis cuánto dista el que hurta del que roba, porque el delito de este último hace más daño material, alarma y turba la paz de las familias que no se creen seguras, da con el ejemplo de audacia escándalo y ánimo a los que, propensos al mal, solo necesitan para arrojarse a él un móvil pequeño; y manifiesta en el delincuente un grado mayor de maldad, sirviendo como de gimnasia y ejercicio a sus malos instintos, que así se fortalecen y preparan a llevar a cabo crímenes más graves.

Además, el que roba en lugar habitado, aunque vaya sin armas, y aunque aceche el momento en que no están los habitadores, puede equivocarse y hallarlos. ¿Qué hará entonces? Él mismo lo ignora; dispondrá de sus acciones la casualidad, y mucho peligro corre de cometer alguna violencia grave, acaso alguna muerte, armándose con el primer objeto que pueda hacer daño a fin de que no se le descubra. Y aunque no llegue a tal extremo, ¿quién puede calcular el mal que hará al descuidado morador que sorprende y aterra? ¿No habéis oído decir alguna vez, hablando de ladrones: «Yo no siento lo que pueden quitarme, sino lo que me darán»? En efecto, el mayor daño que hace el ladrón no es por lo que roba, sino por el terror que inspira su presencia. Puede calcularse el dinero que lleva, pero no el dolor que da. El sobresalto, el susto, el terror, dejan largo rastro de alteraciones en el cuerpo y en el espíritu, produciendo enfermedades que amargan la vida, y una muerte inmediata o prematura. ¿Quién puede apreciar con exactitud todos los males? ¿Quién sabe el daño que puede hacer un susto en una razón débil, en un ánimo exaltado, en un temperamento nervioso, en un anciano decrépito, en un hombre enfermizo, en una mujer que acaba de dar a luz a su hijo o que le está criando? La justicia humana, imperfecta como obra de los hombres, que no pueden leer en el corazón, se halla en la imposibilidad de seguir paso a paso la huella que dejan los delitos, ni de apreciar con exactitud todas sus consecuencias. ¿Cuántos que la ley castiga como reos de robo son en realidad y delante de Dios reos de muerte, porque han causado la de la persona robada? No solo se hiere con la navaja o el trabuco; sin verter sangre se mata muchas veces al tímido a quien se aterra.

¿Y os parece que quien tal hace debe ser igualado por la ley al que se apodera con astucia de lo que no le pertenece? ¿Creéis todavía que el robo debe castigarse lo mismo que el hurto? Yo espero que no, hermanos míos; yo espero que comprenderéis la distancia que hay de uno a otro delito, y la justicia de la ley que no los confunde. Los que los habéis confundido por vuestro mal, los que no visteis la diferencia que había entre apoderarse de una cosa por astucia o por fuerza, entre penetrar en una casa hallando la puerta abierta a forzarla, o escalarla, o agujerear la pared o el techo; entre robar en lugar habitado o en el que no le esté, entre llevar armas o ir sin ellas, creo que comprenderéis vuestro error, y no llamaréis injusticia de la ley lo que ha sido imprevisión vuestra. ¡Necesita prever tantas cosas el que obra mal! Y lo peor es, que cuando se necesitaba más previsión, conocimiento más exacto de las cosas, se tiene menos, porque el delito se interpone entre el culpable y su razón, como una nube delante del sol que oscurece. El delincuente necesita ver muy claro, como quien va por un camino peligroso, y su mal propósito le ciega en las circunstancias de más bulto, y todos, y aun él mismo cuando está más tranquilo se asombra de su ceguedad.

Si una vez os habéis cegado en mal hora, abrid los ojos a la luz, abridlos por vuestra felicidad. Ved cuántas circunstancias hay que tener presentes, qué de cosas hay que estudiar, y distinguir y prever para ser malo, mientras el que obra bien no necesita discurrir nada, y su vida es tranquila y sencilla, y no ha menester cavilaciones, ni más ciencia que practicar la máxima grabada por Dios en el corazón de todos: *no hagas a otro lo que no quisieras que te hicieran a ti.*

¡Que no pudiera yo haceros comprender vuestro propio interés y lo que realmente os conviene! ¡Que no pudiera yo haceros ver con claridad lo errado de los medios que habéis adoptado, y cómo es imposible llegar al bien por el camino del mal, y hallar la felicidad propia haciendo la desgracia ajena! ¡Oh, hermanos míos! Os lo digo con verdad: el delito es un arma que hiere siempre al que la emplea; un amo que manda mucho y da poco; un usurero que hace pagar muy caras, al precio de la libertad y de la vida, las cantidades que anticipa. La virtud es más dulce y más barata.

Carta XXXIV

DELITOS CONTRA LA PROPIEDAD. ARTÍCULOS 425 AL 430.

Hermanos míos:

¡Quiera Dios que sean muy pocos los confinados en la prisión por haber infringido los artículos de la ley que vamos a examinar! Da horror y da vergüenza escribir y tener y hablar del capítulo del Código que trata *del robo hecho con violencia en las personas*. Da horror y da vergüenza que haya en la especie humana criaturas de Dios hechas a imagen suya y con razón y conciencia, conociendo el bien y el mal, y en libertad de elegir uno u otro, alguna que por robar amenace y maltrate, y hiera y dé la muerte. ¡Privar de la vida a su semejante, a su hermano; cometer el mayor de los crímenes, por robar, es decir, impulsado por el más bajo de los móviles! ¡Sacrificar por algunas monedas la vida del hombre, que no tiene precio! ¡Destruir con mano impía la obra más perfecta de Dios, porque es preciso dinero para comprar vicios y cómplices! ¡Comer sin que amargue el pan amasado con las lágrimas del huérfano, de la viuda, de la desolada madre que en vano quiere volver con ellas a la vida al hijo de sus entrañas, muerto por una mano traidora! ¡Apurar tranquilo el vaso, sin oír una voz que dice: «Bebes la sangre de tu hermano, porque bebes con el precio de su vida»! ¡Holgarse en los brazos del placer, sin ver el espectro de la víctima que extiende los suyos pidiendo justicia a Dios y a los hombres! ¡Acostarse sin ver la sepultura donde duerme para siempre el inocente que inmoló! ¡Dormir sin ver en sueños fantasmas ensangrentados y lívidos, sin oír ruidos de ayes lastimeros y de cadenas que no pueden romperse, sin despertar aterrado buscando con ojos atónitos algo que se siente y no puede verse, temblando en todos sus miembros, con la frente cubierta de sudor frío, y sobre el pecho alguna cosa que pesa como la losa de un sepulcro! ¡Caminar a la luz del día sin ver el sol rojo cual si estuviera cubierto por un velo empapado en sangre! ¡Caminar en la oscuridad sin sentirse detenido por una mano de hierro invisible y poderosa! ¡Ser hediondo como un gusano que vive sobre los cadáveres, rastrero como una culebra, venenoso como una víbora, cruel como un tigre! ¡Conciliar vicios opuestos, llevar en el alma como una legión infernal pronta siempre a ponerse al servicio de todo deseo culpable! ¡No detenerse ante ninguna razón ni ante ninguna iniquidad! ¡Atropellar con la misma ferocidad la conveniencia propia y el derecho ajeno! ¡No escuchar más voz que la del mal instinto, que le dice: *anda*! ¡No comprender más palabra que la del mal hábito que le dice: *no respetes nada*! ¡No ver otra luz que la rojiza de la pasión que deslumbra y ciega! A semejanza de las fieras, matar para comer, y como ellas dejar un rastro de sangre y ser cazado: ¡este es el ladrón homicida, horror del mundo y oprobio de la humanidad!

Después de dejar un momento a la natural repulsión que inspira, pensemos que esa criatura caída tan abajo, que ha caminado tan adentro por las vías de la iniquidad, que se ha manchado con la sangre del homicidio y con la inmundicia del robo, es todavía hermano nuestro, hijo de Dios y rescatado por Jesucristo. Todavía puede comprender el mal que ha hecho y arrepentirse; todavía puede amar el bien y practicarle; todavía puede entrar en sí mismo y despertar la voz de su conciencia dormida; todavía puede dejar de ser juguete desdichado de sus pasiones, y tener voluntad y decir: quiero ser honrado, y serlo; todavía puede levantarse y lavar su culpa y su oprobio en el arrepentimiento, en la sangre del que murió en la cruz, en las lágrimas de su Madre bendita que nos llama hijos a todos.

Si en un hospital nos dan más lástima las dolencias más graves, en una prisión, que es un hospital de enfermedades del alma, ¿no debemos también compadecer más a los más enfermos, es decir, a los más culpados? El delito que es una gran culpa, ¿no es también la mayor de las desgracias? Dejemos a la ley el delincuente, y acerquémonos al desgraciado. Su cuerpo arrastra cadena; hablemos a su alma, que puede ser libre entre hierros si con voluntad firme rompe los eslabones de la pasión y del hábito.

Desventurados hermanos míos, los que estáis manchados con la doble y terrible mancha del robo y de la sangre, yo os compadezco de lo más íntimo de mi alma; mi corazón siente vuestra culpa, mis ojos la lloran, y más todavía si vosotros la reís con las carcajadas de esa horrible demencia que se llama crimen sin remordimiento. Me aflige profundamente ver adonde estáis, pensar en vuestra condena larga, si no perpetua, en vuestro pasado culpable, y para no llamar a mi dolor debilidad, busco en vuestra historia alguna circunstancia que disminuya vuestra culpa y justifique mi lástima.

¿No es verdad que vuestra vida, tal como llegó a ser cuando os ha traído a la prisión, no fue premeditada? ¿No es verdad que la primera vez que cometisteis un hurto no creísteis que pudiera llegar un día que vertieseis sangre por robar? ¿No es verdad que habéis ido poco a poco venciendo repugnancias, acallando remordimientos, hollando leyes, quebrantando preceptos, y avanzando en el camino de la maldad hasta cometer la mayor de todas? ¿No es cierto que vosotros mismos no sabéis cómo llegasteis a tanto grado de culpa? ¿No es cierto que las circunstancias en que por vuestra falta os poníais, os iban empujando con una fuerza que parecía irresistible? ¿No es verdad que olvidando vuestra dignidad de hombres, que consiste en tener voluntad y conciencia y dominar las cosas, os habéis dejado dominar por ellas, quedando casi reducidos al estado de cosa, a una fuerza sin voluntad o a una voluntad sin fuerza, que un instinto o una pasión cualquiera empuja por el camino del mal? ¿No es verdad que habéis llegado a herir o dar muerte sin que al principio de vuestra criminal carrera os dijerais: «Voy a ser ladrón, asesino»? ¿No es verdad que vuestras culpas cayeron sobre vuestro corazón gota a gota, y que no tuvisteis nunca tan horrible sed de maldades que hubierais podido apurar de un trago la copa llena de todos vuestros delitos? ¿No es verdad que sabéis cómo empezasteis a ser malos, pero ignoráis cómo llegasteis a tantos grados de maldad? Hubo en vosotros la inevitable *imprudencia temeraria del crimen*, la fuerza ciega del hábito, ese monstruo que nos enseña a hacer, sin notarlo, todo lo que hacemos muchas veces, sea bueno o malo. Hubo en vosotros error, ceguedad, aturdimiento, ignorancia, y la culpa gravísima de hacer alianza con el delito, perverso aliado que sin decir nunca todas sus condiciones, obliga siempre a cumplirlas.

Solo el que va por el camino del bien sabe a dónde va. Los que emprenden el viaje de la vida por las vías del mal, saben por dónde empiezan, pero no por dónde acabarán; ignoran adónde podrán arrastrarlos el ejemplo, los peligros, las tentaciones, la necesidad de la defensa, la embriaguez del delito, el delirio del crimen, que son otros tantos precipicios, y corrientes irresistibles, y huracanes que arrastran, y torbellinos que ciegan. Vosotros los que habéis recorrido hasta el fin el camino del mal, ya sabéis que en él es imposible detenerse, que hay impulsos que precipitan al viajero, débil juguete de una fuerza que aniquila la suya. Su voluntad es poderosa para sacarle de allí, pero no para contar los pasos que ha de dar en aquella ruta: es condición del que obra mal no poder medirle a su voluntad, ni pesarle según su conveniencia. El delito camina como caballo que se desboca y no obedece al freno ni a la voz del amo, que convierte en esclavo y le precipita. Recordadlo vosotros a quienes derribó de muy alto; pensadlo bien los que todavía podéis apartaros con menor daño. No hay cálculo, no hay prudencia, no hay precaución bastante para que no seáis sus víctimas, si os obstináis en seguirle. No recorráis la horrible escala. No vayáis de la estafa al hurto, del hurto al robo con fuerza en las cosas, y de este al robo con violencia en las personas, y a quitar la vida al mismo tiempo que la hacienda, y comer un pan que amasáis con sangre. Deteneos, es decir, apartaos, porque, una y mil veces lo repito, si no os apartáis del delito, no os detendréis en él; la voluntad del hombre, siempre poderosa para alejarse del mal camino, no es nunca bastante fuerte para medir los pasos que dará. Y vosotros mil veces desventurados que le habéis recorrido todo, aun podéis deteneros al borde del abismo que está al fin; aún podéis no decir a la desesperación y al oprobio: «ahóganos en tus brazos»; aún podéis reflexionar sobre lo que habéis hecho, y arrepentidos alcanzar perdón de Dios y de los hombres.

Ahora escuchad los artículos de la ley que no puedo copiar sin estremecerme.

> Artículo 425. El culpable de robo con violencia o intimidación en las personas, será castigado con la pena de cadena perpetua a la de muerte:
>
> 1°. Cuando con motivo u ocasión del robo resultare homicidio.
>
> 2°. Cuando fuere acompañado de violación o mutilación causada de propósito.
>
> 3°. Cuando se cometiere en despoblado y en cuadrilla, si con motivo u ocasión de este delito se causare alguna de las lesiones penadas en el número 1°. del artículo 343, o el robado fuere detenido bajo rescate o por más de un día (las lesiones del número 1°. del artículo 343, son aquellas en que el ofendido queda demente, inútil para el trabajo, impotente, impedido de algún miembro o notablemente deforme).
>
> 4°. En todo caso, el jefe de la cuadrilla armada total o parcialmente.
>
> Hay cuadrilla cuando concurren a un robo más de tres malhechores.

> Artículo 426. Cuando en el robo concurriere alguna de las circunstancias señaladas en el número 3°. del artículo anterior, y no se hubiere cometido en despoblado y en cuadrilla, será castigado el culpable con la pena de cadena temporal en su grado medio a cadena perpetua.
>
> Artículo 427. Fuera de los casos expresados en los artículos precedentes, el robo ejecutado con violencia o intimidación graves en las personas, se castigará con la pena de cadena temporal; cuando no hubiere gravedad en la violencia o intimidación, la pena será la de presidio mayor.
>
> Artículo 428. Los malhechores presentes a la ejecución de un robo en despoblado y en cuadrilla, serán castigados como autores de cualquiera de los atentados cometidos por ella, si no constare que procuraron impedirlos.
>
> Se presume haber estado presente a los atentados cometidos por una cuadrilla, el malhechor que anda habitualmente con ella, salvo la prueba en contrario.
>
> Artículo 429. La tentativa de robo, acompañada de cualquiera de los delitos expresados en el artículo 425, será castigado como el robo consumado.
>
> Artículo 430. El que para defraudar a otro le obligase con violencia o intimidación o suscribir, otorgar o entregar una escritura pública o documento, será castigado como culpable de robo con las penas respectivamente señaladas en este capítulo.

Las penas, como veis, son graves, pero también lo es el crimen. Todo delito puede considerarse como la suma de dos partidas: la acción y los motivos que han impulsado a ella. En el que castigan los artículos que acabamos de ver, la acción es altamente culpable; intimidar con todas consecuencias de una intimidación de este género, herir, mutilar, matar: esta es la acción. El motivo robar; es decir, el más vil y bajo que puede impulsar a un hombre. De lo malo de la acción y de lo malo de los motivos, resulta la gravedad de este crimen, el más odioso y el más odiado, el que más mancha y rebaja al que lo comete, el que más difícilmente se borra y se perdona, el que inspira a un mismo tiempo horror y desprecio; el que necesita más fuerza de voluntad para lavarse, el que viene a coronar una vida de maldades, y a decir a los que emprenden el mal camino: «si no te apartas, llegarás hasta aquí».

Los artículos de la ley que tratan del robo con violencia en las personas no necesitan comentarse; sus motivos están en la gravedad del crimen; sus disposiciones son claras y al alcance de todos. No obstante, hay una cuya razón tal vez no se presente inmediatamente con claridad para todos; no porque no sea clara, sino porque una de las tristes consecuencias de obrar mal, la más triste acaso, es no distinguirle pronta y claramente del bien; no deslindar instantáneamente y con exactitud el porqué, el cómo y el cuánto de una acción mala. No es la razón del culpable aquella antorcha que derramaba claridad; no es su conciencia aquel guía seguro que no le llevaba nunca por mal camino. Desde que dejó de obrar bien, empezó a discurrir mal; lo torcido de sus acciones influyó en la rectitud de sus ideas, y el desorden de su vida llevó la confusión a su alma. El hombre necesita el aprecio de sí mismo, tarda mucho tiempo en llegar al último grado de envilecimiento, que es despreciarse a sí propio. Hay pocos que lleguen tan abajo, y aun los que llegan, antes de llegar, procuran disculpar sus malos hechos con malas razones, y pervertir su conciencia, y formarse una moral aparte para su uso, todo por conservar el aprecio de sí mismo, todo por sostener su dignidad aun allí donde es imposible sostenerla, todo por ver si pueden sacar su amor propio a salvo aun después de haber perdido la honra. Puede decirse que las malas acciones tienen, como el vino, vapores que se suben a la cabeza y la trastornan.

El artículo del Código cuyos motivos tal vez podrían no ser prontamente comprendidos por alguno, es el 429, que dice: «La tentativa de robo, acompañada de cualquiera de los delitos expresados en el artículo 425, será castigada como el robo consumado».

Acaso se diga: ¿cómo la tentativa se castiga como delito consumado? Porque el delito principal en este caso no es el robo, sino los medios que para robar se emplean. Si hay cautiverio, lesiones graves, violación, mutilación o muerte, en ocasión o motivo del robo, aunque este no se consume, el delito más grave no deja de consumarse y de cometerse a impulsos de un móvil bajo e infame que le hace mil veces más odioso. El delito grave, el crimen horrendo, es matar a un hombre por robarle; si no se le roba, para nada debe tenerse en cuenta la circunstancia casual de que el asesino no tuviese tiempo o modo de robar. Aunque el objeto sea el robo, el medio que se emplea es lo que constituye la gravedad del delito; porque si en vez de la fuerza se emplease la astucia, el robo sería hurto; el objeto, no el medio, constituiría el delito, y podría establecerse la regla común a todos los delitos de tentativa, delito frustrado y delito consumado.

Un malhechor acomete a un hombre pacífico para robarle, le mata, le registra y no halla nada que robar. ¿Puede alegar como atenuante esta circunstancia casual? Porque él no haya robado, ¿su víctima no ha sido muerta con objeto de robarla? ¿No hay lo que constituye la mayor gravedad de los delitos, lo culpable de la acción y lo culpable de los motivos?

Por la misma razón, en el hurto y en el robo con fuerza en las cosas se tiene en cuenta para graduar la pena el valor de la cosa hurtada o robada, circunstancia que no se atiende en el robo con violencia en las personas. Si se atendiera, sería para agravar la pena del malhechor, porque cuanto menor sea el valor de la cosa robada, mayor perversidad supone en el que por un interés tan pequeño se arroja a un crimen tan grande.

Convenceos, pues, que en el robo con violencia, robar es el móvil del delito, el que lo hace más culpable y odioso, pero no el delito principal, que es la violencia, y consumada esta, el delito está consumado sin ninguna circunstancia atenuante. Convenceos también de que hay un abismo entre el robo con violencia en las personas y todas las demás maneras de apropiarse lo ajeno, y es de sentir que no tenga un nombre particular, para que no se llamen con las mismas palabras cosas tan distintas. El ladrón homicida es más que homicida y más que ladrón; es alguna cosa horrible que debía tener un horrible nombre para él solo que le distinguiese de los homicidas y de los ladrones, marcando la diferencia que entre él y ellos existe. ¡Cosa triste y mil veces deplorable! Entre el que roba con violencia en las personas y el que se vale de otros medios; entre el ladrón homicida y todos los demás ladrones, hay un abismo en la culpabilidad, y un paso en la práctica: ¡tan aprisa se va en el camino del mal; tan resbaladizas son sus pendientes! Para el que cedió una vez a la mala tentación y no se enmienda, para el que se obstina en vivir del hurto y del robo, una compañía más perversa que las que suele tener, una necesidad más urgente, un vino más fuerte, un peligro imprevisto, una casualidad cualquiera, le convierten en ladrón homicida, es decir, en el más degradado, en el más culpable y en el más infeliz de los hombres. ¿Cuál es el fin, el inevitable fin del ladrón homicida? La cadena perpetua o el cadalso.

¡Oh, hermanos míos! En nombre de vuestro interés y de vuestra ventura, apartaos con horror de un camino donde un paso dado tal vez involuntariamente puede haceros caer en un abismo tan hondo; apartaos, porque, os lo repito, el detenerse no es posible.

Hay hombres que por ganar dinero doman fieras, y se encierran con ellas en la jaula, y a vista del público luchan y las obligan a obedecer; algunas veces mueren entre sus garras. Esto que les pasa alguna vez a los domadores, sucede siempre a los criminales. El crimen es una fiera y la más feroz de todas: el criminal quiere domarla para ganar dinero, y se encierra con ella en la jaula de su maldad. Allí se agita, se esfuerza, y concluye siempre por ser despedazado. No os acerquéis a la fiera con el propósito insensato de triunfar; huir es el único modo de vencerla; si no, tenedlo por seguro, clavará sus garras en vuestro pecho.

Carta XXXV

A LOS INOCENTES

Hermanos míos:

Cuando escribía estremecida, copiando los artículos del Código, *argolla, cadena perpetua, muerte,* temblaba menos mi mano, padecía menos mi corazón, que al trazar las palabras que encabezan esta carta, y decir dirigiéndome a una prisión: *A los inocentes.* Permita Dios que escriba en vano; que nadie se halle sujeto a tan horrible prueba, y que las lágrimas que derramo al pensar que alguno puede sufrirla, caigan sobre mis pecados y no sobre vuestros dolores.

Mas si hay uno solo que padezca sin culpa, si puede haberle mañana, si puede haberle algún día, que reciba el amor, la compasión, las lágrimas de los justos de la tierra, y que espere la recompensa del cielo.

¿Pero basta ser castigado injustamente en este mundo para merecer premio en el otro? No, hermanos míos. La desgracia no es un mérito, sino una prueba; el mérito consiste en el modo de sufrirla.

Es necesario que os fijéis bien en que el destino del hombre no está, no puede estar en este mundo. Todos sabemos esta verdad; pero se la decimos a nuestra alma como esas oraciones que se aprenden de memoria y a veces se recitan maquinalmente con los labios, sin que se eleven a Dios con el corazón. ¿Cuál es la mayor prueba de que hay otro mundo? Las injusticias de este; porque siendo Dios el infinito poder, tiene que ser la justicia absoluta, y el mundo en que hay un inocente que sufre, uno solo, no puede ser sino una prueba, un camino para otro mundo mejor.

Fijémonos primero en el poder de Dios. Yo quisiera que en este momento fuerais todos sabios, no porque la sabiduría sea necesaria para la felicidad ni para la virtud, sino porque es la que comprende mejor la omnipotencia divina. El hombre; con toda su ciencia, con todo su orgullo, no solo no puede crear ni una hoja de un árbol, ni un gusano, ni un grano de arena, sino que después de consumir su vida en la meditación y en el estudio, no puede comprender cómo viven los gusanos que se arrastran por la tierra, ni cómo existen las arenas del mar. La criatura no comprende la causa de nada, y los sabios, después de una vida empleada en el estudio y en la meditación, concluyen por confesar su ignorancia, y la pequeñez del hombre, y la grandeza de Dios.

Las obras de que más se envanece el ingenio humano sirven más bien para confundirle, por que ponen de manifiesto sus estrechos límites, y el incomprensible infinito de la inteligencia suprema. Mirad, por ejemplo, el telégrafo. Muchos habéis visto esos hilos de alambre que fijos en un palo de trecho en trecho, sirven para comunicarse los hombres sus pensamientos instantáneamente, aunque estén a miles de leguas. ¡Qué Prodigio! Yo estoy hablando con los que viven en América o en los confines del Asía, y en el mismo instante en que escribo la palabra, la leen, y les llega al través de las montañas y de los ríos y de los mares. La ciencia, de inducción en inducción, de experimento en experimento, y a veces de casualidad en casualidad, ha ido combinando efectos y aprovechándolos, hasta dar al telégrafo la perfección que hoy tiene. Pero, ¿y las causas? No las dice la ciencia; sabe el *cómo* se verifican algunas cosas, pero no sabe el *porqué* de nada. No se explica, no se comprende, no se concibe que pueda haber un agente, una cosa que no necesite tiempo para andar centenares de leguas, atravesando abismos y rocas y mares, y el hombre que en presencia de un hecho tan extraordinario nada alcanza de la causa, motivo tiene para inclinar la frente humillado, más bien que para levantarla orgulloso. Así, aun en aquellas cosas donde el genio del hombre parece rayar más alto miradas superficialmente, si se profundizan, revelan su miseria, porque bien puede decir que lo ignora todo el que no sabe la primera causa de nada. La ciencia humana, comparada con Dios, puede considerarse como un pequeño agujero en la oscuridad, abierto sobre el infinito. Vano fantasma, brillante mentira la sabiduría del hombre; su inteligencia marcha por entre misterios, como su corazón camina sobre dolores.

¿No os parece grande este mundo, con sus montañas que tocan al cielo, con sus abismos donde hierven los volcanes, con su multitud infinita de seres vivientes que pueblan la tierra y el aire y el mar inmenso? ¿No os parecen terriblemente grandes la voz del trueno, el resoplido del huracán, y la tempestad y el rayo? Pues este mundo que habitamos, donde hay tantas cosas inmensas, donde no existe una sola que podamos explicar satisfactoriamente; este mundo es en la creación como un grano de arena en una inmensa playa. Más allá del sol y de las estrellas, hay otras estrellas y otros soles que nuestros ojos no pueden distinguir; hay otros mundos infinitos en número y a distancias infinitas, cuyo estudio deslumbra la inteligencia y deja al entendimiento anonadado. Creedlo, hermanos míos, es imposible contemplar la creación sin decir: DIOS ES GRANDE; DIOS ES OMNIPOTENTE.

Ahora vamos a fijarnos en la consecuencia más importante del poder infinito de Dios, que es la siguiente ley: EL QUE ES OMNIPOTENTE NO PUEDE SER INJUSTO. Reflexionemos un momento y nos convenceremos de esta verdad.

¿Por qué son los hombres injustos, por qué hacen mal? Por debilidad; por impotencia. ¿La mujer infanticida mataría a su hijo si estuviera en su mano ocultarle, casarse con su padre, o cambiar la opinión de modo que pudiera ser débil sin quedar deshonrada?

¿El ladrón robaría, si con desearlo viera llenar su bolsillo del oro que busca en el ajeno?

¿El falsario cometería falsedad, si pudiera disponer de la voluntad del hombre, cuya firma falsifica?

¿El testigo falso daría falso testimonio, si pudiera con su solo deseo alcanzar lo que se propone por medio de su maldad?

¿El que mata por precio, mataría si con solo quererlo tuviese un tesoro inagotable?

¿El que mata por celos, mataría si pudiera hacerse amar de la que prefiere al rival aborrecido?

Si fuéramos recorriendo así todos los extravíos, todas las maldades, todas las injusticias humanas, veríamos que son siempre resultado de impotencia y debilidad; porque a menos de estar loco, el mal, o se hace con un objeto, y no se haría si hubiera podido alcanzarse por otro medio, o se hace a impulsos de un dolor, y no habría mal si el dolor hubiera podido evitarse. Esto es tan cierto, que cuando no se perjudica ningún interés, ni se cansa ningún dolor, ni hay que vencer ningún obstáculo, todo el mundo se pone de parte de la justicia. Los que hayáis estado alguna vez en el teatro podréis recordar que en las comedias el público se pone siempre de parte del que tiene razón. ¿Por qué? Porque no lo cuesta nada.

Siendo, pues, la injusticia resultado de la impotencia, el Omnipotente es necesariamente justo, y es absolutamente imposible que no lo sea. La iniquidad triunfante y la inocencia humillada constituyen un desorden aparente y momentáneo que conduce a la armonía eterna. ¿Por qué así? El hombre ignora el *porqué* de todas las cosas; todos son misterios para su inteligencia, como para su corazón. Lo único que oye distintamente es la voz de su conciencia, que le acusa cuando hace mal; lo único que ve claro es la imposibilidad de que no sea justo el que le dio el sentimiento de la justicia y puede realizarla con sola su voluntad. ¿Por qué el inocente está en una prisión? ¿A qué preguntar el *porqué* de todas las cosas, cuando no podemos responder bien el *porqué* de nada? ¿Los inocentes que padecen en la prisión son los únicos inocentes que padecen?

El niño que nace enfermo, vive enfermo y muere sin haber sentido más que dolores, ¿no es inocente y sufre?

El joven virtuoso que es arrancado de los brazos de su madre para llevarle a la guerra, y padece trabajos, y fatigas y miserias, y pierde un brazo, o se queda ciego, o una bala le atraviesa y le mata, ¿no es inocente y sufre?

La mujer honrada que se casa con un hombre perverso que la burla, la maltrata, la escarnece, la hace mártir, ¿no es inocente y sufre?

El hombre económico y laborioso que deposita el fruto de sus ahorros en manos de un comerciante tenido por honrado, y al poco tiempo viene una quiebra fraudulenta a privarle del fruto de su trabajo, ¿no es inocente y sufre?

El vecino pacífico que ve asaltada su casa por malhechores que lo despojan, y le maltratan, y le asesinan tal vez, ¿no es inocente y sufre?

La persona que no ha hecho mal a nadie y se ve años y años clavada en una cama sufriendo dolores acerbos, ¿no es inocente y sufre?

El que ha nacido de padres viles y deshonrados, y por más que obre bien no logra borrar enteramente la infamia de su nacimiento, ¿no es inocente y sufre?

El que siente un amor puro, infinito, y se ve engañado y pospuesto a un ser despreciable, y siente la tortura de los celos, y los accesos de la desesperación, ¿no es inocente y sufre?

El que tiene la pasión del bien y no piensa más que en hacerle, y encuentra por todas partes obstáculos a su ejecución, y halla sordos para sus consejos, ingratos para sus beneficios, calumniadores para sus buenas obras, y agobiado por el número de perversos sucumbe en la indiferencia, en el olvido, en el abandono, sin haber podido realizar sobre la tierra ninguna de sus celestiales inspiraciones, ¿no es inocente y sufre?

La madre virtuosa que tiene un hijo malvado, que a pesar de sus amonestaciones, de su ejemplo y de sus lágrimas, huella el deber, desconoce el derecho, y le ve lanzarse al vicio, al delito, al crimen, y morir en un cadalso, ¿no es inocente y sufre?

Tantas personas buenas y virtuosas como son desgraciadas de tantos modos, ¿no son inocentes y sufren?

¿Qué concluir de aquí? Que este mundo no es el destino final del hombre, que no puede ser sino un camino para otro mejor. Si este mundo no fuera una prueba, sería una iniquidad, y como la omnipotencia y la injusticia son imposibles, Dios, que es omnipotente, es justo; el hombre no ha venido a la tierra a ver el triunfo de la iniquidad, sino a merecer una recompensa que recibirá algún día.

Pero sucede que la misma persona resignada con la voluntad de Dios, que le envía como prueba la pérdida de la salud, de la hacienda o de la vida de los que ama, no tiene resignación ni paciencia para sufrir esta misma prueba en forma de injusticia. Somos bien insensatos, hermanos míos, en dar al hombre ni para el bien ni para el mal más importancia de la que tiene. Dios consiente que su maldad nos aflija para probarnos, mirémoslo como la enfermedad que arruina la salud, o la inundación que destruye nuestra fortuna. El volcán, la tempestad y el rayo forman parte de la armonía del mundo físico; tal injusticia pasajera forma parte de la armonía del mundo moral. ¿Por qué? No lo sabemos; pero todo lo que existe, por el hecho de existir, es necesario y es justo, forma parte de un todo que nuestros limitados ojos no pueden ver, y de una armonía incomprensible a nuestra inteligencia. ¿Creéis que el Supremo Hacedor que os dio el sentimiento de la justicia no ha de comprenderla y amarla, cuando la comprenden y la aman hasta los hombres injustos? ¿Creéis que el que enfrena el Océano y encadena la tempestad; aquel cuya mano trazó su camino a los astros, y a quien obedecen el sol y la luna, y el rayo en las nubes, y el volcán en el abismo, no podría detener la palabra en los labios de falso testigo, ni la mano del juez que firma una sentencia injusta? Insensatos serían los que tal creyesen.

Veamos en la sentencia injusta que nos condena, lo mismo que en la enfermedad que nos aflige, una prueba que Dios nos manda, un medio que nos proporciona para que, sometiéndonos a su voluntad, contraigamos un gran mérito haciéndonos acreedores a una alta recompensa. El triunfo de la injusticia, aun momentáneo, es un terrible misterio; hagamos con los misterios del mundo moral lo que hacemos con los del mundo físico. El hombre renuncia a comprender cómo hay un agente que recorre centenares de leguas en un espacio de tiempo imperceptible, y atraviesa los ríos, las montañas, los mares; pero se aprovecha de aquello mismo que no se explica, y establece el telégrafo. Hagamos lo propio con los impenetrables arcanos del mundo moral; aprovechémonos de la injusticia pasajera que no comprendemos, recibámosla como una prueba a que sometemos nuestra voluntad, purifiquemos en el sufrimiento las manchas de nuestra alma, perdonemos para ser perdonados, y sufriendo pacientes la injusticia de los hombres, esperemos confiados en la justicia de Dios.

Solemos caer en el error de pensar que la prueba que debemos sufrir en este mundo es siempre una desgracia, como si la prosperidad no fuese una prueba también, y la más difícil de todas. La riqueza extravía al hombre por los mil caminos del placer; el poder le embriaga; la gloria le deslumbra; y el que puede mucho, en peligro está de ser injusto y de hacer daño. La prosperidad es un vaso rodeado de flores con néctar en el borde y hiel en el fondo. Pocos salen de ella puros, ni por ella son purificados. A ruda prueba se somete el que a prueba de prosperidad es sometido, y terribles combates ha de sostener su corazón para no sucumbir o depravarse. Miramos las cosas con los ojos ofuscados del dolor pasajero; medimos por este momento que se llama vida el infinito y la eternidad; nuestros juicios son sensaciones; pero, creedlo, hermanos míos, un día vendrá en que menos pesada le ha de parecer al prisionero inocente la cadena, que la pluma al juez que lo sentenció, y el cetro al rey que no ha sido padre, y la espada al vencedor injusto. Esperad ese día, enjugad vuestro llanto, y si lloráis, sea por los que os han hecho derramar lágrimas amargas. ¡Ay de ellos, que no hicieron buen uso del poder que se les dio como prueba! Utilizad la vuestra mejor que han utilizado la suya.

Pero en el mundo hay harta iniquidad, sin que la aumentemos con la ligereza de nuestros juicios; y vosotros, encarcelados inocentes, tal vez acusáis a los hombres de males que están en las cosas. Puede haber un juez injusto, hay testigos falsos, pero también hay falsas apariencias que engañan a los mejor intencionados, que extravían a los más diestros, y más de una vez se ha visto a los justos cometer una injusticia por error, por invencible ignorancia. ¿Vosotros no os equivocáis nunca? Todos nos equivocamos, todos. El error es nuestro fatal compañero; cuando con él hacemos daño, lo damos el nombre de equivocación; cuando por él le recibimos, le llamamos iniquidad.

Otro de los errores que cometemos es decir: «A tal culpa corresponde tal pena», e imaginar que el juicio de Dios se ha de ajustar al nuestro. Cometemos un gran pecado; hacemos un gran daño, de esos que la ley no puede o no quiere castigar; rezamos tal vez distraídos algunas oraciones en penitencia, y nos parece que nuestra culpa está perdonada, y la olvidamos, imaginando que Dios la olvidó también. Pasan días, pasan años; nuestra vida no es ejemplar, no entramos en nosotros mismos, no procuramos, haciendo bien, reparar el mal que hicimos, y si somos felices, no nos ocurre ni un momento la idea de que no somos acreedores a la felicidad que disfrutamos: tanta propensión tiene el hombre a pensar que merece todo el bien que recibe. Entonces nos acusan de un delito que no hemos cometido, y nos condenan los jueces de la tierra. Nosotros clamamos al cielo ensalzando nuestra inocencia como si fuéramos justos, como si nunca hubiéramos pecado. Si de la culpa de que se nos acusa estamos inocentes, ¿por qué no recordamos aquella de que nadie nos acusó y que no hemos purgado? ¿Cómo no comprendemos que Dios puede mandarnos el merecido castigo en la forma de calumnia, de sentencia injusta, como pudiera venir en la de enfermedad o pérdida de bienes? ¿Por qué imaginamos, insensatos, que la justicia divina se parece a la humana, que señala a tal delito tal pena, ni más ni menos? ¿Por qué creemos que el que lee en los corazones escribe la ley de su justicia en artículos que podemos interpretar claramente con nuestra inteligencia limitada? ¿Por qué pretendemos reducir a un mezquino mecanismo los altos fallos del Omnipotente? ¡Inocentes encarcelados! O sufrís porque lo habéis merecido, o sufrís para merecer; en cualquiera de los dos casos sufrid con resignación y purificaos en la prueba. ¿Creéis acaso que es la más dura a que puede someterse la virtud humana? Erráis mucho si tal habéis creído.

Escuchad. Vosotros padecéis sin haber hecho mal; otros padecen por haber hecho bien, recibiendo por cada aspiración sublime un dolor agudo, por cada santo deseo, una pena acerba, por cada buena obra un rudo escarmiento: esta es la prueba terrible, la prueba de las pruebas, y hay quien la sufre, y la utiliza y se santifica en ella. La generosa criatura que puede mirar sus virtudes como otras tantas fuentes de dolores y ve su abnegación perseguida por la iniquidad bajo las mil formas que puede darlo la injusticia humana, ¿desconfía por ventura de la Justicia Divina? ¡Oh! No. ¿Cómo había de pensar que Dios vuelve mal por bien cuando solo los hombres más perversos son capaces de esta maldad? ¿Cómo había de tener la insensatez culpable de imaginar que si una desgracia viene después de una buena obra es para castigarla? Lejos de locura tan impía, persevera en el bien como el medio más seguro de alejar de sí todo mal, y vuelto a Dios su corazón atribulado, pero lleno de confianza, le dice: «¡Señor! Hágase tu voluntad, y bendita sea tu incomprensible justicia».

Decidlo también vosotros, hermanos míos, encarcelados inocentes; enviadle de lo íntimo de vuestra alma esta breve oración, y veréis cómo sube al trono del Altísimo, y desciende sobre vosotros en forma de esperanza y de consuelo. Que Dios le envíe muy dulce a vuestra acerba pena; que los ángeles os acudan para guardaros de la desesperación; que los santos pidan y alcancen auxilios con que se fortalezca vuestra fe; que los mártires os recuerden desde el cielo los tormentos que sin quejarse sufrieron sobre la tierra, y por la pasión del Crucificado, y los dolores de su inocente y afligidísima Madre, aceptad los vuestros como conviene a un cristiano. ¡Encarcelados inocentes! ¡Mis pobres hermanos! ¡Mis desventurados amigos! ¡Qué no daría yo porque los hombres vieran vuestra inocencia! ¡Qué no daría yo por alcanzar de Dios la paz que el solo puede llevar a vuestra alma! ¡Pobre alma sujeta a tan ruda prueba! La mía se acerca a vosotros, y contempla vuestras amarguras, y siente vuestras penas. Todos los dolores de vuestro corazón vibran en el mío, todas vuestras debilidades y extravíos hallan disculpa en él, sí, que es también débil y flaco y solo grande para amar. ¡Quién pudiera limar los cerrojos y abrir las puertas de vuestra cárcel! ¡Quién pudiera al menos dar libertad a vuestro espíritu para que, elevándose de las miserias y las injusticias pasajeras de esta vida, hallara la paz de los justos esperando en la justicia de Dios! ¡Oh! Yo no podré tanto, yo no podré nada. Es más fácil enviar consejos que consuelos. Pero la compasión santa y bendita, ¿no es un buen consejo para un desdichado? Recibid al menos este que os envío de lo más íntimo de mi alma, y si no escucháis mis razones, atended a mis lágrimas, diciendo: «No despreciemos lo que dice quien, al decírnoslo, llora».

FIN

www.ingramcontent.com/pod-product-compliance
Lightning Source LLC
LaVergne TN
LVHW101937220826
846093LV00006B/40

* 9 7 8 8 4 1 2 8 0 6 4 5 8 *